ロレンツォ・デ・メディチ暗殺

中世イタリア史を覆す「モンテフェルトロの陰謀」

マルチェロ・シモネッタ
熊井ひろ美 訳

The Montefeltro Conspiracy
A Renaissance Mystery Decoded
Marcello Simonetta

早川書房

ロレンツォ・デ・メディチ暗殺

——中世イタリア史を覆す「モンテフェルトロの陰謀」

THE MONTEFELTRO CONSPIRACY
by
Marcello Simonetta

Translated by
Hiromi Kumai
First published 2009 in Japan by
Hayakawa Publishing, Inc.
This book is published in Japan by
arrangement with
Curtis Brown Group Ltd.
through The English Agency (Japan) Ltd.

装幀　高柳雅人

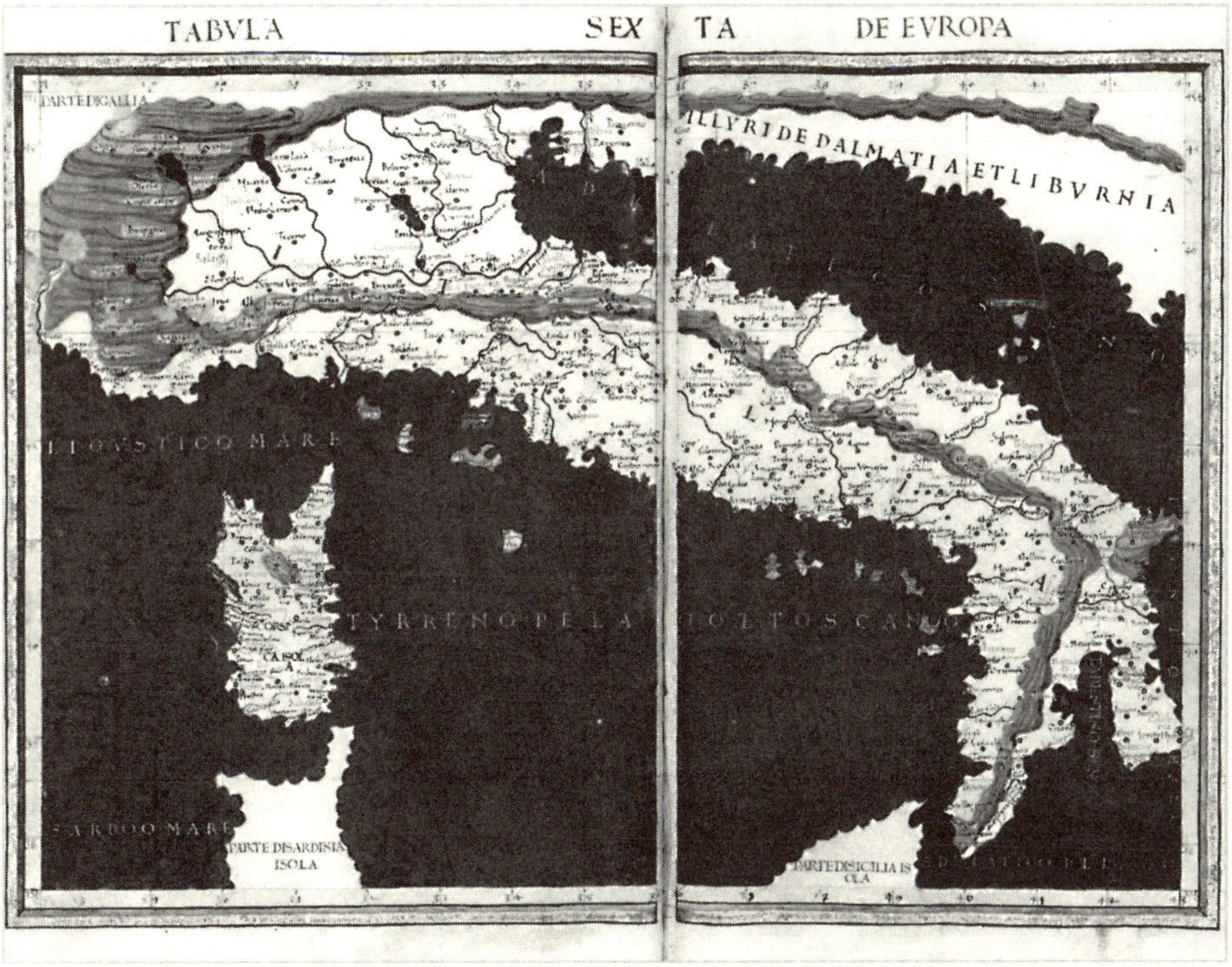

フランチェスコ・ベルリンギエリ『地誌』（1482年刊行、モンテフェルトロ家所蔵）よりイタリアの地図。

目次

人々は歴史を長期的視点で考えるが、実は歴史とは、あまりにも不意に訪れるものなのだ。

――フィリップ・ロス *American Pastoral*

人生は短く、取り戻すことは何人《なんぴと》にも叶わない。だが、その功績によって名声を持続させること、それは勇気のなせるわざなのだ。

――ウェルギリウス『アエネーイス』

主な登場人物

歴史の主役たち（登場順）

ガレアッツォ・マリーア・スフォルツァ（一四四四〜一四七六）

ミラノ公フランチェスコ（一四〇一〜一四六六）の息子。父親の称号と財産を受け継いだがその任に適していなかった。マキアヴェッリの言葉を借りれば「好色かつ残忍」で、その罪を数え上げれば福音書よりも長くなる。彼の暗殺はイタリア国内の勢力の均衡を狂わせ、ここからモンテフェルトロの陰謀が始まった。

チッコ・シモネッタ（一四一〇〜一四八〇）

カラブリアの卑しい家の生まれで、スフォルツァ家の書記官および顧問として半世紀近く仕えた。マキアヴェッリ自身はチッコを高く評価し、「思慮深さと政治的分別において最も秀でている」と断言しているものの、スフォルツァ家に対する彼の忠誠が報われることはなかった。

ウルビーノ公フェデリーコ・ダ・モンテフェルトロ（一四二二〜一四八二）

イタリア国内で多くの戦いを経験した名だたる傭兵隊長《コンドッティエーレ》で、芸術のパトロン。無慈悲なマキアヴェッリ主義的な一面があったことは長きにわたって隠されていた。

ロレンツォ・デ・メディチ（一四四九～一四九二）

別名〝偉大なる人《イル・マニーフィコ》〟。莫大な富を有する銀行家であり、人文主義者であり、芸術のパトロンであり、フィレンツェの権力を早々と手にしたことで暗殺の標的となった。

シクストゥス四世（一四一四～一四八四）

本名フランチェスコ・デッラ・ローヴェレ。フランシスコ修道会総長。ローマ教皇の座に就く（一四七一）やいなや謙虚の誓いを忘れ、強欲、戦争挑発、同族主義《ネポティズム》に走り、本書にて証明されるように、暗殺の陰謀を企てた。

アラゴン家のフェッランテ（一四三〇?～一四九四）

ナポリ王（一四五八～一四九四）。ミラノ公の死後はイタリア国内最大の権力者となった。敵対者への無慈悲な振る舞いで知られ、敵の死体に防腐処理を施《ほどこ》して城の地下牢に保管していると噂された。ロレンツォは陰謀の余波によるフィレンツェの破門を教皇に取り消させるため、フェッランテの仲裁にすがった。

ジュリアーノ・デ・メディチ（一四五三～一四七八）

ロレンツォの弟で、詩を愛した美男子。不運にも早世したため、政治面の力量を示すことは叶わなかった。

サンドロ・ボッティチェッリ（一四四五〜一五一〇）
フィレンツェの画家で、長年にわたりメディチ家のお抱え画家として仕えた。一四八一年から一四八二年には、ローマ教皇シクストゥス四世の命令によりピエートロ・ペルジーノ、ドメーニコ・ギルランダイヨ、コージモ・ロッセッリと共にシスティーナ礼拝堂に装飾を施した。彼の寓意《ぐうい》的な絵画に今もなお学者たちは悩み、隠された意味を探し続けている。

脇役たち

ガレアッツォの殺人者：アンドレーア・ランプニャーニ、ジローラモ・オルジャーティ、カルロ・ヴィスコンティ、そして人文主義者コーラ・モンターノ。

反ロレンツォ派陰謀者：シクストゥス四世の甥にあたるジローラモ・リアーリオ伯爵およびラッファエーレ・リアーリオ枢機卿、ピサ大司教フランチェスコ・サルヴィアーティ、メディチ家と肩を並べる銀行家パッツィ家のフランチェスコ・パッツィおよびヤーコポ・パッツィ、教皇軍兵士ジャン・バッティスタ・モンテセッコ、チッタ・ディ・カステッロの領主であり軍司令官ロレンツォ・ジュスティーニ、フィレンツェの人文主義者ヤーコポ・ブラッチョリーニ、新プラトン主義哲学者マルシーリオ・フィチーノ、軍司令官ジャン・フランチェスコ・ダ・トレンティーノ。

反チッコ派陰謀者：ガレアッツォ・スフォルツァの従兄で傭兵隊長ロベルト・ダ・サンセヴェリーノ、ガレアッツォの生き残っている弟スフォルツァ・マリーア・スフォルツァおよびルドヴィーコ・スフォルツァ。

チッコの親族および協力者：チッコの弟でスフォルツァ家に仕える歴史家ジョヴァンニ・シモネッタ、チッコの息子で秘密議会の書記ジャン・ジャーコモ・シモネッタ、チッコの軍事顧問オルフェーオ・ダ・リカーヴォ。

情報提供者およびスパイ：スフォルツァ家に仕えるミラノの歴史家ベルナルディーノ・コーリオ、在ミラノ、マントヴァ大使ザッカリーア・サッジ、ウルビーノの宮廷画家ジョヴァンニ・サンティ、フィレンツェの詩人であり密偵のルイージ・プルチ、モンテフェルトロ家の密使ピエーロ・フェリーチ、フィレンツェの詩人でロレンツォ・デ・メディチのローマ情報員バッチョ・ウゴリーニ、フィレンツェの修道士兼歴史家ジョヴァンニ・ディ・カルロ、フィレンツェの日記作家ルーカ・ランドゥッチ、ヴォルテッラ出身の写本家でウルビーノに潜入していたスパイであるマッテーオ・コントゥージ、フィレンツェの官僚で歴史家のニッコロ・マキアヴェッリ。

その他の主な政治関係者：マントヴァ侯爵ルドヴィーコ・ゴンザーガとフェデリーコ・ゴンザーガ、フェッランテの息子でカラブリア公爵であるアラゴン家のアルフォンソ、フェデリーコの異母弟オッタヴィアーノ・ウバルディーニ、フェッラーラ公エルコーレ・デステ、リーミニの領主ロベルト・マラテスタ。

主な女性たち：ガレアッツォ・スフォルツァの妻でミラノ公爵夫人ボーナ・ディ・サヴォイア、ガレアッツォの情婦の一人ルチーア・マルリアーニ、チッコ・シモネッタの妻エリザベッタ・ヴィスコンティ、ガレアッツォの非嫡出子でジローラモ・リアーリオの妻カテリーナ・スフォルツァ、フェデリーコの妻バッティスタ・スフォルツァ・ダ・モンテフェルトロ、ガレアッツォの妹でカラブリア公爵夫人イッポーリタ・スフォルツァ・アラゴン、フェッラーラ公爵夫人エレオノーラ・アラゴン・デステ。

そして最後に、きわめて重要な人物であるフィオレッタ・ゴリーニ。ジュリアーノ・デ・メディチの情婦で、彼の死後に息子ジューリオを産む。ジューリオは長じてローマ教皇クレメンス七世となり、前任者シクストゥス四世に意外な形で復讐することになる。

プロローグ

一

四七八年四月二十六日日曜日、キリスト昇天祝祭ミサの最中に、都市国家フィレンツェの若き指導者であったロレンツォ・デ・メディチとその弟ジュリアーノが、ドゥオーモ（訳注・フィレンツェのサンタ・マリーア・デル・フィオーレ大聖堂）で襲撃された。ジュリアーノは十九カ所もの刺し傷を負ってたちどころに絶命した。ロレンツォは負傷したものの、どうにか逃げおおせた。フィレンツェの群衆はメディチ家に忠実であったためこれに激しく反応し、捕らえた殺人者たちをことごとく虐殺した。

この恥知らずな襲撃は、ルネサンス期イタリア有数の忌《い》まわしき残虐な謀略として、「パッツィ家の陰謀」という名で知られることになる。歴史家はこの謀略の大まかなあらましを昔から知っているものの、広範囲にわたる意味は完全には理解されていない。そして原因の真相は、いまだにはっきりとはわかっていない。名前からわかるようにこの謀略は、強大なメディチ家とそのライバルであるパッツィ家の間の確執から派生したものと考えられている。パッツィ家はメディチ家に代わり、フィレンツェの支配者およびローマ教皇の銀行家としての地位を手に入れようとしていたのだ、と。

ところが、これは物語の一部にすぎないことが判明した。この時代の秘密の大半はすでに明らかになったと一般には思われているだろうが、二〇〇一年夏、幸運にもわたしは特に謎めいた秘密に偶然巡り遇《あ》った。暗号で綴られた書簡を発見して解読したところ、パッツィ家の陰謀に関して、これまで知られていなかったがきわめて重要な情報が暴露されたのだ。ロレンツォ・デ・メディチ（一四四九〜一四九二）の友人である人文主義者で、何世紀にもわたり〝イタリアの光〟と称されてきたウルビーノ公フェデリーコ・ダ・モンテフェルトロ（一四二二〜一四八二）が、ロレンツォとその弟を亡き者にしようとした一四七八年の陰謀をひそかに画策していたことが発覚したのである。

この忘れられていた書簡の発見――そして解読――は、イタリア史の分岐点に対する認識を大きく変えた。襲撃の二カ月前に書かれたモンテフェルトロの書簡から、この複雑な陰謀は、これまで考えられていたよりもはるかに広い範囲にわたってめぐらされたものであることが明らかになったのだ。本書はこの陰謀の全貌と、一四七六年十二月から一四八二年九月までの動乱の六年間に及ぼした影響を語っていく。古くもあり、新しくもある話だが、完全な形で語られるのは今回が初めてだ。これは友情と裏切りの、宗教の権力と道徳の腐敗の、そして政治的闘争と芸術を舞台にした報復の物語である。

物語の中心となるのは、もちろんメディチ家だ。芸術のパトロン、詩人、政治家、豪商、そして教皇を輩出した一家である。もしロレンツォが一四七八年の襲撃で命を落としていたら、あのミケランジェロの才能は誰の目にも留まることなく埋《うず》もれていたかもしれない。また、西洋文明における最も価値ある絵画、彫刻、建造物の一部は製作を依頼されずじまいだっただろう。そして、ロレンツォの親族二名がローマ教皇の座に就くこともなかったはずだ。わたしたちはロレンツォのことを生涯の絶頂期にある彼の姿で考えがちで、〝偉大なるロレンツォ〟と称されるほどの名声を得ることがどれほど大変だったかという点を忘れてしまうのだ。

ウルビーノ公フェデリーコ・ダ・モンテフェルトロはピエーロ・デッラ・フランチェスカの手になる横顔の肖像画で有名な人物だが、パッツィ家の陰謀において軸となる役割を果たしたことから本書の題名（訳注・この邦訳では副題）にその名を出した。読者諸氏が本書で出会うその他のルネサンス期の男たちと同様、肖像画では横顔しか見せていない彼も、実際には多くの顔を持っていた。傭兵隊長であり、才気あふれる古典研究者であり、芸術の寛大なパトロンであっただけでなく、影の側面も持ち合わせていて、彼が書いた暗号書簡の解読によってその全貌が明らかになったのだ。

この物語における第三の中心人物は、わたしがモンテフェルトロの書簡を解読できた理由にあたる。パッツィ家の陰謀からほぼ五百年後にミラノ近郊の街パヴィーアに生まれたわたしは、はるか昔の祖先チッコ・シモネッタ（一四一〇〜一四八〇）の話にいつも興味をそそられていた。強大なスフォルツァ家に半世紀近くにわたって仕え、最初は書記官、後にミラノ公国の摂政を務めた人物だ。ウルビーノ公とも親しかったチッコは暗号表を遺していて、それのおかげでわたしは、ウルビーノのとある一族の古文書館で見つけたモンテフェルトロの書簡を解読することができたのだ（この発見に関する詳細はあとがきを参照のこと）。

もちろん本書には他にも多くの人物が登場するが、初めはなじみのない名前がほとんどだろう。この物語は読者をルネサンス期イタリアへの旅にいざなう。諸国連合というよりはむしろ、都市国家のパッチワークだったイタリアへ。[1] 各都市国家はそれぞれ、一つの名門一族によってさまざまな度合いの専制政治で支配されていた。ミラノおよび周囲のロンバルディア地方はスフォルツァ家に、フィレンツェおよびトスカーナの大部分はメディチ家に、ナポリおよび南端全体はスペインのアラゴン家に——主要国家はすべてそうだ。ヴェネツィア共和国は富裕な商人と貴族が支配する寡頭独裁国だった。そしてもちろんローマは、教皇一族による絶え間なく変わる永遠の庇護《ひご》の下にあった。小さな都市国家の中では、有力な名家としてはウルビーノのモンテフェルトロ家、リーミニのマラテスタ家、フェッラーラのエステ家、マントヴァのゴンザーガ家があった。この四家の当主は、比較的ささやかな広さの領地しか与えられておらず、より富裕な権力者たちによって傭兵隊長《コンドッティエーレ》として定期的に雇われていた。傭兵契約《コンドッタ》のシステムはこれらの隊長の抱く野心が真の脅威となるのを防ぎ、それにより政治的均衡が守られていた。かくてイタリア半島は、一つの都市国家が他の国家を圧倒することを不可能にするシステムのおかげで、もろい平和を保っていたのだ。

一四七六年十二月、勢力の均衡を崩す突然の出来事が起こった。メディチ家の最強の支持者であるミラノ公ガレアッツォ・マリーア・スフォルツァの暗殺だ。これがきっかけとなり、政治的権謀術数とその裏をかく謀略が長年にわたって繰り広げられることになったのだ。本書の最初の部分では、ガレアッツォ殺しに始まりメディチ家に対する襲撃に至るまでの、進展する謀略と変わりゆく協力関係を追っていく。彼の死により、勢力の均衡は外交的妥協——または暴力的手段——によってのみ回復しうるものとなった。

本書ではさらに、ルネサンス期の荘厳な芸術作品とつまらぬ政略がいかにして決定的に絡み合っているかということも示している。実は、最終章はルネサンス期イタリアの象徴的存在《イコン》であるシスティーナ礼拝堂に焦点を当てた。礼拝堂に足を踏み入れた人々はたいてい、「天地創造」を描いた迫力ある天井画と「最後の審判」を描いた恐ろしげな祭壇壁画に圧倒される。ミケランジェロ作のこの二つの名画が注目をほぼ独占してしまうので、人々はその後ようやく壁のフレスコ画に目を向けて、サンドロ・ボッティチェッリなどそれ以前の巨匠の手になるモーセとイエスの生涯の物語を見ることになる。

システィーナ礼拝堂を建てたシクストゥス四世、本名フランチェスコ・デッラ・ローヴェレ——この陰謀の物語における敵役《アンチヒーロー》の一人——は、礼拝堂を自分の家の紋章で異常なまでに飾りつけた。金と緑の背景にオークの木を配した紋章だ。この教皇の肖像画はやがて、メディチ家による報復行為として消し去られるのだ。

本書の読者はある重要な疑問に直面するだろう。われわれにとって歴史とは何なのか？　現代の世界では膨大な量の情報が絶えず生まれ、互いに関連づけられる間もなく流され、消えていく。この情報時代についていくだけでわれわれは手一杯なのではないだろうか？　ルネサンス期の謀略や戦争は、今日《こんにち》のそれらに比べればかわいいものだ。二十一世紀において、テクノロジーは大量殺人の可能性を千倍に高めている。十五世紀当時は、敵を始末する方法と言えば、相手に面と向かい、ナイフなどの刃物や毒物を使うしかなかったのだ。

それでも、人間の心の動きは当時も今も変わらない。自分以外の誰かに武器を持たせて、それについて知らないふりをすれば、距離を置いた殺人が可能になる。食いものにしようとする相手の味方となって、その背後に忍び寄り、甲冑を身につけているかどうか調べる――これらは特に卑劣な暴力行為だ。詩人ダンテ（一二六五～一三二一）はそのことをよく知っていた。暴力的な裏切り者を最悪の罪人と見なし、彼の作り出した地獄へ堕《お》としているからだ（『神曲・地獄篇』第二十七歌）。フェデリーコ・ダ・モンテフェルトロの祖先グィード（一二二〇～一二九八）もその一人だった。ダンテが彼に語らせた一節には、欺瞞《ぎまん》と死の赤裸々な原理が示されている。

Mentre ch'io forma fui d'ossa e di polpe
che la madre mi dié, l'opere mie
non furon leonine, ma di volpe.

Li accorgimenti e le coperte vie
io seppi tutte, e sì menai lor arte,
ch'al fine de la terra il suono uscie.

わたしがまだ母からもらった肉と骨にすぎなかった頃
わたしの行ないは
獅子のものではなく狐のそれであった。
謀略とひそかな手段
そのすべてを知り尽くし、その術《じゅつ》にあまりにも長《た》けていたので
わたしの名声は地の果てまで鳴り響いていた。[(2)]

ニッコロ・マキアヴェッリ（一四六九～一五二七）は一四七八年当時、まだ九歳だった。彼はパッツィ家の陰謀の結果としてフィレンツェの街で繰り広げられた暴力の一部始終を目撃していたので、『君主論』（一五一三）の中で「君主は獣の気性を用いる方法をよく知ることが必要であるから、獣の中でも狐と獅子を選ぶべきだ[(3)]」と勧めたとき、おそらくそれを思い出していただろう。この二つの獣は、無情な支配者にとって不可欠な資質、すなわち欺瞞と暴力をそれぞれ体現している。

本書の執筆中、わたしはダンテの詩とマキアヴェッリの言葉を常に頭に浮かべていた。何世紀も前に起こった陰謀の物語を書くのは逆説的な行為だ。と言うのも陰謀者の重大な目的は、目下の危険および死後のとがめを避けるため、自らの関与を隠し続け、暴力行為に結び付けられるような証拠を抹消することだったの

ダンテ『神曲・地獄篇』の扉（1478年頃）。モンテフェルトロ家所蔵。本文の写字生／写本家を務めたマッテーオ・コントゥージは、フェデリーコに敵対するスパイだった。

だから。それでもなお、この物語とその根源となる歴史はまったくの事実であり、驚くほど十分に文書で証明されている。そしてその主役《ヒーロー》たちの名声は今も「地の果て」まで鳴り響いているのだ。

第Ⅰ部

1476年冬〜1478年春

わたしがまだ母からもらった肉と骨にすぎなかった頃、わたしの行ないは獅子のものではなく狐のそれであった。

——ダンテ『神曲・地獄篇』

1　ミラノのMは殺人《マーダー》のM

十五世紀前半のミラノを支配していたのはヴィスコンティ家であり、スフォルツァ家が支配するようになったのは一四五〇年以降のことだ。[4] ヴィスコンティ家はフィレンツェにとって最も攻撃的な敵だった。一四〇〇年代初頭のフィレンツェで配布されていた過熱気味の小冊子の中では、フィレンツェに対する攻撃は自由および〝フィレンツェ流の生き方〟に対する攻撃と同義語となり、ヴィスコンティ家は残虐な暴君として正当に描写されていた。傭兵隊長《コンドッティエーレ》のフランチェスコ・スフォルツァが突如としてミラノ公となってローディの和（一四五四年）（訳注・イタリアの五大国――フィレンツェ、ミラノ、ヴェネツィア、ナポリ、ローマ――が結んだ和平協定）を結ぶと、ルネサンスの黄金期が本格的に始まった。[5] フランチェスコは長年の友人コージモ・デ・メディチ（訳注・ロレンツォ・デ・メディチの祖父で、メディチ家のフィレンツェ支配を確立させた人物）に対し、財政的支援と引き換えに軍事的保護を提供した。ミラノとメディチ家の強固な結託は、情勢が刻々と変化するイタリア半島内において、比較的安定した軸を形成して文芸の後援を強化し、芸術的創造性および人文主義文化の爆発の火付け役となった。

スフォルツァ王朝の創始者フランチェスコのもとでミラノは権力を維持し、富と敬意を獲得した。だがフランチェスコの息子ガレアッツォ・マリーアは、父方のスフォルツァ家の賢明さよりも母方のヴィスコンティ家の気まぐれさのほうを多く受け継いでいた。宮廷詩人アントーニオ・コルナッツァーノは『統治の技法』と題した作品で次のように雄弁に述べている。

おお、善良なるフランチェスコ公は
今や亡き者となった息子をかつていくたびとがめたことだろう
息子の粗野で暴力的な振る舞いを。
「ジョヴァンニ公の魂がおまえに舞い降りて
はらわたの奥底に根付いているのだ！」[6]
彼は叫び、そしてその予言は現実となった。
ジョヴァンニ公の卑劣な振る舞いから学びなさい
公は飼い犬に生きた人間を食わせた
それ以外の娯楽に飽きていたがゆえに。
そしてサン・ゴッタルドの聖なる神殿にて最期を遂げた
最も忠実なるしもべたちの手で惨殺されて
それが残酷な人間の運命なのだ。[7]

冷たい目覚め

――一四七六年十二月二十六日　ミラノにて

殺害される当日、ミラノ公ガレアッツォ・マリーア・スフォルツァは聖ステパノの祝日の荘厳ミサに出席することになっていた[8]。聖ステパノは最初のキリスト教殉教者で、ミラノ公はその命日にふさわしい華やかさで祝いたいと考えた。装飾用の胸当てを身につけてみたが、太りすぎて見える気がする。その代わりに、黒貂《てん》の毛皮で裏打ちされた深紅の毛織の豪華なスーツを選んだ。左脚には臙脂《えんじ》の長靴下を、右脚には白の長靴下をはいた。これらはスフォルツァ家の色である。スフォルツァ城の巨大な城壁内の寝室で、筋骨たくましく無毛の体（彼は古代ローマ風に毛を剃り落とすことを好んだ）に服を着ているとき、大きな暖炉ではまだクリスマスの薪《イル・チョッコ》が灰になりきらずに燃え続けていた。

当時寝室の従者《カメリエーレ・デイ・カーメラ》を務めていたベルナルディーノ・コーリオが目撃者かつ記録者として書き記した話によれば、その同じ月に謎の失火により寝室の一部が燃えて以来、公は迷信深くなっていたという。ミラノに帰ることは得策ではないという予感《インスティンクト》を抱いていたのだ[9]（公は大半の時間をミラノ以外の場所で過ごし、いくつもの田舎の別邸の一つにいるか狩猟旅行に出かけていた）。彼の不安は、その失火のすぐあとに起きた出来事によってさらに強まっていた。ある日、アッビアテグラッソという村の近くの野原で馬に乗っていた公は、三羽のカラスがゆっくりと頭上を飛んでいくのを見た。公はこれを凶兆ととらえ、石弓でカラス目がけて二度矢を放った。鞍《くら》を片手でしっかりとつかみ、街には戻らないと宣言したのだ。

その決心はすぐに翻《ひるがえ》った。ガレアッツォは自分の聖歌隊をこよなく愛しており、祝日の行事が近づくにつれて、気前よく報酬を払っている北欧出身の三十名の歌い手に歌わせるのが楽しみになったからだ。しかし、三羽のカラスを見た数日後にミラノに帰ってみると、ご機嫌伺《うかが》いに訪れた封建領主や廷臣の恨めしい視線に囲まれていることに気づいた。彼らは、通常クリスマスにもらえるはずの金や贈り物を与えられなかったせいでいらだっていたのだ。

　それでも公は城に戻っていた。鳩の間《カーメラ・デッレ・コロンベ》の赤い天井の下で、公は廷臣たちに向かってスフォルツァ家の富について語った。たとえ自分が爵位を持った公爵《シニョーレ》ではなかったとしても、豪勢に暮らすすべを知っていたであろう、と。三十二歳になるこの公爵は、父フランチェスコが生きていれば自分と弟たちがどんなにうまくやっているか見てもらえたのにと述べた。スフォルツァ王朝は今後何世紀も続くであろうと彼は自慢した。嫡出子もそうでない者も含めて、大勢の男の親族に恵まれているのだから。さらに、自分の非嫡出の娘たちのことすら褒めそやした。そのうちの二人は強大な領主とすでに婚約していたのだ。

　実際に、子供を大勢産むことは、ルネサンス期において権力を強固にするための手段の一つだった。ガレアッツォの父フランチェスコ・スフォルツァは子供を三十五人ももうけたと言われ、その中で嫡出子は十人しかいなかった。ニッコロ・マキアヴェッリが『君主論』で呼ぶところの〝有徳なる〟フランチェスコは、傭兵隊長のつらい生活からイタリア一裕福な公爵という高みまで出世した人物である。一四六六年にフランチェスコが亡くなると、〝有徳なる君主〟が骨折って手に入れた権力は長男ガレアッツォに受け継がれたが、ガレアッツォは権力と徳のどちらもうまく維持することができなかった。この新公爵は多くの罪によって臣下の大半からあしざまに言われていた。極度の性欲を抑えられずに、公国内の特に魅力的な女たちを食いものにして、ときには夜間に修道院を訪れて修道女たちをおびえさせ、あるいは強姦することすらあった。

　彼は一族の幸運を賛美する中で、弟二人、つまりスフォルツァ・マリーアとルドヴィーコの名前は挙げなかった。二人はフランスへ追放されていた。一四七六年六月に、この厄介者たちは公爵を暗殺してその地位に取って代わろうという未遂に終わった企てに関わっていたのだ。実際には、ガレアッツォの病的なまでに自己中心的なやり方には多くの人々が不満を抱いており――それは近い身内に限られた話ではなかった。

*

カーメラ・デッレ・コロンベでの演説を終えたあとのガレアッツォはいつになくおとなしく、自分専用にしつらえられた室内コートでのテニスや鷹狩り旅行など、例年のクリスマスの余暇活動にいそしもうとしなかった。また、妻である公爵夫人ボーナ・ディ・サヴォイアのことも避けていて、寝室は別だった。その十二月二十六日の朝、公爵夫人は非常に遅い時間に起きた。従者コーリオによれば、恐ろしい夢を見たからだという。八年前に結婚して以来、夫人はかなり太っていた。今ではもうガレアッツォは彼女とベッドをともにする興味を失っていた。強い性欲はよその場所で満たしていたのだ。成人後の人生の大半をイタリア半島全土を絶えずさまよって過ごしており、女だけでなく獣や少年も物色し、ときには軍人ぶって同盟国を訪問することもあり、とりわけ裕福なフィレンツェをよく訪れた。

ガレアッツォが最初にフィレンツェを訪れたのは一四五九年で、まだ十五歳の頃だ。当時の彼はパヴィーア伯であり、父フランチェスコがミラノ公だった。コージモ・デ・メディチの強大な同盟者だったフランチェスコは、一族の富を財政面で揺るぎなく支えてくれたこのフィレンツェの銀行家兼指導者に敬意を表すべく息子を送り出したのだ。ガレアッツォがミラノにいる父に書いた手紙によれば、「トスカーナにあるすべてのインクを費やしても[10]」、通りに出て歓呼の声を張り上げて賓客を迎える群衆の多さを描写することは不可能で、その背景にいくつもの建物――目をひく大聖堂《ドゥオーモ》や、威嚇するような塔が特徴の簡素なシニョリーア宮殿（政庁）――が見事に調和していたという。「フィレンツェは地上の楽園です」と彼は感嘆のあまりぼうっとしながら書き記した。

それ以来このスフォルツァ家の跡取り息子は、趣味やファッションなどの分野において、そういった事柄の通人と一般に見なされていたメディチ家の人々を顔色《がんしょく》なからしめるために奮闘してきた。ガレアッツォは、宗教的な誓いを立てることを口実として、直近では一四七一年に二万ドゥカートの費用をかけて二千名のお付きを従えフィレンツェを再度訪れており、そのために資産をほぼ使い果たしていた。マキアヴェッリがのちに伝えたように、ガレアッツォのフィレンツェ訪問は四旬節《レント》の懺悔《ざんげ》の時期に行なわれ[11]（訳注・四旬節は荒野のキリストを記念するために断食や懺悔を行なう期間のことで、灰の水曜日から復活祭前夜までの日曜日を除く四十日間）、この間信徒は肉を食べるのを控えなければならない。ところが、ガレアッツォのお付きの者たちは非礼にも肉しか食べなかった。フィレンツェの画家ピエーロ・ポッライウオーロの手になるめかし込んだガレアッツォの肖像画には、このミラノの君主とともに街に押し寄せてきた退廃の雰囲気がとらえられている[12]。ロレンツォ・デ・メディチはこの絵を自分の寝室に飾っていたが、それはこうはなりたくないということを忘れぬためだったのかもしれない。この上半身のみの肖像画のガレアッツォは半ば横向きで好色そうな表情を浮かべ、百合《ゆり》の模様の入った豪華な緑のローブをまとい、ぼんやりと手袋をいじっている。

＊

人生最後の日のガレアッツォは、公爵聖歌隊の歌を楽しみにしていた。魅惑的な声を持つあの美しい少年たちが非凡な演奏家の伴奏で歌うのだと思うだけで心が躍《おど》る。聖歌隊はすでにサント・ステーファノ教会に派遣されていて、城に呼び戻すには遅すぎた。荘厳ミサに参列すべきかまだ迷っていたガレアッツォのもとへ、チッコ・シモネッタがやって来た。チッコは半世紀近くにわたりさまざまな役割でフランチェスコに仕えており、この十年間はガレアッツォの第一書記官を務め、ゆえに最も信頼されている側近だった。浅黒い肌でがっしりした体格をした六十代半ばのチッコは、やせ形で色白のガレアッツォとはまるでかけ離れた容姿の持ち主だった。彼は公爵を説得してミサに行くのを思いとどまらせようとした。ほかの助言者たちと一緒に、これほど寒い日は歩かず、馬に乗ることすらやめてほしいと懇願した。(13) 公爵はそれに対して、はるばる街まで来たのになぜ教会に顔を出さないのかと人々に訝《いぶか》られてしまうと答えた。決心はすでについていた。どうしてもミサに行くのだ。

彼は息子たち——七歳のジャン・ガレアッツォと六歳のエルメス——を呼び寄せ、窓の両側に立たせた。窓の外には白い冬景色が見える。彼は息子たちを長い間抱きしめてキスをして、別れがたいそぶりを見せた。(14) 宮廷の大勢の従者が、馬上または徒歩で、城の広い前庭の高い見張り塔の下でガレアッツォを待っていた。公はお気に入りのマントヴァ大使ザッカリーア・サッジと腕を組み合って外に出た。その後、身を切るような寒さの中で馬に跨《また》がった。そして側近も同じく馬に乗り、雪の中を出発した。凍てつくような通りには数名の市民がいて、鎧《よろい》を着けた兵士に囲まれた公爵に気のない歓声を送っていた。一団は中央大聖堂の前の広場《ピアッツァ》を通り抜けた。

あとわずか数歩で目的地に到着する。聖ステパノの〝聖なる教会〟の正面《ファサード》は、小さいながらもゴシック様式で優雅に仕上げられていた。(15) 門はまだ開けられたばかりだ。中はいくらか暖かいに違いない。ガレアッツォは不安げに馬を降りた。最初に教会に入ったのは高官と大使たちで、ガレアッツォはその間にいた。その後ろに頭の鈍い弟フィリッポ、末弟オッタヴィアーノ、公爵書記官ジョヴァンニ・シモネッタが続き、ジョヴァンニは兄チッコの軍事顧問オルフェーオ・ダ・リカーヴォと小声で話をしていた。奥から響く聖歌隊の歌声が徐々に大きくなる。輝く鎧を身につけた護衛隊が、剣を使って群衆の間に道をつくり公爵と同行する紳士たちを通した。ガレアッツォは身廊《ナーヴェ》（訳注・教会堂中央の一般信者席のある部分）に足を踏み入れて教会の真ん中で立ち止まり、天井から吊り下がっている炎をかたどった綿玉を見上げた。これは虚栄のかがり火を表している――

Sic transit gloria mundi!
かくしてこの世の栄光は去っていく！[16]

ガレアッツォが祭壇に向かって歩き出したとき、三人の男が急に近寄ってきた。みな同じような服装で、鮮やかな赤と白を身にまとっている。カエサルの暗殺者ブルートゥスが身に着けていた色だ。「道を開けろ！」[17]彼らは公爵のために通り道をつくろうとするかのように怒鳴った。そのうちの一人がさらに近づき、ガレアッツォに何か尋ねるつもりのように見えたが、ガレアッツォはいらいらした様子で手を振って追い払った。男は袖の中から短剣を抜いて左手で握り、ガレアッツォの腹を下から突き上げるように突き刺した。マントヴァ大使サッジが男を払いのけようとしたが、男は再び襲いかかり、今度は公爵の胸に短剣を深く突き立てた。

「もうだめだ」[18]腹をもう一度刺されたときガレアッツォはつぶやいた。するとほかの二人が飛びかかってきて、さらに繰り返し何度も短剣を突き立てた。喉に、頭に、手首に、そして背中に。ガレアッツォは後ずさりして、オルフェーオ・ダ・リカーヴォの胸に倒れ込みかけた。上半身から血が流れ出している。オルフェーオは支えようとしたが、抱きとめることができなかった。公爵は膝をつき、床にくずおれた。そして大きく息を吐いた。深紅のスーツは、かつては白い部分もあったのに、今やどす黒い血の色に染まっている。

ピエーロ・ポッライウオーロ《ガレアッツォ・マリーア・スフォルツァの肖像》。この肖像画は1471年3月にガレアッツォがフィレンツェを訪問した際に描かれた。ロレンツォ・デ・メディチはこれを自分の寝室に飾っていた。

暗殺者たちは逃走しようとした。ガレアッツォの忠実な従者である長身のムーア人が一人を追いかけ、追いかけられた男は階段を駆け上がって婦人席に入り込んだ。逃亡者は婦人たちのかさばるドレスにつまずいて転んだ。ムーア人の従者が男を捕らえて息の根を止めると、周囲のおびえたご婦人方から息をのむ声や悲鳴が上がった。ほかの護衛たちが二人目の暗殺者をその場で取り押さえて殺したが、三人目は逃げ出そうとする群衆の中に姿を消した。

*

これが、ミラノ公ガレアッツォ・マリーア・スフォルツァ殺害の顛末《てんまつ》だ。ガレアッツォの短い生涯と突然の死から興味深い疑問が浮かび上がってくる。彼は本当に、多くの目撃者や歴史家に描かれてきたとおりのおぞましいほど堕落した暴君であり性の略奪者だったのか？　そしてもしそうだとすれば、一四六六年にフランチェスコが死んでから十年間にわたってガレアッツォに仕えてきたチッコは、いかにして彼に耐えてきたのだろう？　チッコも堕落していたのか？　それとも、生まれたときから知っているこの若き君主を、より良い行ないとより効果的な統治へ導くことができていたのだろうか？　父子ともに激しい敵意の標的であったのは確実で、とりわけ昔からのミラノの貴族たちは彼らに憤《いきどお》り、よそ者の強奪者と見なしていた。

チッコは卑しい素姓で、一四一〇年にカックーリで生まれた。カックーリは南イタリアの小さな領地で、フランチェスコ・スフォルツァが最初の結婚、つまりカラブリアのポリッセーナ・ルッフォと結婚した際に支配下に加えた土地である。青年時代のチッコは近くのロッサーノの修道院で大陸法と教会法を学び、この活気あるカトリックおよび正教会文化の中枢で、彼はすぐにラテン語とギリシア語を習得した。一四三〇年頃、スフォルツァ家の代理人を務めるおじのアンジェロ・シモネッタを通じて、二十歳になったチッコは当時傭兵隊長だったフランチェスコ・スフォルツァに雇われることになり、移動書記局の一員に加わった。

ルネサンス期の軍人のキャリアは過酷だったが、野心家で有能な指揮官にはたっぷり報酬を得られる可能性があった。ひとたび実戦の場で戦略的能力を証明すれば、傭兵隊長は自らの能力を最も高く買ってくれる相手に自分を売り込むことができる。イタリアの主要な政治権力者の大半は徴兵した軍隊を持っていなかった。こういった傭兵たちに金を払って戦わせていたわけだが、面倒を避けることと、無防備な町や村に軍隊を解き放つような不品行を慎むことも報酬の対象だった。特に名高い傭兵隊長は――フランチェスコ・スフォルツァがそうしたように――独立することによって自分の取り分をかなり増やせる立場にあったのだ。一四五〇年三月、何カ月もミラノを包囲して住民を兵糧攻め《ひょうろうぜ》にしたあとでとうとう公爵として迎えられると、彼は二十年来の忠実な副官チッコ・シモネッタを書記官に選んだ。

フランチェスコ・スフォルツァ公爵に仕える中で、チッコは言葉《ワード》と剣《ソード》の達人になった。公爵の息子ガレアッツォが親を失うやいなや、チッコはのちにフランチェスコの伝記を書くことになる弟ジョヴァンニと二人で、この若き後継者に政治家としての教育らしきもの施《ほどこ》した。チッコがガレアッツォに対して礼儀をわきまえつつも父親のような関係にあったことが、彼の日記から浮かび上がっている。チッコは宮廷のあらゆる活動（外交機密を除く）を律儀に日記に記録していたのだ。しかし、不公平かつ利己的な判断に基づくこの回想録に記されているものよりいくぶん複雑な物語が、公文書から明らかになっている。ガレアッツォがサント・ステーファノ教会に入ったときたまたま隣にいて暗殺者を押しのけようとしたマントヴァ大使ザッカリーア・サッジが書き記したところによると、(19)ガレアッツォが公爵だった間、チッコは公の衝動的な性格に対する「非常に優れた盾(20)」となっていたという。この書記官は主人の怒りの発作に影響されることがなく、公

1450年3月、フランチェスコ・スフォルツァは丸腰でミラノ入りして公爵と呼ばれて迎えられ、その傍らで兵士たちはパンの入ったかごを人々に配っている。20世紀のエッチング。

の性急な決断をすぐには実行せずぐずぐずと引き延ばしたので、「ミラノにおけるあらゆる優れた政治的措置」が生じたのは彼のおかげだったのだ。たとえば、ボローニャにおける公爵の代理人が財産を没収するためにユダヤ人を冤罪《えん》で告発しようとしたことに対して、チッコは「これは腐りきった行為で、悪い後味を残すことになります(21)」と返答した。たとえこの返事が公爵の命令だったとしても、使われた言葉が書記官のものであることは間違いない。しかし一方で、ガレアッツォの統治下では、裕福な市民の富を没収したいとか、ただ単におしゃべりな詩人の口をつぐませたいとかの目的から、不審な罪名での投獄が実施されていたことも事実だった。

ガレアッツォが死ぬと、チッコはミラノ公国の警邏隊《ら》の絶対的な指揮権を手に入れた。ほどなくして三人目の、そしてただ一人生き残っていた殺人犯が捕らえられた。ジローラモ・オルジャーティという名の、二十三歳になるミラノの良家の子弟だ。ジローラモの父親は息子のしでかしたことにおののき、逃亡に手を貸そうとはしなかったが、母親は変装した息子を友人の聖職者の家に匿《かくま》っていた。オルジャーティ家の二人の使用人が青年の身を守ろうとしたものの、二人は捕らえられたのちに四つ裂きの刑に処せられた。

当時のどの記録を見ても、ジローラモ・オルジャーティは「非常な教養人であり博学(22)」だったと書かれている。本人の主張によると、彼とその友人たちは古代ローマ人を見習い、暴君を殺すことで民衆蜂起《ほうき》の煽動《せんどう》を期待し、この国を解放したかったのだという。ガレアッツォに対する陰謀の経過に関しては、ジローラモの全面的な自白に頼るところが大きい。この文書は、興奮した様子だが洗練されていなくもないラテン語で書かれていて、ある種の〝テロリスト〟の心中をのぞき込ませてくれる。古代の反専制君主主義の文筆家に対する愛をすり込まれたジローラモは、師であるコーラ・モンターノに付き従うため、その十年前にわずか十三歳で家出をしていた。モンターノは人文主義者——古代ギリシアやローマの古典文学の研究を復活させて宗教的な事柄よりも俗事に重きを置いたルネサンス期の運動の信奉者――で、強姦罪で告発され、ガレアッツォの命令により公《おおやけ》の場で鞭《むち》で打たれた。この不面目の結果として、モンターノはガレアッツォ暗殺の一年以上前にボローニャに追放されていた。ガレアッツォに対する陰謀を立案したのがモンターノだったのかどうか、はっきりとは判っていない。確実なのは、ある多感な若者がきわめて風変わりな学者かぶれに変わってしまったのはモンターノの責任だということだ。ジローラモは自白の中で自作の風刺詩《エピグラム》二編について誇らしげに言及している。一つはガレアッツォに向けられたもので(「武装した千の方陣にできなかったことを……」)[23]、もう一つはジョヴァンニ・アンドレーア・ランプニャーニに向けられていた。ランプニャーニは暗殺者三人組の首謀者で、公爵を刺殺した直後に教会内で殺され、その死体はミラノの民衆によって通りを引き回された。

興味深いことに、ジローラモが恐れたのはランプニャーニと同じ運命をたどることよりも歴史から忘れ去られることだった。多くの狂信者と同様に、彼は一冊の本を信奉していた。『カティリナの陰謀』を反吐《へど》が出るほど読み込んでいたのだ。これは古代ローマの著述家サルスティウスの著書で、陰謀を企てる者にとっては時代を超えた手引き書であり、暴君殺しの魅力とそれに対する反感の両方に満ちた本である。実際、カティリナの遺したものにあまりにも取り憑かれていたジローラモは、死刑執行人が彼の裸体をばらばらにする直前に次のように自分に言い聞かせていたと伝えられている。「落ち着け、ジローラモ! この行ないの記憶は永く残るのだ。死は苦きものだが、名声は永久に続く」[24]

この高慢な言葉によって、それから何世紀にもわたりこの謀反人に関するロマンティックな作り話がはびこることとなった。正確には何が暗殺の動機となったのだろう? 純粋なイデオロギー上の理由で参加したのは、どうやらジローラモただ一人だったらしい。ほかの二名の陰謀加担者は公爵に個人的かつ政治的な恨みを抱いていたのだ。共謀者《コンスピレーター》（ラテン語の動詞conspirare《コンスピラーレ》は、文字どおりには「共に息をする」という意味を持つ）のジョヴァンニ・アンドレーア・ランプニャーニとカルロ・ヴィスコンティは、どちらもガレアッツォに不満を抱く廷臣だった。ヴィスコンティの妹はガレアッツォに強姦されたという話で、その後ガレアッツォは側近の青年に彼女をお下がりとして与えたと言われている。どうやらランプニャーニの妻も公爵の欲望の餌食となったらしい[25]。

また、ランプニャーニはさらなる恨みをガレアッツォに抱いていたのかもしれない。殺害の数日前、ランプニャーニはある財産を巡るささいな紛争を解決するために公爵の仲裁を要求したいと主張しており、その目的のためなら何でもする覚悟だったのだ。それでもなお、ガレアッツォに対するランプニャーニの憤怒の激しさは、彼が公爵から受けたとされる侮辱をいくぶん上回るものだったように思える。チッコの軍事顧問オルフェーオ・ダ・リカーヴォは次のように補足している。「すべて、裏切り者ジョヴァンニ・アンドレーアがそそのかしてやらせたことなのだ。邪悪で、敵意に満ちて、高慢で、激しやすく、執念深く、無慈悲で、ほかに類を見ない性悪なこの人物が[26]」たとえ、これらの道徳的非難は犯行後にでっち上げられたものとして割り引いて考えられるとしても、ランプニャーニが殺人のリハーサルを行なう様子を伝えるジローラモの真に迫った描写から、その怒りの大きさが伝わってくる。彼は金襴をまとった木製の人体模型を公爵に見立て、短剣を手にして雄牛のような獰猛さで襲いかかったという。この逸話がいかにも事実らしく思えるとすれば、自白の中に記された血なまぐさい盟約の詳細も同様だ。共謀者三名は教会の聖餐台に赴き、自らの新鮮な血を聖別されたパンの上に垂らしてから、三つに切り分けたそれを自分たちに施してくれるよう司祭を説得したのだ。

ゆえに、暗殺者たちは人を殺したいという激情のみに突き動かされていたわけではなかった。実は、独善的な復讐者の大半がそうであるように、彼らはそれぞれ自分のことを、神聖ではないにせよきわめて重要な使命のために、何らかの方法で選ばれたのだと信じていた。ガレアッツォを惨殺することをミラノの守護聖人アンブロシウスの像の前で誓い、「われらの企てに賛成し、正義に味方することによって、不正に対する怒りを示し給《たま》え(27)」と聖人に祈った。サント・ステーファノ教会を殺害の舞台に選んだのも必然的に生まれたアイデアだった。公爵はどこへ行くにも護衛に囲まれており、通りなどの屋外で近づくのはほぼ不可能だったはずだ。

ガレアッツォの国外追放中の弟スフォルツァ・マリーアとルドヴィーコは、公爵が死んだという知らせを聞くやいなや一四七七年一月初めにフランスを発ったが、実際にミラノに帰ってきたのはその月の下旬だった。この裏切り者の弟たちが帰国する前に事態を収拾させる時間はほとんどなかった。ミラノの暗殺事件がもたらすひそかな波及効果について誰かがさらなる情報を持っていたとすれば、それはチッコ・シモネッタだが、彼は賢明にも知っていることを口外しなかった。実利的なチッコにとって、この時点での主な懸念は公国の秩序を保つことだったのだ。これについて彼が成功を収めたのは間違いない。そしてパニック状態の公爵夫人ボーナを穏やかに導き、夫を亡くした直後の大混乱を乗り越えさせた。

ジョヴァンニ・アンドレーア・ランプニャーニの死体は何日も街中《まちじゅう》を引き回され、最後に豚の餌《えさ》となった。切断された彼の右手は柱のてっぺんに釘で打ちつけられて燃やされた。ほかの暗殺者二名の首はブロレット市場の塔に吊るされ、ばらばらにされた体は市門にぶら下げられていた。反逆に対するこのような見せしめは効果抜群だった。陰謀者の公開処刑と切断された死体の陳列は、チッコの発案による時宜を得た減税(28)とあいまって、不穏な民衆をおとなしくさせるのに役立ったのだ。

ガレアッツォの遺体は、サント・ステーファノ教会の冷たい舗床に一晩中放置されていた。誰も日が暮れてから通りに戻ろうとしなかったからだ。その後あわただしく葬儀が手配され、今度はミラノのドゥオーモの中でミサが執り行なわれた。しかしここで、神学上の微妙な問題が持ち上がった。ガレアッツォは自らの罪を告白する機会がなかったのだ。公爵夫人ボーナはガレアッツォの魂を救済するために遅まきながら献身を示し、ローマ教皇シクストゥス四世に必死で懇願した。(29)夫に死後の赦免《しゃめん》を与えてくれるよう頼んだのだ。赦《ゆる》しを懇願する中で彼女が挙げた故人の罪の一覧を見れば、そこまで切迫している理由はわかる。暴君のような振る舞い、正当な理由および不当な理由で戦争を仕掛けたこと、都市の無慈悲な略奪、強盗、臣民の搾取、正義の不履行、積極的な不正行為、聖職者さえも対象とする違法な課税、姦通、処女および他人の妻の強姦、娼婦買い、恥ずべき聖物売買、その他、枚挙にいとまがないほどの罪の数々。ボーナは自らも、ガレアッツォ・マリーアの不幸な魂が清められて煉獄《れんごく》から浮かび上がり天国に入ることを許されるまで祈り続けると約束した。さらに、修道院や病院に資金を提供し、貧しき若き処女《おとめ》たちのために結婚持参金を準備するという。教皇は承諾したらしい。

ガレアッツォの来世を案じていた女性は未亡人だけではない。従者から歴史家に転じたベルナルディーノ・コーリオがつぶさに伝えてくれる数多くのきわどい逸話の中に、ガレアッツォの情婦たちのうち数名(その名前を明かさない程度の慎みは彼もわきまえていた)もドゥオーモで執《と》り行なわれた公爵の葬送ミサに呼び出された、という話がある。コーリオは伏せているものの、その中にルチーア・マルリアーニがいたのはほぼ確実だ。(30)ルチーアは二年ほど前からガレアッツォの情熱的な愛人で、さらに偶然にも彼の子を身ごもっていた。埋葬において彼女が果たした役割に関しては、不気味な謎がつきまとっている。二〇〇一年という最近の話だが、法医学者のチームがサンタンドレーア・ディ・メルツォ教会で発掘された頭蓋骨を鑑定した。ここはルチーアが通っていた教会で、ミラノ郊外にある。頭蓋骨の年齢と特徴(特に、頭蓋上部の突出部の穴と歯科疾患の形跡）は、どうやらガレアッツォのものと一致するらしい。ルチーアが後日、愛人の頭蓋骨を仮の墓所からどうにかして盗み出し、自分の教会に納めたのかもしれない。

*

ボーナは国事における自分の無力さを十分承知していた。不実な夫がいなくなった今、彼女は大半の時間をフェッラーラ人の従者アントーニオ・タッシーノとベッドをともにして過ごした。この男には、マキアヴェッリがのちに冷淡に評したように「隠れた長所」(31)があったに違いない。したがって彼女は秘密評議会の助言に頼った。これは廷臣からなる助言機関で、通常はミラノの貴族のみによって構成されていた。ガレアッツォの支配下では、政治上の執務を実際に取り仕切っていたのは、チッコと親しい仲間からなる書記局だった。ガレアッツォの死後、チッコは秘密評議会の即時改組を実施し、自分と弟ジョヴァンニおよび軍事顧問オルフェーオ・ダ・リカーヴォを最も影響力のあるメンバーとした。書記を務めたのはチッコの長男ジャン・ジャーコモである。ジャン・ジャーコモが記録した一四七六年十二月三十日付の発足文書により、評議会に統治の全権が与えられた(32)。だが、それは公爵夫人の名前で書かれ、今や秘密議会に格上げされた秘密評議会のメンバーに宛てた文書という形で、評議会が手にした特権を厳かに自ら祝うものだった。この代理政府の目的は「今は亡き君主である夫の流儀を保つことであり、全員［ミラノの貴族階級すべて］を呼び集めるには及ばず」、ゆえに事実上の寡頭政治体制を構築したのだ。議会は係争中の裁判について大赦《たいしゃ》を行ない、軽犯罪者（政治犯を除く）に温情を示した。また、潜在的陰謀者に対する厳重な取り締まり策を定めている。民家での集会は、秩序、治安、そして公爵夫人の服喪期間への配慮という名目で禁じられた。このようにして、チッコはミラノ公国の事実上の摂政となったのだ。

ミラノ市民は実のところこの段階では非常におとなしく、うわべは情け深く見える新政府をどうやら歓迎しているようだった。しかし、この新しい体制を脅《おびや》かすものは、統治者一族の中から現われようとしていた。ガレアッツォの従兄ロベルト・ダ・サンセヴェリーノは、長年にわたりスフォルツァ家における重要人物の一人だった。(33)恐れを知らぬ有能な指揮官で、いくぶん大言壮語しがちな性格の彼は、傭兵として歴戦の強者《つわもの》だった。また、魂を清めるためにエルサレム巡礼に出かけたこともある。ガレアッツォとの個人的な不和により活動拠点をボローニャに移していたが、この街はジローラモ・オルジャーティと仲間たちをそそのかしたあの「悪の教師」、コーラ・モンターノがつつがなく暮らす街でもあった。サント・ステーファノ教会での大事件の一報が届くやいなや、ロベルトは馬を駆《か》ってミラノに戻った。彼をとりわけ憤慨《ふんがい》させたのは、チッコのような素姓の卑しい書記官が城内で暮らし、「警備上の理由」から、なんとガレアッツォの私室に移り住んでいるという事実だった。(34)さらなる殺人がミラノで起こることが予想された。

2 過度の用心

スフォルツァ城はヴィスコンティ城の廃墟の上に建てられた。ヴィスコンティ城は、一四四七年の暴君フィリッポ・マリーア・ヴィスコンティ公の死後、ミラノの民衆により破壊されたのだ。一四五〇年に公爵の座に就いたフランチェスコ・スフォルツァは当初、過去の圧制の象徴《シンボル》を甦らせるつもりはないと公約していたが、そのうちに――都市というよりも――自分の一族を外部の危険から守るための要塞を作る必要があると気づいた。彼はフィレンツェの建築家アントーニオ・アヴェルリーノ、別名フィラレテ（ギリシア語で〝美徳を愛する人〟の意味）を雇った。[35] 城の建設中にフィラレテは革新的な著書『建築論』（一四六四年頃）を執筆しており、そこに描写されている理想都市「スフォルツィンダ」は、「ゾガリア《Zogalia》王」（ガリアゾ《Galiazo》、つまりガレアッツォ《Galeazzo》のアナグラムであるのは明らかだ）の気に入るように設計された建物で埋めつくされている。城はスフォルツィンダの中心部に建てられ、そのまわりを見張り塔、濠《ほり》、そして迷路のような城壁が取り囲むのだ。フィラレテの複雑かつ非現実的なアイデアの多くは、スフォルツァ城の地下に設けられたトンネルや地下牢といった隠し構造として実現された。城の建設はチッコ・シモネッタの用心深い監視の下で完了した。

この肖像画には、玉座に就くガレアッツォ・マリーア・スフォルツァの右側に書記官の書類を持つチッコ・シモネッタが描かれている。1475年頃。

フィラレテとチッコは、ミラノの都市構造の改善に関しても共に取り組んだ。二人はオスペダーレ・マッジョーレという名称の巨大で優雅な総合病院を建てるために力を合わせた――人口密度が高く疫病に苦しめられることの多い地域には大いに必要となるものだ。その上、この秀才たちはどちらも複雑な心理操作に凝《こ》っており、事実上解読不可能な暗号の設計を特に好んでいた。(36)

書記官《チャンセラー》のチャンス

三十年近くの間、チッコ・シモネッタは明け方に起床して書記局の執務室に入り、前日の書簡が適切に整理保管されていることを確かめてきた。どの書簡も同じ扱いとは限らない。彼の個人机に厳重にしまい込まれるものもあれば、暗号に写し取られてから発送されるものもある。すべてのニュースが馬によって運ばれ、危険なヨーロッパの道を通らなければならなかった時代、通信文は精巧なシステムによって暗号化される必要があるということは、政治に関わる誰もがよく承知していた。チッコは、仲間や同盟国へのメッセージを暗号化するために高度に複雑なシステムを考案した。各ミラノ大使にはそれぞれ異なる記号一覧表が渡された。全部でおよそ二百五十もの無作為な記号があり、それが一つ、二つ、三つの文字を表している。その他の約五十個の記号は人物またはいずれかの権力を意味する。記号の組み合わせは数カ月ごとに一新された。

イタリア最強の都市国家の書記官として、チッコは自分がきわめて大きな責任を背負っていることを常に意識していた。ミラノ公フランチェスコ・スフォルツァは百戦錬磨の軍人で老練な政治家だったが、組織化された国家を取り仕切った経験はまったくなかった。一方、カラブリア出身のこの卑しい素性の男は、世間に出たばかりの頃から外交通信《コミュニケーション》の方法を研究し続けてきた。フランチェスコがミラノに中央集権的な事務局を置くとすぐ、チッコは最も優れた代理人を選び出し、(37)イタリアをはじめヨーロッパ各地における最初の駐在大使を制定した。(38)彼は各大使と信書をやり取りして、十五世紀の当時で能《あた》う限り最大の情報網《ネットワーク》を作り出した。ガレアッツォが父の死後に公爵の座に就くと、この情報網を支配し続けることが新たなシニョーレの権力を維持するための鍵となったのだ。

ガレアッツォは父と同様、入ってくるすべての公文書を読むことと大半の返事の草稿をチッコにまかせた。ガレアッツォの治世では、チッコは状況をはばかることなくガレアッツォの私室を訪れ、報告を行なっていた。ガレアッツォは朝型の人間ではなかった。時折、夜ごとの獲物を乱暴にベッドから追い出して裸のままで書記官を迎えることもあった。チッコはこのような場面にも慣れたもので、声の届く範囲から第三者が消えるまで待ってから、その日の重要なニュースを伝え、たいてい多くの詳細は省き、この型破りな主人の心を差し迫った緊急の問題に集中させるのだった。チッコ自身の凝った署名はスフォルツァ家から発信された何千通もの公文書に記され、ミラノ公国全体を代表するものとなっていた。

さて、ガレアッツォの死から十一日後の、キリストの御公現《ごこうげん》の祝日——一四七七年一月六日——、チッコは公爵の部屋で目を覚ました。報告する相手がいないのは久々のことだった。無力な公爵夫人を除けばの話ではあるが、夫人は全権をすでにチッコに譲っている。それは安堵できることであると同時に重荷でもあった。新たなさまざまな難題が彼を待ち受けているのだ。折しもその時、チッコはロベルト・ダ・サンセヴェリーノが前夜ボローニャから到着し、市門をくぐったことを知らされた。

チッコは秘密議会のその日最初の会議を招集していた。ロベルトは会議室につかつかと入ると、厚かましくも、イタリア最高額の報酬を得ている傭兵隊長《コンドッティエーレ》、ウルビーノ公フェデリーコ・ダ・モンテフェルトロと同じくらい高い俸給で自分を雇え《コンドッタ》と要求した。もし要求が受け容《い》れられなければ、「学者と言い争って」(つまり、法律的な問題について議論して）時間を浪費するつもりはないと言い、「軍人のやり方《モーレ・ミリターリ》」で欲しいものを手に入れてやると迫《せま》った(39)。

この会議の前からすでにチッコは、近隣諸国の有力者と公国との関係をただちに強化せねばならないとわかっていた。そこで、まさにその当日、味方であるフェデリーコ・ダ・モンテフェルトロに宛てて暗号書簡を認《したた》めた。上品な外交用語などはすべて無視して、彼は単刀直入に切り出した。数多くの戦争と平和条約を知る旧友よ、今すぐミラノに来て事態を収拾してほしい、と。フェデリーコはすでに一度、ミラノを救うために駆けつけたことがあった。一四六六年、フランチェスコ・スフォルツァの――老衰による――死の直後に、ガレアッツォが権力を掌握できるようになるまで公国内の動乱を防ごうとするチッコに力を貸したのだ。十年後、チッコは再びフェデリーコを頼ろうとしていた。ロベルト・ダ・サンセヴェリーノの馬鹿げた主張を押しつぶすためには、軍人として名高いウルビーノ公の助けが必要なのだ。

チッコはロベルトが子供の頃から彼を知っていた。フランチェスコ・スフォルツァの甥として、ロベルトは宮廷で常に特別待遇を受けていた。彼の優れた運動能力と勇敢さは幼少時から明らかだった。優雅と洗練を愛する従弟のガレアッツォとは違い、ロベルトは馬上槍試合や乗馬に興味を持っていた。けれども、ガレアッツォは軟弱だったわけでも臆病だったわけでもない。それどころか、父フランチェスコは息子が悪に走るのを防ぐためにしばしばこっぴどく叩いていた（フランチェスコの育て方が失敗だったのは間違いない）。一方ロベルトは、常にフランチェスコのお気に入りだった。彼は生まれながらの軍人で、指揮を執ることもリスクを冒《おか》すことも好んだのである。

チッコは、ガレアッツォの専制政治にうんざりしていたロベルトが、公爵のいない今の宮廷で強い特権意識を持って振る舞うことを十分に予想していた。チッコはロベルトが大変な時期に大いに力を貸してやったのだが、この短気な傭兵隊長は自分の行く手を阻《はば》む者は誰であろうと脅すはずだということもわかっていた。とりわけ、それが今まであまり好意を抱いていなかった六十七歳の男であればなおさらだ。また、直情的なロベルトは、もう五十歳間近だというのに、粘り強い政治工作を軽視していた。説得や妥協のやり方というものを理解していなかったのだ。それでも彼は、野心を満たすため、平気で悪事を働くような仲間の助力を必要としていた。

国家は続かねばならぬ《ステート・マスト・ゴー・オン》

フランス中を旅したのちに、スフォルツァ・マリーアとルドヴィーコ——ガレアッツォの追放された弟たち——は一月下旬にようやくミラノに戻った。別々に城門に到着した彼らは、通行システムが根本的に変更されていることに気づいた。現在、未亡人ボーナと書記官チッコの統治下では、城に入るためには誰であれ書記官の捺印《なつ》がある許可証が必要で、しかも「民間人の廷臣」としてでなければ入れない。[40] 言い換えれば、弟たちはスフォルツァ家の相続人として扱われていないのだ。橋の手前で馬から降り、側近を城外に残して、一人で武器を持たずに歩いて入城せざるを得ない。秘密議会（弟たちは欠席メンバーだった）の会合における彼らの存在は、のちに長弟のスフォルツァ・マリーアが述べたように、「事実というより影のようなもの」[41]だった。弟たちは、憤慨しているロベルトとただちに手を組み、チッコをガレアッツォの部屋から書記局の執務室へと速やかに追い出した。

しかしながら、これは彼らにとって見かけの勝利にすぎなかった。チッコはすでに自衛のための予防措置を講じていたからだ。長い年月の間に、チッコはガレアッツォが城壁の空洞にしつらえたあらゆる秘密通路と隠れ階段に精通していたため、大勢の人間が行き来する城内を姿を見られずに移動することができたのだ。城の建設を監督していたこの老書記官は、すべての部屋に出入りできる唯一の人物だった。

　ガレアッツォの弟たちと従兄ロベルトは、これほど裕福で強大な国家の統治を未亡人と幼い跡継《あとつ》ぎの手にゆだねたくないと公然と主張した。だが、ボーナと長男ジャン・ガレアッツォの存在を、物理的とまではいかなくても政治的に消し去るには大きな障害物が一つあった。老チッコである。二月初旬、三人の共犯者たちはエットーレ・ヴィメルカーティ[42]という名の男を雇い、城内のチッコの部屋に忍び込ませようとした。友好的な訪問ではない。ヴィメルカーティの任務は「彼を切り刻むこと」だった。もしもチッコが大勢抱えるスパイの一人から「警告されていなければ[43]」、任務は成功していたはずだ。ヴィメルカーティの自白から、陰謀者たちの計画では、スフォルツァ・マリーアはすぐにサルティラーナ・ロメッリーナにある戦略拠点の城を与えられるはずだったことが明らかになった。これはシモネッタ家の広大な地所で、そこで獲《と》れる新鮮な青野菜とまるまる太った去勢鶏はミラノに届けられ、チッコの専属料理人によって調理されていた。彼の料理はチッコ一家に供される前に毒味されなければならない。政治的な恨みを晴らすために毒物が継続的に使われ始めたのはこの時代だったのだ。ヴィメルカーティはチッコのことを「仔牛の頭」と呼んだと後《のち》に伝えられている。肉ばかり食べるチッコは肥満傾向にあったからだ。おそらくこうした不健康な食生活が、年をとるにつれ彼をますます苦しめていく痛風の原因だったのだろう。

　それでも、安全確保《セキュリティ》のこととなるとチッコは規律を重んじた。彼はいつも、自分の家族の安全のために作った次のような厳格な規則の遵守を使用人に命じ、守らなければ解雇すると脅していた。いわく、街中や広場《ピアッツァ》ですでに話されていること以外、公爵に関する事柄は誰も何も口にしてはならない。もし、ある使用人が書記官との接触において知り得た秘密を漏らすようなことがあれば、チッコが苦労して築いてきた忠誠心と思慮分別を備えた人物という評判に傷がつくだろう。何よりも重要なこととして、彼が小書斎《ストゥディオーロ》で仕事をするときは護衛が入り口を見張り、誰も中に入れてはならない。書記官が不在の際は、部屋は常に鍵をかけておかなければならず、誰も中に入ってはいけない。夜間は、スフォルツァ城からほど近い彼のミラノの大邸宅の門は閉ざされ、訪問者は身元がはっきりと確認された場合のみ中に入れる可能性がある。使用人は誰からであろうと贈り物や賄賂を受け取ることを禁じられ、もし何かを約束されたら、速やかに主人に報告する。彼らは贅沢な生活を送り、良い給料を受け取り、宴会の残り物までもらえることをありがたく思うべきなのだ。もし手つかずのまま残った料理があれば、神への愛ゆえに貧しい人々に与えられる。家族が住む自宅の警備を妻にまかせてスフォルツァ城に戻ってくると、チッコはこの厳格な規則一式をさらに強化した。今や閉ざされた書記局の中から、進展中の外交ゲームを自由に操ることができるようになったのだ。

秘密厳守に対する彼の執着は偏執症に近いものだったが、とりわけ有効であることは今回の暗殺未遂において証明された。チッコは自分自身と近しい協力者と親族（彼はミラノの貴婦人エリザベッタ・ヴィスコンティと結婚しており、子供七人は裕福な家に縁組させた）を狙った襲撃を防ぐことで当座の自らの地位を守る一方で、暗号で書いたメッセージを味方に送った。彼はすでに、公爵夫人ボーナに代わって一通の書簡を口述していた。彼の息子が書き留めて、ボーナの自筆署名《マヌ・プロプリア》が記されたその書簡は、ロレンツォ・デ・メディチおよびジュリアーノ・デ・メディチに宛てられたもので、ガレアッツォ公の死に対する心からの哀悼(44)に感謝し、「わたくしどもとあなたがたの繁栄は同じ一本の糸でつながっております」という事実を強調して、フランチェスコ・スフォルツァとコージモ・デ・メディチの時代から続く「古い友情」を思い出させる内容だった。(45)そこには次のような不吉な警告も含まれていた。「どうか、わが国を守るために最大限の慎重さと警戒を発揮していただきたいのです。そして、必要に応じ日々の計画を変更すべきであることをお忘れなき

ロレンツォ・デ・メディチのテラコッタ製の胸像。アンドレーア・ヴェッロッキオ作。1470年頃。

よう——そうしていただくことが非常に肝要かと存じます。なぜなら、あなたがたがわたくしどものためにしてくださることは、実はあなたがた自身のためなのですから」

一四七七年一月、チッコはさらにロレンツォ・デ・メディチへの贈り物として、形式上は公爵夫人ボーナの代理で、四羽の鷹を送っていた[46]。この贈り物の意味は察しのよい受取人には通じていた。ミラノはフィレンツェの保護を求めたわけだ。そうするだけの十分な理由がチッコにはあった。チッコは悟っていた。イタリアの四大軍事力——ローマの教皇シクストゥス四世、ナポリ王国のアラゴン家のフェッランテ王、ヴェネツィア共和国、さらにウルビーノのフェデリーコ・ダ・モンテフェルトロですら——は、困難な局面にある今のミラノ公国に対して、それを支援することよりも支配下に置くことに興味津々であろう、と。

＊

フィレンツェの鷹（そして蚤《のみ》）

毎朝、ロレンツォ・デ・メディチはベッドから出ると、ピエーロ・ポッライウオーロ作のガレアッツォの肖像画と向かい合った。気性も支配者としての流儀もまったく違うにもかかわらず、一四六九年にロレンツォがメディチ家当主としてフィレンツェの統治を引き継いで以来、ガレアッツォは最も重要な味方だった。ガレアッツォより五歳年下にすぎないロレンツォは今、彼に会いたくてたまらなかった。その肖像画と、とりわけ手袋をはめた右手で左の手袋を握っているというディテールは、何かを意味する暗号のように見えた。それは、鷹狩りの鷹が主人の素手に進んで戻ってくることを自慢する狩人の仕草だったのだ。晩年のガレアッツォが友人ロレンツォに申し出た好意の一つは、自分のお抱えの鷹匠のうち最も優秀な、ピラートという男を譲ることだった(47)。今度は、メディチ家の跡継ぎがイタリア一の鷹となる番だ。

メディチ家は、過去三、四世代にわたりフィレンツェで大変な成功を収めてきた銀行家だった。ロレンツォの祖父である大コージモは国父《パテル・パトリアエ》として地歩を固めることができたのだ。一四三四年に国外追放から戻った彼は一家を統率する立場となり、最初は正規のフィレンツェ共和国、つまり選出された代表から成る政体が並行して存在していたが、徐々にその支配権をメディチ家が握るようになった。コージモは一族の富を桁外《けたはず》れに増やす一方で、行政府の選挙の主要候補を事実上指名していたのだ。また、フランチェスコ・スフォルツァがミラノにおいて権力の座に就くのを支援し、この新公爵の空のポケットを満たしてやった。スフォルツァもまた、たいていは返すことのないたっぷりの〝借金〟と引き換えに、メディチ家の方針を実行に移すためならいつでも力を貸すつもりでいた。コージモは一四六四年に亡くなったとき、フィレンツェの非公式な君主として広く認められていたのだ。

コージモの息子である〝痛風病み〟のピエーロ――ロレンツォの父親――はスフォルツァ家の騎兵隊の助けを借りて、フィレンツェの富裕市民の一派が企てたクーデターから我が身を守り、一族の財産を保全した。ピエーロは一四六九年十二月に亡くなり、一大金融帝国の統治と政治資本の運用は二十歳になったばかりの長男ロレンツォに託《たく》された。ロレンツォは自分の真の天職は詩作だと主張しつつ、不承不承ではあったが引き受けた。

＊

一四七七年二月十七日月曜日は告解火曜日《マルディ・グラ》の前日だった。ロレンツォはすでに来たるべき四旬節《レント》のことを考えて、死者に対する敬意の徴《しるし》として、おそらくガレアッツォの肖像画を厚い黒布で覆《おお》わせていたことだろう。だが、ロレンツォは生を愛し、讃美していた。次の有名な一節は彼が数年後の謝肉祭《カルネヴァーレ》に際して書いた詩で、今を楽しめ《カルペ・ディエム》という彼の人生哲学が表現されている。

Quant'è bella giovinezza
Che si fuge tuttavia.
Chi vuol esser lieto, sia:

di doman non c'è certezza.

青春とはなんと美しきものか
すぐ過ぎ去ってしまうけれど。
望む者には愉快に過ごさせてやろう。
明日のことなどわからぬのだから。(48)

完璧な享楽主義者《エピキュリアン》になろうとしたロレンツォは、明敏な知力と筋骨たくましい体の両方に磨きをかけていた。一四六九年の市内の馬上槍試合では勝利を収めた（弟ジュリアーノも一四七五年の馬上槍試合で勝っている）。ロレンツォは贅沢を愛し優雅を好むことで知られていた。魅力ある人物だったと言われているが、身体的風貌にはまったく表れていなかった。幼年時代の怪我のせいで、平らに潰《つぶ》れた大きな鼻ばかりが目立つ顔で、そのせいで声も奇妙な鼻声だった。さらに不幸なことに、曾祖父ジョヴァンニのひどく突き出た顎《あご》と大きな口を受け継いでいた。しかしながら、見栄えのしない容貌は彼にとって障害とはならなかった。ローマの貴族の娘クラリーチェ・オルシーニと結婚し、この頃には彼女との間にピエーロとジョヴァンニという二人の息子をもうけていた。当時のロレンツォは大胆不敵な二十八歳で、メディチ宮殿にある執務室から一族の財産だけでなく国の政治をも操っていたのだ。

その月曜日の朝、ロレンツォはミラノから四羽の鷹とともに届いた緊急の相談に返事をしなければならなかった。ロレンツォはフィレンツェ大使に指示を出し、「共和国の書簡の内容などをはじめとするありとあらゆることをチッコに」包み隠さず伝えるよう命じた。(49)「チッコの判断を仰げば間違いない」ロレンツォはチッコとの間に秘密の伝達経路を確立しつつあり、フィレンツェのシニョリーア（選挙で選ばれた共和国政府）のみならずミラノのスフォルツァ兄弟などその他の関係者もそこから締め出していた。この若きメディチ家当主の下、共和制都市国家であるはずのフィレンツェはこれまでになく事実上の寡頭独裁国家と化しており、今やミラノの摂政政治と非常に似通っていた。

チッコがロレンツォと初めて会ったのは一四六五年の春で、ミラノを公式訪問した当時十六歳のメディチ家の跡取りロレンツォが、フランチェスコの娘イッポーリタ・スフォルツァに表敬に来たときのことだ。[50] 彼女はフェッランテ王の息子であるアラゴン家のアルフォンソと婚約するためナポリへ向かおうとしているところだった。ロレンツォはミラノに数日間滞在したのち、隣のパヴィーアにある有名なヴィスコンティ＝スフォルツァ図書館を訪れた。ここの管理はチッコ自らが務めていた。博学なる書記官チッコはもちろん、若く前途有望な人文主義者であるこの将来の国家元首に、コレクションの中で最も貴重な一品を誇らしげに紹介した。それはウェルギリウスの作品の注釈付き彩色写本で、イタリアの偉大な詩人ペトラルカが所有していたものだ。ロンバルディアを発《た》ったあとで、ロレンツォはスフォルツァ家の紋章と銘の入った豪華な彩色の施された甲冑を所望し、ミラノ公への末《すえ》長い忠誠を誓った。「わたしの命が続く限り、何が起ころうとも、貴家の紋章を肩につけることはなくても、心に刻みつけておこう[51]」

この断固たる宣言以来、イタリア史における至福の時代と暗黒の時代を通じて、ミラノとフィレンツェ――スフォルツァ家とメディチ家――は最も親密な絆《きずな》を保っていた。ガレアッツォが死んだ今、不穏な動きを見せる弟たちよりも老書記官チッコと付き合ったほうがいいということをロレンツォは知っていた。クーデター未遂から「鮮やかに[52]」逃《のが》れたチッコの手腕に対する驚きを述べた後で、ロレンツォは当面の最も微妙な外交上の問題の一つにも触れた。フェデリーコ・ダ・モンテフェルトロの雇用契約《コンドッタ》の件である。[53] この数年間、かつて友好的だったメディチ家とモンテフェルトロの関係は次第に緊張の度を増していた。ロレンツォは実のところ、フィレンツェ軍司令官としての未払い給料の一部をフェデリーコに払うことを拒んでおり、誇り高きこの傭兵隊長は支払われるべきものを請い求めざるを得なくなった。「これは閣下にとっては非常にささいで、非常にたやすいことでありましょう……わたくし自身の名誉のために、そうしていただくことが妥当かつ正当であるというだけの話なのでございます！[54]」フェデリーコがロレンツォと反目するのはこれが最初ではなかった。わずか数年前、この名高い傭兵はフィレンツェからの雇用の申し出を丁重に断っていた。教皇とナポリ王、つまり非常に強大で密接な関係にある二大勢力にすでに雇われているからというのがその理由だった。

ガレアッツォの死を伝える一報がローマに届くやいなや、教皇シクストゥス四世は「今日、イタリアの平和は死んだ」と言い放ったと伝えられている[55]。しかしながら、それは予言というよりもむしろトラブルを約束する言葉であったかのように思える。なぜなら、これらの世俗的な争いのまっただ中で、教皇はきわめて重大な役割を演じていたからだ。皮肉なことに、フィレンツェの政庁《シニョリーア》はシクストゥスに宛てた手紙の中で、イタリアの平和のために唯一の真のいしずえをもたらすことができるのは教皇だと書いていた。ロレンツォに促されて、フィレンツェ共和国から「四羽の鷹」――教皇、ナポリ王、ヴェネツィアの総督《ドージェ》、ウルビーノ公フェデリーコ――に気遣わしげなメッセージが送られていたのだ。「イタリアに平和をもたらすため、どうかあらゆる手段を講じてくださいますように。そして、閣下に講じられる手段は数多くあるのでございます[56]」

このへつらいの言葉では、野心的な有力者たちを静かにさせるにも、老練な傭兵隊長を引き入れるにも不十分だった。フェデリーコは、ガレアッツォの「早すぎる、そしてあまりにもむごたらしい」死のあとで、ガレアッツォの存在によって保障されていたイタリアの平和を保つために貢献できるよう最善を尽くすと返事をしたが、具体的な行動は確約しなかった。それでも、仲裁人としての仕事は何よりもやり甲斐《がい》のあるものになるかもしれないとは考えた。ジョヴァンニ・サンティ——一四八〇年代後期に書かれた韻文形式の祝典用伝記『ウルビーノ公フェデリーコ・ダ・モンテフェルトロの行跡』の著者——によると、フェデリーコがガレアッツォ公の「悲惨な死」を遺憾に思ったのは、その暗殺によって全面休戦に向けた彼の美しきビジョン《ベンシェーロ・ベッロ》が殺されてしまったからだという[57]。フェデリーコは、ミラノとナポリの間に継続中の敵意をうまくそらしたのは自分だと主張した。その結果、ヴェネツィアおよびローマを含むそれ以外の大国は、フィレンツェとともに、戦争を思いとどまって永続的な和平に同意する覚悟を決めた。

　ガレアッツォの暗殺は重大な不均衡を生じさせたため、緊急に対処する必要があった。だから、若きジャン・ガレアッツォ・スフォルツァの後見人に誰がなるのかという問題がミラノの周辺諸国の間で深刻な懸念事項となったのだ。チッコはフェデリーコがミラノに来て公爵の権力の確保に力を貸してくれることを望んだ。だが、ロレンツォのもくろみはわずかに異なっていた。二月一日、彼はローマにいるメディチ家の代理人に次のように伝えた。「わたしはノミオに自ら手紙を書き（フェデリーコはひそかに「ノミオ」というあだ名をつけられていた。イタリアのあらゆるビジネスを支配し規制したい——「ノモス」はギリシア語で「法律」を意味する——という野望を抱いていたからだ）、ミラノに行ってはいけないと伝える。ナポリ王がそれを主張しているのは意外だ。なぜなら、わたしの意見では、そういうことをするのは王らしくないからだ。教皇が同意しているのはノミオが主張しているからにすぎず、ノミオは今の状況を彼のパトロンよりもはるかによく理解していると思う[58]」言い換えれば、ロレンツォはチッコとは違い、ミラノの情勢の安定を軍事的および政治的に保障する役目をフェデリーコに担わせることを望んでいなかった。ミラノに対するメディチ家の影響力をウルビーノ公に取って代わられてしまうという理由からだ。

かくしてロレンツォはフェデリーコのミラノ行きを妨《さまた》げた。もし妨げなければ事態は大きく変わっていたかもしれない。その代わりに彼は、フェデリーコのライバルである年老いて野心の少ないマントヴァ侯爵ルドヴィーコ・ゴンザーガを提案した。ゴンザーガの監視の下、ようやく二月二十四日にスフォルツァ城で、公爵夫人ボーナとガレアッツォの弟たちの間の詳細な協定が調印された。(59) 弟たちの服従と引き換えに、ボーナは彼らに年俸一万二千ドゥカートずつ——公爵の子息にふさわしい生活を送るのに十分な金額だ——と百名の精鋭騎兵中隊の指揮権と小要塞の鍵を与えた。だがこれらの形式上の譲歩にもかかわらず、公爵夫人の名の下での政権支配はチッコが掌握したままだった。ロベルト・ダ・サンセヴェリーノが協定調印の立会人を務めたが、おそらくその過程でチッコの喉元に飛びかかりたいという欲求を抑えつけていたことだろう。

＊

ロレンツォは、ロベルトが権力のある従兄の公爵ガレアッツォが死んで以来何か企んでいることも、ガレアッツォの弟たちがトップの空席をしきりに狙っていることも、正確に察していた。ロレンツォは偶然にもロベルトの親友だった。ロレンツォはこの傭兵隊長の勇気を高く評価していたが、衝動的かつ無鉄砲な性分にはきわめて批判的だった。彼は、ロベルトから目を離さず、チッコの摂政政治に対して軽率すぎる行動をとらせぬようにすべきだと考えた。この任務にうってつけの人物を彼は知っていた。古い知己である詩人ルイージ・プルチである。(60)

プルチの有名な作品は疑似英雄詩『モルガンテ』で、空想的かつユーモラスな叙事詩としてラブレーやセルバンテスに影響を与えた。ろくでなしじみたところのあるプルチは、ロレンツォがまだ神童だった頃の友人だった。二人は模倣しあいながら風刺詩を書き、プルチは年下だが自分よりも賢いこの友人にひどく滑稽《こっけい》な手紙を送った。その後、国家を動かすよう求められたロレンツォは、少年時代の仲間と距離を置き始めた。プルチのように無能な人物を実際に雇うまでのことはしたくなかったロレンツォだが、それにもかかわらず一四七〇年代初めに彼を大口叩きのロベルトに紹介した。プルチはたちまちロベルトが気に入った。いろいろな意味でこの軍人は、『モルガンテ』の中でプルチが不敬なほどこと細かに冒険を語っているキリスト教の騎士たちに似ていたのだ。

詩人の好意は十分に報われることになる。プルチによると、彼は「ロベルトと大いに親しく」なり、「彼があらゆる人々、特に自分を大事にしてくれる人々に深く感謝する、思いやりのある人物だということを知った」という。ロレンツォがそこまで寛大なパトロンでないことを暗に嘆いているわけだ。一四七三年九月、プルチは生まれ故郷ミラノへ帰るロベルトに同行し、その旅の記録を北部の方言を真似た風刺的なソネット二編に残した。だが、外交官としての彼の働きは、その詩作よりも評価が低かったのは明らかだ。一四七六年にプルチは、あるフィレンツェ大使から非常に奇妙な使者と評されている。「彼は肉がほとんど入っていない風味の抜けたソースで、その味のなさはすぐ把握できるのだが、多くのことを理解し、承知しているらしい。血吸いの種族の生まれゆえ、すぐに喰いつくのだ[61]」プルチ（イタリア語で「蚤《のみ》」を意味する）は間もなく、その名が示すとおり血吸いの評判に背《そむ》かぬ生き方をするようになる。

一四七七年初頭、プルチはロレンツォに次のような手紙を書いた。「公爵ご逝去の報をうかがいました。貴殿の辛さを思うだけで辛くなります……もし何らかの理由でわれらがロベルトのもとへ、いやそれ以外のどこであろうと、わたくしが向かう必要がありますならば、いつでも馬を駆りましょう。ロベルトがかの地にいることは、いくつかの理由によりわたくしにとって役立つように思えます。とりわけこの状況下では、今の彼が貴殿および貴殿の利益のためのみに身を捧げている点はありがたい限りで、貴殿だけが彼に（すなわちわたくしを通じて）ご随意に働きかけることが可能なのです。こちらであろうとそちらであろうと、いかなる手段でも」[62] プルチは、ほかの誰にもできないやり方でロベルト・ダ・サンセヴェリーノを動かすことができたのである。

一四七七年二月半ば、素人スパイのプルチはしたがってミラノに発ったわけだが、到着後は彼自身が本職の政府のスパイによって監視されていた。実のところ、三月に彼がロレンツォに密書を送ろうとしたとき、すべてを操るチッコ・シモネッタの要請により、その密書を現地のフィレンツェ大使に盗み見られていたのだ。チッコはプルチが機知に富んだ言葉で描いた「地獄絵」を快《こころよ》く思わなかった。[63] ロレンツォもチッコも、フィレンツェはロベルトの新たな傭兵契約《コンドッタ》に寄与すべきだということで意見が一致したが、俸給をフェデリーコと同等まで上げてほしいという彼の要求には応じなかった。金と名声を巡る二人の傭兵の競争は、ついには冷酷かつ致命的なものへとエスカレートしていく。

「運命は常に待ち伏せしている」

外交的議論がまだ進展しつつある最中《さなか》に、さらなる危機がミラノ公国に生じた。ミラノの後継者が不確定な状態だったことで、ジェノヴァで突然の暴動が起こる余地を与えてしまったのだ。[64] かつて強大な海運国だったジェノヴァは、ここ数十年間はより大きなミラノの軍事力に屈していた。ミラノの支配がゆるみつつあるように思われた途端《とたん》、ジェノヴァの派閥が立ち上がり、スフォルツァ家からの独立を宣言した。ガレアッツォの弟たちとロベルト・ダ・サンセヴェリーノにとっては、若いエネルギーと野心を誇示する絶好の機会だった。一四七七年三月下旬に彼らはジェノヴァ討伐《とうばつ》を開始した――そしてこの危険な企《くわだ》てにおいてチッコの全面的な後方支援を得た。ミラノ軍はジェノヴァに進撃して暴動を鎮圧した。四月半ばには、フェデリーコ・ダ・モンテフェルトロはすでに公爵夫人ボーナ宛てに国家の敵を壊滅させて平和を取り戻したことを祝う信書を送っていた。

やすやすと勝利を収めたことで大胆になったスフォルツァ兄弟とロベルトは、チッコに対する軍事クーデターを計画し始めた。だが、チッコはこの可能性を十分に警戒していた。チッコは陰謀者とその従者の一挙一動をつけ回した。そして指揮官ドナート・デル・コンテに狙いを定めた[65]。何年もスフォルツァ家に忠実に仕えてきた人物で、ロベルトの長年の友人だ。チッコは鷹のような素早さで、進行中の陰謀を細部まで知るドナートを投獄した。〝縄《ロープ》〟――ルネサンス期の拷問の中でも最もポピュラーかつ痛々しい手段の名称で、縄からぶら下がる間に自身の体重で肩をねじられる――の助けを借りて、チッコはドナートに計画をすぐに白状させた。彼の自白によれば、スフォルツァ・マリーアおよびルドヴィーコとその弟たちであるアスカーニオおよびオッタヴィアーノが、五月半ばに公爵夫人との協定の更新を約束したとき、本当は時間を稼ごうとしていただけだったという。実際には、ロベルトが通りで民衆を煽動し、その間にチッコを殺してスフォルツァ城を奪おうと計画していたのだ。

一四七七年五月二十五日の夜、共謀者全員が揃《そろ》った夕食の席にドナート拘留の知らせが届いた。室内は沈黙に包まれ、誰一人として料理に手をつけなかった。抜け目のないチッコに先制攻撃で出し抜かれたのだ。翌朝、彼らは公爵夫人の前に姿を現わし、ドナートを即座に釈放するよう要求した。署名した協定に背き、武装した姿で公爵夫人の前に現われたことは詫《わ》びた。チッコ本人はどこにも見当たらなかった。全面反撃の準備に忙しかったからだ。クーデターを防ぐための対策は、スフォルツァ城およびミラノの街を公爵の護衛隊が一団となって行進するよう手配しただけだった。

ロベルトはすぐに逃げざるを得なくなった。五月二十八日、ピエモンテに向かう途中で、いかにも彼らしく弁解しない書簡を送った。「わたしは城での評議会の会議に飽き飽きしていた。わたしの仕事は鎧《よろい》を着て軍務につくことで、兵士たちとともに過ごすほうがはるかに楽しい(66)」自らの軍務と政務を切り離したいというロベルトの主張は、少しばかり遅すぎた。この敗北にもかかわらず、彼はチッコに復讐すると自らに誓った。翌日、ロレンツォはロベルトに対して「何の役にも立たない策略」を試すなと直《じか》に警告した(67)。六月五日、ロレンツォはミラノ駐在のフィレンツェ公使でチッコが耳を貸す人物に、「反逆者」の投獄は賢明ではなかっただろうと書簡で説明した。気性の激しいロベルトを自暴自棄に追いやることになるからだ。公使へのこの親書には、メディチ家のやり方《モードゥス・オペランディ》が最も純粋に現われている。一方ではロベルトの無謀な振る舞いを叱り、他方では全権を握るチッコに「人間に関する事柄は変わりうるもので、すべては運命に左右される(68)」というメッセージを送ろうとしたわけだ。プルチは四月からフィレンツェに戻っていたが、ロレンツォが『モルガンテ』の警告的な一節と同じことを言っているのを知ってにやりとしたに違いない。

Ma la fortuna attenta sta nascosa
per guastare sempre ciascun nostro effetto.

だが運命は常に待ち伏せをして
われわれのあらゆるもくろみを打ち砕こうとしている(69)

公爵夫人は弟たちを赦免《しやめん》したが、それぞれを三カ所の遠隔地へ追放した。スフォルツァ・マリーアはバーリへ、ルドヴィーコはピサへ、アスカーニオはペルージャへ。末弟のオッタヴィアーノは処罰を恐れるあまりヴェネツィアの方角に逃げ、夜間に川を渡ろうとして溺れ死んだ。ミラノでの出来事の知らせを受けるとすぐ、フェデリーコ・ダ・モンテフェルトロは次のように書いた。「皆の不運、とりわけオッタヴィアーノの死を残念に思います。彼はとても若かったのだから、従順に振る舞えば良いシニョーレになれたかもしれません。他者によってもたらされた混乱ののちに、国家の永続的な安定が生じるものとわたくしは信じております(70)」彼はさらに、チッコの思慮深さと鋭い洞察力をほめたたえた。

その時点では、運命はチッコに味方しているように見えた。国内外の反乱は鎮圧され、摂政政治に安定のひとときが訪れていた。六月三十日には、ミラノ駐在のフィレンツェ大使によると、「選ばれた少数が統治し、多数の嫉妬を受けておりますが、状況は日に日に安定して今後さらに安定していくことでしょうし、日ごとに政府の力は増し続けることでありましょう(71)」という状況だった。ロレンツォとしてはこの新たな安定に満足し、フィレンツェとミラノの同盟――イタリアの「勢力の均衡」の中心――が維持されることを期待していた。彼は、誰かがこの危うい均衡を打ち砕こうとひそかにたくらんでいるとは知らなかったのだ。

3　すべてが語られた

グッビオは中世の美しい街で、当時モンテフェルトロ家の領地の首都となっていたウルビーノの南からおよそ五十マイルの、険《けわ》しい丘の斜面に戦略的に配置されていた。フェデリーコ・ダ・モンテフェルトロは一四二二年グッビオ生まれで、地元領主グイダントーニオの庶子として誕生した。(72) フェデリーコの息子グイドバルドも、一四七二年一月、彼が五十歳になった直後にこの地で生まれた。それ以前にフェデリーコの妻バッティスタ・スフォルツァ（ミラノのスフォルツァ家の遠縁）は四人の娘を産んでいたが、彼女たちは――その性別ゆえに――跡継ぎとなる資格がなかった。待望の息子を産んで六カ月後、夫がヴォルテッラとの戦いから戻ってきた直後にバッティスタは急死し（おそらく度重なる妊娠で衰弱していたものと思われる）、フェデリーコは男やもめに、グイドバルドは母のない子になってしまった。

フェデリーコは生まれ故郷の街に驚くほど見事なドゥカーレ宮殿《パラッツォ・ドゥカーレ》を建て、内部に小書斎《ストゥディオーロ》の製作を依頼した（その豪華な寄せ木細工の羽目板は現在ニューヨークのメトロポリタン美術館に保存されている）。グッビオのストゥディオーロは、芸術と文化に対するフェデリーコの洗練された趣味を反映していた。(73) ティーンエイジャーの頃、フェデリーコはマントヴァの郊外にある〝喜びの家《カ・ゾィオーザ》〟という名の名門エリート養成校に通っていた(マントヴァ侯ルドヴィーコ・ゴンザーガとマントヴァ大使ザッカリーア・サッジも同校で学んでいる)。ギリシア・ローマ時代の古典作品を教えていたのは、著名な人文主義者ヴィットリーノ・ダ・フェルトレだった。また、本格的な軍隊訓練および運動訓練も行なわれていた。フェデリーコが息子グイドバルドの教育を真剣に考えていたのは意外なことではない。息子は、自らの長期計画を存続させたいというフェデリーコの強い希望を体現する存在だったからだ。彼は最高の教師を雇い、最高の書物を買い与えた。そしてグッビオのストゥディオーロの中で、グイドバルドの名前は、書見台の上に置かれたウェルギリウスの『アエネーイス』の開いたページの隣に刻まれることになる。

誰にも最期の日は定められている。
人生は短く、取り戻すことは何人《なんぴと》にも叶わない。
だが、その功績によって名声を持続させること、
それは勇気のなせるわざなのだ。

「危険の中の危険」

一四七七年七月二日、グッビオのストゥディオーロの内部は暑かったに違いない。窓から入り込むかすかな夏のそよ風だけが、室内の温度をどうにか耐えられる程度のものにしていたのだろう。ここでフェデリーコ・ダ・モンテフェルトロは、周囲の壁に描かれただまし絵《トロンプルイユ》を眺めることができた。最高に手の込んだ寄せ木細工で描かれたその絵は、あまりにも本物らしく見えるので、手を伸ばせば触れることができそうなほど

グッビオのストゥディオーロのオリジナルの羽目板は、現在ニューヨークのメトロポリタン美術館に保存されている。

だった。本棚、書見台の上にある書物、楽器類と科学の器具類、武器と鎧、すべてが無秩序に並べられている。これらは人文主義者の軍人フェデリーコが孤独や瞑想を必要とする際、傍《かたわ》らにあるにふさわしい品々だった。

ストゥディオーロの羽目板の最上部に沿って彫《ほ》られている金字の銘（おそらくフェデリーコ自身が口述したラテン語を書き取ったもの）は、次のような意味である。

尊き母の永遠の生徒
学識と天賦の才に長《た》けた人々は
帽子を取ってひざまずき嘆願してくずおれる

自由学芸の七科（訳注・中世における教育の主要学科で、文法・弁証法・修辞学の三学および算術・幾何・音楽・天文学の四科）を象徴する絵画が上部の壁を囲み、フェデリーコの博識を百科全書的にたたえている。七科のそれぞれが寓意的な女性の姿に擬人化され、帽子を取ったたくましい男性に貴重な贈り物を手渡している。フェデリーコの左目の視界の片隅に、自分の肖像画がちらっと見えただろう。ひざまずいている姿で、赤のフェルト帽は優雅な絨毯敷きの階段に置かれている。絵の中の彼のすぐ真上には、モンテフェルトロ家の紋章のついた盾が尊大なモンテフェルトロ家の鷲に支えられ、金属製の燭台の上に載っている。肖像の右側には、絵で描かれた窓枠の外に扉の開いた部屋が見え、これは知識への入り口を示す伝統的なシンボルである。

絵の中のフェデリーコは女性から分厚い書物を差し出されており、この女性は自由学芸の一つである弁証法を寓意的に表したものだ。弁証法、つまり論理学は三学《トリウィウム》の女王であり、古代に同じく自由学芸として分類された文法および修辞学とともに、言語と思想の基礎となっている。フェデリーコが受け取るこの書物には金の留め金が付いていて、裸のヘラクレスの絵で飾られている。この描写はフェデリーコの論理的な推論の威力を強調するもので、彼の知力には軍事行動と同程度の迫力があるということが示されている。

その朝、口述する準備の整ったフェデリーコは間違いなく、書記を呼び出し、その書記は恭《うやうや》しく頭を下げ、彼の隣の小さな机を前に腰を下ろしたはずだ。(74) 公爵の旧友で今やミラノ公国の全権を握る摂政となったチッコ・シモネッタに宛てた信書は、次のように始まっている。(75)

> ミラノより送られる書簡を通じて、偉大なるチッコ殿およびご子息ジャン・ジャーコモ殿から北で起こっている出来事を忠実にお伝えいただいた。最も重要なことには、ナポリ王陛下との間でいかなる合意または相互理解にも達したくない理由をすべてお知らせいただいた。公爵夫人ボーナおよびジャン・ガレアッツォ公に対するわたくしの献身と忠誠、そして貴殿らに対する親愛の情にふさわしい信義および誠意をもって振る舞ってくださることを、嬉しくまた満足に思う。わたくしとしては、ナポリ王陛下に恩義を受けているのは山々なれど、お二人のことは心よりあがめているということを認めたい。良心および真理、そしてミラノ公国の要求または繁栄に反することを自分が述べているとも思っていたならば、自らの利益とは関係なく、むしろ沈黙を守り、このように長々と語りたくはない。それでも、わたくしは双方にとってなにが好ましく名誉あることかを、主として最も急を要している者のために判断しているにすぎず……

一四七七年一月以来、チッコとフェデリーコのやり取りは暗号で行なわれていた。チッコは当初、フェデ

アラゴン家のフェッランテ王（左）とフェデリーコ・ダ・モンテフェルトロ（右）の肖像が、アレクサンダー大王の生涯に関する写本の最上端を飾っている。

リーコをミラノに呼んで公国の安定に力を貸してもらおうとした。フェデリーコはきわめて前向きな反応を示したが、ロレンツォの干渉によってミラノ行きは阻《はば》まれた。チッコ・シモネッタ（ルネサンス期の外交用語の慣習にのっとって〝偉大なる〟と呼びかけられている）が父を失ったジャン・ガレアッツォの後見人の役割を引き受けたことで、フェデリーコが書簡の中で指摘したように、ミラノ公国はまさに「最も急を要して」外部の支援を求めていたのだ。

一四七七年も半ばとなり、ミラノ公ガレアッツォの暗殺から六カ月が経った今、イタリアの政治は微妙な局面を迎えていた。ヴェネツィア、ミラノ、フィレンツェの包括的な同盟または提携が、ナポリ王と教皇シクストゥス四世の共同戦線に直面したことで弱体化しつつある中、後者の双方に傭兵隊長《コンドッティエーレ》として仕えるウルビーノ公フェデリーコは、イタリアの情勢を決定づける情報《インテリジェンス》の中心にいたいと願っていた。もしミラノの摂政チッコを説得して敵方につかせることができさえすれば、それに続くフィレンツェの孤立によって、フェデリーコと彼のパトロンはロレンツォとジュリアーノのメディチ兄弟にとてつもない圧力をかけることができる。この裕福かつ有力な若者二人をフィレンツェから追い出して――手荒なやり方をとるかどうかはさておき――より従順な統治者の一団と入れ替えることができるだろう。ウルビーノ公は、のちのパッツィ家の陰謀の土台作りを、実際の遂行のかなり前から始めていたのだ。

もしかするとフェデリーコは、口述を再開する前に深呼吸をして間を置いたかもしれない。左側に見える絵の描かれた羽目板を眺めたのではないだろうか。その絵の中では年配の女性が天球儀を持ち、目の前にひざまずく中年の男性に手渡している。宝石のはめ込まれた彼の王冠が、階段の上で輝いている。ここでプトレマイオスとして描かれている男性は、フェデリーコの緊密な協力者で擁護者でもあるナポリ王アラゴン家のフェッランテで、彼は天文学に非常に熱中していたことで知られているが、この時代の天文学は占星術とほぼ同一のものだった。プトレマイオス王はより高みにある権力、つまりイタリア上空の天の領域を体現している。だが羽目板上の彼は、地上の領域に属するヘラクレスのような傭兵隊長フェデリーコの肖像の隣に位置している。

ルネサンス期において、占星術と政治は密接につながっていた。これらの誇り高き独立独行の男たちの運命ですら、避けがたい星々の影響に結び付けて考えられていたのだ。個人の重要性という観念が現われても、十五世紀に活躍した学識ある人物の大半は、占星術に頼ったり迷信的な信念を抱いたりすることをやめなかった。フェデリーコが天の領域をナポリ王のものとしたのは、哲学的な言明であると同時に政治的な言明でもあったのだ。

それでも、神話的な解釈はルネサンス期の政治の一面にすぎない。フェデリーコは長年の過酷な兵役を通じて多大な力を手にしていた。同世代で本当の意味で成功を収めた傭兵隊長は彼だけだった。大国の長となったもう一人の傭兵隊長フランチェスコ・スフォルツァとともに、彼は戦争におけるプロパガンダの重要性を早いうちから理解していた。自らの戦勝を言い広めることは、実際の戦闘に勝つことや敵の兵士を多数殺して自軍の死傷者の数を減らすことよりも常に重要だった。競争相手、つまり敵軍の将の名誉または評判を傷つけることは、少なくとも戦場における実際の英雄的行為と同じくらい重要だった。マキアヴェッリはのちに傭兵隊長の美徳を、暴力と裏切りというきわめて危険な組み合わせとして定義した。それゆえ彼は、フェデリーコの祖先グイード・ダ・モンテフェルトロを引き合いに出した。ダンテの『地獄篇』で炎の中で焼かれ続けるグイードは、次のように語っている。

le mie opere
non furon leonine, ma di volpe

わたしの行ないは
獅子のものではなく狐のそれであった

多くの狐とわずかな獅子の国イタリアは、静かな戦争と絶え間ない裏切りの舞台となっていた。ゆえに、友情は真実であろうと偽りであろうと重要なものとなった。フェデリーコは、ミラノ訪問の際にガレアッツォ・スフォルツァ公――彼は父親の友人たちとはあまり折り合いが良くなかった――が自分に対してたいそう腹を立てており、首をちょん切ってやるとひそかに脅してきたことを思い出した。幸いにもフェデリーコはチッコ・シモネッタから、さっさと逃げるよう前もって警告されていたのだ(76)。

一四七七年七月の手紙で引き合いに出されたチッコとフェデリーコの間の親愛の情は、そのはるか前から始まっていた。二人は一四四〇年代にモンテフェルトロ地方で戦われた激しい戦闘の最中《さなか》に出会ったのである。当時のチッコはカラブリアから来た若者で、のちに公爵となるフランチェスコ・スフォルツァ――当時はまだ無所属の傭兵隊長だった――に仕えていた。一四四四年、二十二歳のフェデリーコは一夜にしてウルビーノ伯となった。義弟オッダントーニオが不満を持った市民に殺害されると、ただちにその跡を継いだのだ。いささか都合の良いことに、フェデリーコは城壁の外側で自軍の兵士たちとともに待機中で、この謀《はか》りごとについてまったく知らなかったとのちに述べてはいるが(77)、ウルビーノを統治する伯爵の称号を喜んで受け入れた。

当時、フェデリーコはフランチェスコ・スフォルツァにとって唯一の忠実な味方だった。一四五〇年にフランチェスコが公爵の称号を手にしたことを祝うため、フェデリーコは馬上槍試合を催《もよお》してスフォルツァ家に対する〝献身〟を示そうとした。ところが事故が起こった。敵手の悪意ある槍の一突きにより、フェデリーコは右目を失ってしまった(78)。その後、横顔を描かれることを好むようになったのはこのためである。やがて、意地の悪い噂が広まり始めた。彼は事故後に鼻の手術を受けて、見えない目のほうから暗殺者が近づくのがわかるよう鼻を削らせたのだという噂だ。いずれにしても、フェデリーコは眼帯を着けるようになった。

しかしながら、一四七七年七月のあの暑い日に忠実な書記を前にしたフェデリーコは、顔に残った大きな傷跡をわざわざ隠そうとはしなかっただろう。浅黒い肌にぽっかりあいた小さな穴のような傷跡を見ても、書記は気を散らされることはなかったはずだ。フェデリーコはさらに暑さを増してきたストゥディオーロの中で集中力を奮い起こしながら、旧友チッコへの書簡の口述を再開した。

フェデリーコがヴォルテッラの街を容赦なく略奪した際の戦利品で、自らの書庫のコレクションに加えたヘブライ語の写本。

ミラノ公らがヴェネツィアのシニョリーア［政府］を拠り所にできない理由は非常に慎重に検討するだけの価値があり、われわれはそれを正当な理由として全面的に受け入れることになるかもしれない。とはいえ、ミラノ公国が自らを頼りとするか、もしくはロレンツォとの同盟に頼るしかないという事実は、少しも好ましいとは思えない。ロレンツォ自身が信頼に足るどころかきわめて危険な人物だということは、チッコ殿のほうがわたくしよりもよくご存知だろう。チッコ殿とご子息ジャン・ジャーコモ殿は、ロレンツォの友情と善意に拠り所を見いだすことはできまい。なぜなら、ロレンツォがミラノ公国の平和と進歩にはまったく関心がないということは、過去も現在も変わらず明白であるからだ。

弁証法は、白熱した議論において主張の説得力に磨きをかけるための技術である。言葉《ワード》は剣《ソード》よりもよく切れるもので、たとえそれが職業軍人によって繰り出される場合でも同じことが言える。フェデリーコはロレンツォが頼れる相手ではないという点をそれとなく鋭く突いている。だが、なぜ彼はこのメディチ家の若者にそこまで腹を立てているのだろう？

＊

フェデリーコとロレンツォの友情が蜜月に達したのは一四七二年、フィレンツェがヴォルテッラ討伐のためにこの傭兵隊長を雇ったときだったと思われる。トスカーナの丘に位置する街ヴォルテッラはミョウバンの鉱床が豊富で、メディチ銀行の後押しを受けたフィレンツェ共同事業体にとって主な収入源となっていた。ヴォルテッラ市民がミョウバンで得た利益をフィレンツェと分け合うことを拒んだとき、ロレンツォは反乱軍を一掃するためにフェデリーコを呼んだ。ヴォルテッラは難攻不落に近い場所に位置しており、反乱者たちは抵抗を続けた。何週間にもわたる包囲と砲撃の末、フェデリーコはようやく無条件降伏を勝ち取り、その後軍隊を解き放ったため、兵士たちは街を略奪し、大半の女を犯し、多くの男を殺した。犠牲者の一人にメナヘム・ベン・アーロンという名のユダヤ商人がいて、彼のヘブライ語写本の膨大なコレクションを没収したフェデリーコは、自分の書庫に新たなセクションを誇らしげに追加した。(79)

ロレンツォは傭兵隊長フェデリーコの功績をたたえるために、フィレンツェで贅沢な祝典を開くよう命じた。フェデリーコは、英雄を歓迎する古代ローマ式のやり方でフィレンツェの街に意気揚々と迎え入れられた。(80)彼の紋章が刺繍《ししゅう》され、金の装飾が施された豪華な織物で飾られた旗を受け取ったのだ。彼はフィレンツ

フェデリーコ・ダ・モンテフェルトロがクリストーフォロ・ランディーノの『カマルドリ論争』を手に持っている姿。モンテフェルトロ家所蔵。

オコジョの描かれたモンテフェルトロ家のエンブレム（左）。ダチョウの描かれたモンテフェルトロ家のエンブレム（右）。

ェの市民権を与えられ、ヘラクレスの像とエナメルで飾られた銀メッキの華麗な兜《かぶと》を贈ることを約束された。[81] 兜の上のヘラクレスは、ヴォルテッラの象徴であるグリフィンを押さえつけているのだ。

数カ月後、ウルビーノ公フェデリーコはその兜とともに、非常に貴重な、美しく彩色された写本を受け取った。フィレンツェの人文主義者クリストーフォロ・ランディーノが、著書『カマルドリ論争』[82]を彼に献じたのだ。この本の序文の中でフェデリーコは、瞑想的生活および行動的生活の双方における究極の勝者であり、平和のための戦いの達人であり、神聖な思想との精神的接触を保ちつつも現実を把握している哲学者であり司令官である、とたたえられている。

この素晴らしい写本を受け取ったフェデリーコは、ランディーノとロレンツォの両者に丁重な礼状を認《したた》めたが、ロレンツォに対してはいくぶん恩着せがましく、かつ見下すような言い方を用いて、自分にとっては「格別の慈悲心を持つ息子、そして信頼篤《あつ》い弟」であるところの非常に腕の立つ「若人」と表現した。ロレンツォ自身もランディーノの著書に話者として登場しており、瞑想と対比して行動を擁護する対話の中で、その模範としてほかならぬフェデリーコを取り上げている。架空のフィレンツェの友人ロレンツォが口にした政治的手腕に関する賛辞は、次のとおりだ。

現代のウルビーノの君主フェデリーコ・ダ・モンテフェルトロは、古代の名将たちと比較するに値するとわたしは疑いなく考えている。その美徳は列挙にいとまがなく、まったくもって賞賛すべき優秀な人物だ。彼の鋭い機知はあらゆる対象に向けられる。余暇を持ち、最も博学で教養ある人々と交わり、多くの書物を読み、多くの議論を聞き、多くの討論に加わり、その上、自身が文人である。しかしながら、もしも彼が、国家の油断なき掌握および兵士の確固たる管理の代わりに思索にふけるようなことがあったなら、つまらぬ人間に成り下がっていたことだろう。

このように瞑想と行動のバランスのとれた振る舞いは、言うは易《やす》く行なうは難《かた》しであったのは間違いない。ロレンツォは――ランディーノがほのめかすところによれば――この二つを両立させる方法を彼がほめたたえるフェデリーコからまだ学んでいなかった。ランディーノは大いに技巧を弄《ろう》した修辞《レトリック》に頼り、事実を調べて伝えるための巧妙な技術である弁証法は用いていない。これはフィレンツェ文化において実に典型的なことだった。厳然たる《ハードな》事実に基づく論理に固執する代わりに、柔軟《ソフト》な虚構の語法を作り出す傾向にあったのだ。たとえば、ランディーノは誇らしげに発表した『論争』の中で、ヴォルテッラの略奪に関してまったく触れていない。[83] さらに辛辣なことに、彼はダンテの『地獄篇』の第二十七歌の注解を著《あらわ》しており、そこに登場するフェデリーコの祖先グィードに言及する中で、政治家の才覚《インジェーニョ》とは、狡猾になり、見とがめられることなくひそやかに人を欺く方法を見つける能力だと述べている。ひそやかさは、まさにモンテフェルトロ家のエンブレムの一つに表現されている。フェデリーコはアラゴン家のエンブレムからオコジョを、「NON MAI」（断じて）という銘《モットー》とともに取り入れていたのだ。

オコジョは暗く乾いた場所に隠れていて、見つけ出すために、猟師はオコジョの隠れ家の周りを泥で囲む。毛皮で覆われたこの獣は、豪勢な白い毛皮を決して汚したがらないからだ。だが、用心深さに見合うだけの頑強さも必要だ。モンテフェルトロ家が一世紀にわたって使ってきたもう一つのエンブレムには、くちばしに矢尻をくわえたダチョウが描かれ、その上には古ドイツ語の銘で「HIC AN VORDAIT EN GROSSEN ISEN」（わたしは大きな鉄を飲み込むことができる）と書かれている。

＊

フェデリーコは一四七七年七月二日にチッコに宛てた書簡を書く際も、これらモンテフェルトロ家の銘を忠実に守っていた。流暢な言い回しの一つ一つが、鉄のようなしたたかさをビロードのようななめらかさで覆い隠したものなのだ。すこぶる実際的で、いかにも正確な内容らしき散文でフェデリーコが主張するところによれば、もしロレンツォが本当にミラノを気にかけているなら、「チッコ殿の摂政政治が始まった当初から、わたくしのミラノ訪問を二度もあれほど激しく反対することはなかったはずだ。なぜなら、わたくし［ウルビーノ公］は公国の幸福と栄誉のみを願っていたのだから」という。さらに重要なことには、もしロレンツォがミラノを気遣っているならば、チッコと公爵夫人ボーナとあまりにも若いジャン・ガレアッツォ公をかえりみず、「追放されたスフォルツァ兄弟とシニョール・ロベルト・ダ・サンセヴェリーノが陰謀を企んでいるという情報を受け取った後に、その兄弟らと連絡をとり続けることなどなかったはずだ」というのである。

実際にチッコは以前、フェデリーコにミラノに来てほしいと二度要請していた——最初はガレアッツォ暗殺の直後に、そして二度目は、スフォルツァ兄弟とロベルト・ダ・サンセヴェリーノがチッコと公爵らに対する陰謀を企てたことで国外追放になったあとに。ロベルトは明らかに短気な男だったが、おじであるフランチェスコ・スフォルツァから傭兵隊長としてのマキアヴェッリ流の美徳——あるいは技能——だけは受け継いでいた。したがって、フェデリーコは次のように続けた。「フィレンツェのロレンツォらは、ロベルトを許そうとする一方でチッコ殿を非難し、すべて［一四七七年五月にドナート・デル・コンテによって暴かれたスフォルツァ兄弟の陰謀と思われているもの］の発端はチッコ殿であってロベルトではないのだと暗に伝えている。さらに、ロベルトと傭兵契約を結ぼうともしている」

ロレンツォが謀反人ロベルトに寛大な態度を示しているというだけでもひどい話なのに、殺されたガレアッツォを裏切った相続人たち、とりわけピサにいるルドヴィーコ・スフォルツァと友好関係を保っているとはさらにけしからぬ、とフェデリーコはほのめかしているのだ。若きスフォルツァ兄弟は弱く臆病で、したがって非常に危険な存在であり——チッコはそのことをよく知っていた。だからこの老書記官としては、政府を完全にゆだねられている身として、若きジャン・ガレアッツォ公、か弱き未亡人の公爵夫人ボーナ、そして自らの身を攻撃から守らなければならない。この点を十分に意識しつつ、フェデリーコはさらに口述を続けた。

ジャン・ジャーコモ殿は、ロレンツォは聖霊に背《そむ》く罪を犯しているのだろうかと述べている。わたくしとしては、犯していると思う。なぜなら、ロレンツォは神の御恵《みめぐ》みを必死に求めているからだ。ナポリ王とわたくし――哀れな一紳士にすぎないわたくしを怒らせたがゆえに……

モンテフェルトロの〝狐〟フェデリーコは、この一節に幾重もの要素を詰め込んでいた。フェデリーコはチッコの長男ジャン・ジャーコモの名付け親で、常に彼のことをかばい守ってきた。ロレンツォには「神の御恵み」が欠けているのではというジャン・ジャーコモの疑念を匂わせることは、フェデリーコにとって、名付け子の懸念の陰に隠れてかなり敵意ある発言をする手段だったわけである。そして「聖霊に背く罪」という言葉により、比喩的ではあるがかなりわかりやすい表現で、メディチ家と教皇シクストゥス四世との間の緊張関係に言及している。さらに、フェデリーコが自らに「哀れな一紳士」の役を割り当てたことも、チッコの理解を促《うなが》すためのメッセージだった。フェデリーコは「身分の卑しい商人である一市民」のロレンツォとしばらく前から折り合いが悪く、チッコはそれを知っていたのだ。続いて書簡の中に記された警告は、意外な内容とはとても言えないだろう。

ロレンツォの危険の中の危険および情熱を追求したいがために彼の機嫌を損ねることがないよう慎重になるのが好ましい、という偉大なるチッコ殿の意見には同意できかねる……彼はチッコ殿をこれ以上憎むことはできまい。昔から常にチッコ殿のことを憎んできたからだ。そして、わたくしはそれが事実だという報告を受けている。そうでなければ、このようには話さない。ロレンツォはどういうわけかわたくしに大変な悪意を抱いているのだが、わたくしはこれほど重大な問題において、誠実かつ礼にかなった根拠よりも自らの利益を優先させることは絶対にない。なぜなら、わたくしが何らかの助力を必要とする場合、貴国が強固のままでありさえすれば力を貸していただけるはずで、貴国が平穏かつ安全でなければわたくしが力を貸すことはできないであろうと、いやというほどわかっているからだ。これは実に明白なことで、自明の理であると思う。

この一節は当てこすりに充ち満ちており、政治行動に関する小論文のように読めるほどだ――マキアヴェッリが世に出る前に存在したマキアヴェッリズムである。フェデリーコはここで非常に微妙な話題に触れている。シモネッタ家はスフォルツァ家同様、ミラノでは成り上がり者であり、その血筋ゆえに、というよりその血筋にもかかわらず、彼らの権力はすべて、自らの功績と能力によって勝ち取ったものだった。身分の卑しい書記官チッコ・シモネッタに対するメディチ家の憎しみ、つまり軽蔑に近い意味の言葉を指摘することにより、ウルビーノ公はチッコに、ロレンツォへの友情と過剰な親切は上流階級に加わりたいがための無駄な努力にすぎないとして、考え直すことを強いているのだ。

フェデリーコはチッコに「ロレンツォのあとを追って奈落の底に落ちるべきではない。むしろ彼を自分の方向に引っ張っていくべきだ」と警告した。そのような危うい選択の結果は語られていないが、それでも明らかだ。ウルビーノ公はミラノ公国を脅《おびや》かしている「危険の中の危険」のあらましを述べ、チッコを脅すためにそれを強調したのだ。次に、ナポリの戦略的展望へとよどみなく話題を移していく。これはロレンツォに対するフェデリーコの企みの中で最も微妙なポイントで、フェデリーコ自身が老練な書記官チッコを信頼しているのと同程度にチッコがナポリ王を信頼してくれるよう説得しなければならない。彼は最大限のお世辞でこの話題を切り出した。

かの王が、ミラノ公国で偉大なる貴殿よりもその任に適した者はいなかっただろうと以前からずっと考えていたことは間違いない。その長い経験と、思慮分別と、並外れた誠実さはほかの誰をも凌駕《りょうが》しており、もし貴殿のような方がいなければ、われわれはそのような人物を蠟《ろう》でこしらえねばならないところだったのだ！

フランチェスコ・スフォルツァはかつて、チッコの絶大な権力を減ずるべきだと提案したミラノのある嫉妬深い廷臣に対して、次のように応じたことで知られている。すなわち、公爵としてのフランチェスコは信頼する書記官なしにはやっていけず、もしオリジナルをなくすようなことがあれば蠟から〝クローン〟を作らなければならないと切り返したのだ[84]。当時のミラノでは格言のようなものだったチッコに関するこの言い回しを、フェデリーコはよく知っていた。それを引用することで、フェデリーコは大いにチッコの機嫌を取り、それゆえ次に最も微妙な話題に無事に移ることができたのだ。

フェデリーコはチッコに、信頼する書記官ピエーロ・フェリーチをナポリ王のもとに派遣することを伝え、彼には「万事うまくいき、チッコ殿またはジャン・ジャーコモ殿に対する非難がでっち上げられるのを避けることができるように指示を与えた」と述べた――まるで、きっと非難を受けることになるだろうとでもいうように。言い換えれば、もしチッコが王の味方につかなければ、攻撃の対象になるぞというわけだ。長い書簡の最後には愛情あふれる確約の言葉が添えられたが、メッセージ全体の脅すような論調が和らぐとはとても言えなかった。

わたくしは常にチッコ殿およびわが名付け子でもあるご子息たちのためを思っており、とりわけジャン・ジャーコモ殿のことはわが国家および命と同様に考えていることを申し添えておきたい。

――グッビオにて一四七七年七月二日作成、フェデリーコ公

フェデリーコはそこで少し間を置いたはずで、その間に書記は額《ひたい》に噴き出た玉のような汗を拭《ぬぐ》ったことだろう。ずっと書き続けていたせいで書記の手が痛くなっていたかどうかは想像するしかない。書記が立ち去る準備をするのを、公爵はかすかに皮肉めいた視線で眺めていたかもしれない。だがすぐ、フェデリーコの顔は再び石のように無表情な真顔に戻ったはずだ。彼は、曖昧でない短い追伸を付すことにしたのだ。

追伸　ロレンツォにフィレンツェ公国の統治は許されないことと、ナポリ王の上に立つ者はない（王は誰の意志にも従わない）ということを彼に知らしめない限り、［ミラノ、フィレンツェ、ヴェネツィアの］「包括的同盟」の成功はあり得ない。

ようやく書記は書簡を締めくくり、自分の執務室に戻って暗号に書き換える用意ができた。フェデリーコは彼に、さまざまな無意味な文字をできるだけ多く使うようにと指示した。そうすれば、たとえ書簡が敵の手に落ちた場合でも解読は事実上不可能だからだ。この書簡の暗号は、通常フェデリーコとチッコの間で使われているものよりも複雑になっただろう。

チッコはその暗号を間違いなく理解したはずだ。実のところ、フェデリーコが暗号作成に関するささやかな論文『秘密の文字について《デ・フルティイヴィス・リッテリス》』(85)を書いたと言われているとすれば、チッコは暗号解読の達人であり、過去最高に複雑な暗号の発明者でもあった。ミラノからの発信物を横取りした敵が暗号を解読するには、何年とは

言わないまでも何ヵ月もかかるかもしれない。敵が暗号の解読法を見つけ出す頃には、それによって書かれた情報はもう時代遅れになっていることだろう。

だが、通信文の中でも最も重要な部分は、古い技術である弁証法とその巧妙な説得力にいまだにゆだねられていた。ウルビーノ公フェデリーコはこれ以上ないほど絡み合った散文を用いて、非常に単純なメッセージを伝えている。つまり、もしチッコが生き延びたいのであれば、ミラノとフィレンツェとの古いつながりを断ち切ってナポリの味方につくべきだということだ。だが、フェデリーコはこの狡猾な書簡の中で教皇の名前を出さぬよう細心の注意を払っている。ロレンツォとローマとのきわめて緊迫した関係をチッコは十分に認識している、という事実をあてにしたのだ。それについてはあからさまに述べる必要はなく、暗号を用いる必要さえなかったのである。

4　見えざる手

十五世紀後期のローマはまだ、今日《こんにち》の人々が見惚《みと》れるような壮麗なカトリックの記念建造物であふれる華々しい首都ではなかった。古代の遺跡は泥と雑草で覆われ、羊や山羊がその間を我がもの顔でぶらついていた。街には堕落した教皇庁の金で暮らす、ごろつきや娼婦が大勢棲みついていた。十四世紀に教皇庁がアヴィニョンに移転していた間もこれと変わらない状況で、狐や狼や物乞いが通りをうろついていたものだ。教皇は、コロンナ家やオルシーニ家などの地元の有力者と取引をしなければローマを統治できなかった。ローマの庶民は実のところ、シクストゥス四世が選出された日に石を投げつけて新教皇を出迎えたのだ。噂によればその際、教皇の司教冠《ミトラ》が頭から落ちたそうで、実に縁起の悪い話である。しかしながら、数カ月後には彼もローマのやり方を覚え、街をしっかりと牛耳るようになっていた。

　シクストゥス四世の支配下のローマでは、多くの建築物の修復が実施された。教皇は街の衛生状態を大きく改善し、まともな住環境が再び戻ってきた。彼はクイリナーレの丘からトレヴィの泉まで水を引いた。街の中心とトラステーヴェレを結ぶシスト橋が一四七五年に建造され、同年にはヴァチカン図書館が開設された。そしてシスティーナ礼拝堂が作られ、一四七七年から一四八二年の間に壁画が描かれた。ミケランジェロは当時、彫刻の基礎を学ぶフィレンツェの一少年にすぎず、まだローマに足を踏み入れていなかった。初期キリスト教の教会堂《バシリカ》は、荘厳なサン・ピエトロ大聖堂《バシリカ》に建て直される前だった。この新たな大聖堂の建設が始まるのはそれから三十年後、シクストゥス四世の甥にあたる教皇ユリウス二世によってである。ヴァチカンでは、家族の絆がきわめて有用なものとなっていった。

家族の肖像

ローマにおけるロレンツォ・デ・メディチの代理人バッチョ・ウゴリーニは、ガレアッツォ・スフォルツァが殺された後の書簡で「国家の事情について何かしら理解している人は皆、イタリアは平和になるだろうと考えている[86]」と伝えた。この楽観的な評価に対してロレンツォは辛辣に答え、ローマ教皇庁は腐敗が蔓延しすぎているのであそこの人間は誰も信頼できないと付け加えた。「物議を醸さないのであれば、むしろ教皇が三人か四人は欲しいところなのだが[87]！」このいささか異端じみた考えは、教会とメディチ家の間の近年の不信の歴史に根ざすもので、それが剣呑な政治感情を生んでいたのだ。

あとから考えれば、ロレンツォと教皇シクストゥス四世の関係の始まりは、前途洋々そのものだった。一四七一年八月、フランシスコ修道会の総長フランチェスコ・デッラ・ローヴェレがローマ教皇の座に就き、最初の教会改革者であるシクストゥスの名前を教皇名に選んだ。フィレンツェは二十二歳のロレンツォ率いる祝賀代表団を派遣し、ロレンツォは教皇庁が所有する財宝から購入した高価な骨董品を土産に帰ってきた。この銀行家の跡継ぎと新教皇は非常にうまが合った。ロレンツォは、教皇が貧困と卑賤の階級の出であるにもかかわらずきわめて貪欲で野心的だということは理解していたが、衝突の種はそこに潜んでいた。さらに

メロッツォ・ダ・フォルリ《シクストゥス４世と甥たち、およびヴァチカン図書館館長バルトロメーオ・プラティナ》。1475年。

都合の良い話だが、教皇の近親者たちが突如として、聖職こそわが天職であると言い出したのだ。それどころか彼の甥たちは、やり手の若い親戚から成る小集団を作り、誰の（そしてお互いの）喉元にでも飛びかかってできるだけ多くの金と権力をつかみ取ろうと、皆うずうずしていた。〝身内びいき〟を意味する〝同族《ネポテ》主義《イズム》〟（イタリア語の〝甥《ニポーテ》〟が語源）という造語がこの頃生まれたのは、決して偶然の一致ではない。

一四七五年頃にかの偉大なメロッツォ・ダ・フォルリによって描かれた絵画は、シクストゥス四世の教皇庁での暮らしぶりを最もうまくとらえている。絵の中の教皇は右端に座っており、その周囲に教皇の四人の甥が並び、教皇の足下にはヴァチカン図書館の館長に任命されたばかりの人文主義者、バルトロメーオ・プラティナがひざまずいている。その全員が透視画法で描かれた豪華な大理石の柱と装飾天井の間に囲まれ、中央に黒い円柱が一本立っている。

シクストゥス四世は横顔で、ローマ皇帝のように玉座に就いている。権力の最高位にある彼は、芸術と文化を最大限に後援する姿勢を示しており、そのためロレンツォ・デ・メディチとは直接のライバルとなっていた。この教皇は近親者を盛んに保護していた。教皇の目の前に立つ赤いローブ姿の男はジュリアーノ・デッラ・ローヴェレ枢機卿で、長身でたくましい。もう一人の甥で、のちに枢機卿になるラッファエーレ・リアーリオは、強大なおじの後ろに隠れている。プラティナの背後にいるのはイーモラ伯ジローラモ・リアーリオと、ローマ市長官ジョヴァンニ・デッラ・ローヴェレだ。絵画の右半分に配置されている甥二人は聖職者で、左半分にいる者たちは宗教と関係のない仕事を与えられている。

この場面を支配しているのは、ジュリアーノ枢機卿とジローラモ伯の二人である。互いに反対方向を向いているが、実際に生前の彼らは、教皇の引き立てを巡って競い合う仲だった。枢機卿が恭《うやうや》しいまなざしをシクストゥスに向けているのに対し、伯爵は絵の外側の何もない地点を一心に見つめている。彼は上品な青のローブを身にまとい、太い金のチェーンを身につけており、両手を大きな袖の中に隠している。

当初、シクストゥスは二人のどちらもひいきせず、その代わりにジローラモの弟ピエートロ・リアーリオに目をかけていた。枢機卿に任命されたピエートロは、程なくして当時最も退廃的な枢機卿として知られるようになり、そのふてぶてしい態度と贅沢な嗜好に警戒心を抱《いだ》いた廷臣たちから、かの悪名高きローマ皇帝にちなんで「カリグラ」というあだ名をひそかに付けられていた。彼は客用寝室に金の寝室用便器《チャンバー・ポット》を備え付け、大勢いる情婦のすべての指にダイヤモンドの指輪をはめさせて、裸でダンスを踊らせていると噂された。ピエートロが気にかける相手は、慈愛に満ちたおじシクストゥスと兄ジローラモだけだった。一四七二年八月にジローラモが初めて公式訪問したフィレンツェから帰ると、ピエートロはメディチ家のロレンツォとジュリアーノの「信じがたいほどの思いやりと真の愛情」に感謝し、この恩が「兄の心から消え去ることは決してないでしょう[88]」と断言した。だが、ピエートロ自身の心は、ひどく罪深く自堕落な暮らしに押しつぶされた。詩人サンティも、彼がフェデリーコを訪問した際の贅沢ぶりを描写した後で、次のように記している。

そのバッタは彼の人生を象徴する存在だったのかもしれない
若い頃は修道士だった彼だが、もはや
そのような重要なことに心を傾けず、今や己《おのれ》を
至高の存在も同然と考えていた。それでも彼の行ないは
散文にも高尚な歌にも、何一つ記録が残されていない……
日干しになったバッタのように、
最盛期に朽ちた彼の夢は空《むな》しく終わった

深紅の帽子の陰で
ひそかに計画を企んでいたにもかかわらず……

〝教皇お気に入りの甥〟の座は、ピエートロに劣らぬ野心家だがはるかに押しの強い兄ジローラモに引き継がれた。一四七三年、ジローラモはイーモラ伯の称号を手にした。イーモラはイタリア中部ロマーニャ地方の小さな街で、ボローニャの南東に位置する。しかしながら、甥をイーモラ伯にしてやるために、教皇はミラノ公ガレアッツォ・スフォルツァからイーモラを買い取らなければならなかった。ロレンツォは、イタリア中部に支配を広げようとする教皇の野望を懸念し、ジローラモがその買い取りのためにメディチ家に求めた融資を拒否していた。だが、それでも教皇は思いとどまることなく、必要な資金の大半を、メディチ家のライバルであるフィレンツェの銀行家パッツィ家からどうにか工面した。他方でフェデリーコ・ダ・モンテフェルトロは、残りの五千ドゥカートを用立てると熱心に請け合い、勝ち馬に乗ろうとした[89]。結果として、ジローラモの〝見えざる手〟がイーモラの街をつかみ取ったのである。さらに彼はガレアッツォの嫡出子であるカテリーナ・スフォルツァと結婚し、ガレアッツォとの絆を強めた。チッコ・シモネッタはミラノで開かれた二人の結婚式を取り仕切り、このスフォルツァ家と教皇の後継者の結婚がイタリアに平和をもたらしてくれることを期待した。

それは希望的観測にすぎなかった。教会は昔から常に多くの対立により分裂していたのだ。シクストゥス四世が教皇に選ばれたことで、過去数十年間にわたって教皇領につきまとってきた混乱が増しつつあった。教皇とその押しの強い親族の野心に、地元の有力者たちは激怒した。教会は庶民にも受けが良くなかった。イタリア中部で教会の支配下に入った町や村の住民は、新たな税金による搾取を恐れていたのだ。容赦のない軍指揮官の中には、教会からの自由と独立を主張するためにこういった不安を利用する者もいた。

一四七四年、ウンブリアの豊かな街チッタ・ディ・カステッロが、教会の支配に対していち早く反乱を起こした。今回、シクストゥスは暴徒を罰するためにジュリアーノ・デッラ・ローヴェレ枢機卿を派遣した。ジュリアーノは精力的かつ勇敢であるとはいえ(晩年には軍人教皇ユリウス二世として知られるようになる)、都市を包囲した経験があまりなかった。何カ月も城壁の外に野営を張ったものの、防備を固めたこの街《チッタ》は弾薬も食料も尽きることがないように思えた。あとでわかったことだが、反教皇派の反乱指導者は、ひそかにロレンツォの支援を受けていたのだ。ロレンツォは、トスカーナに接する土地を占領しようとするシクストゥスをこれまでにも増して警戒するようになっていた。ロレンツォは教皇の構想をイタリア中部の支配権に対する攻撃的干渉と考え、教皇はロレンツォの行動を無礼な裏切りと見なした。互いに不当な扱いを受けたと感じたことにより、両者の同盟関係は終わりを告げたのだ。

聖なる剣《つるぎ》

この軍事的混乱を解決するために呼ばれたのは誰か?　案の定、それはイタリア随一《ずいいち》の軍人、ウルビーノ伯フェデリーコ・ダ・モンテフェルトロだった。一四七四年七月末、ナポリ滞在中に——ここでフェッランテ王から恩寵のしるしとして格式高いオコジョの首飾り章を授けられた——フェデリーコはロレンツォに書簡を送り、もしロレンツォが「聖母マリアの蠟燭《ろうそく》」のように純粋かつ無垢でありたいのなら、友情と兄弟愛の名の下に、チッタ・ディ・カステッロに関して誠実に解決策を見いだすべきだと伝えた。これは、後に激しく争うことになる二人が信頼関係で結ばれていた最後の瞬間だったのかもしれない。フェデリーコは滞っているメディチ家からの俸給の支払いをまだ待っていた。彼はしばらく前から、ロレンツォに教会の罪深き敵としての運命をたどらせる覚悟を決めつつあった。ロレンツォは、今後数年間、聖母マリアのために蠟燭《ろうそく》を何本もともさねばならなくなるだろう[90]。

フェデリーコはロレンツォ宛の書簡にウルビーノ伯として署名した。だが、すでに八月十三日には、ローマのマントヴァ大使によると、彼は教皇から「救世主のように待たれていた[91]」という。一四七四年八月二十一日、ウルビーノの領主となってちょうど三十年後のこの日に、フェデリーコは教皇によって公爵の爵位に叙《じょ》せられた。それはフェデリーコにとってまさに輝かしい日で、生涯にまたとない偉業だった。建て直される前の古いサン・ピエトロ大聖堂はローマ帝国式に装飾されて、凱旋式に使う花綱が飾られ、香がたかれた。大勢の群衆がフェデリーコに喝采《かっさい》を送り、ローマの有力者、大使、高官の多数の従者が彼を出迎えた。大聖堂の中に入ると、ウルビーノ伯は教皇の部屋へ通され、枢機卿団の面々に取り囲まれた。シクストゥスは公爵の剣《つるぎ》をフェデリーコの肩に当てた後で手渡しながら、これをふるって教会の敵を討ち滅ぼすようにと厳《おごそ》かに述べた。〝在俗の甥〟、つまりジローラモ・リアーリオとジョヴァンニ・デッラ・ローヴェレが、彼の足に金の拍車を付けた。フェデリーコは剣を握ると、腕を前に伸ばしながら、素早く三度振り回した。ジローラモが剣を引き取り、ジョヴァンニが拍車を外した。次いで、金襴の公爵用ローブと公爵帽が贈られた。教皇はひざまずく公爵を祝福した。フェデリーコは教会に対する永遠の忠誠を誓い、最後に立ち上がると教皇の手に接吻した。シクストゥスは彼を優しく抱擁し、そして新公爵は枢機卿の間に座ることを許された。

この仰々しい儀式は、教会の権力を呼び起こし、正義の武器を冷酷な世俗の権力者にゆだねるという意味で、非常に象徴的だった。トランペットの鋭い音色とバグパイプの低い音が鳴り響き、ハドリアヌス帝の霊廟を教皇の要塞兼牢獄に転用したサンタンジェロ城から放たれた大砲の轟きがあたりに反響し、人々に感銘

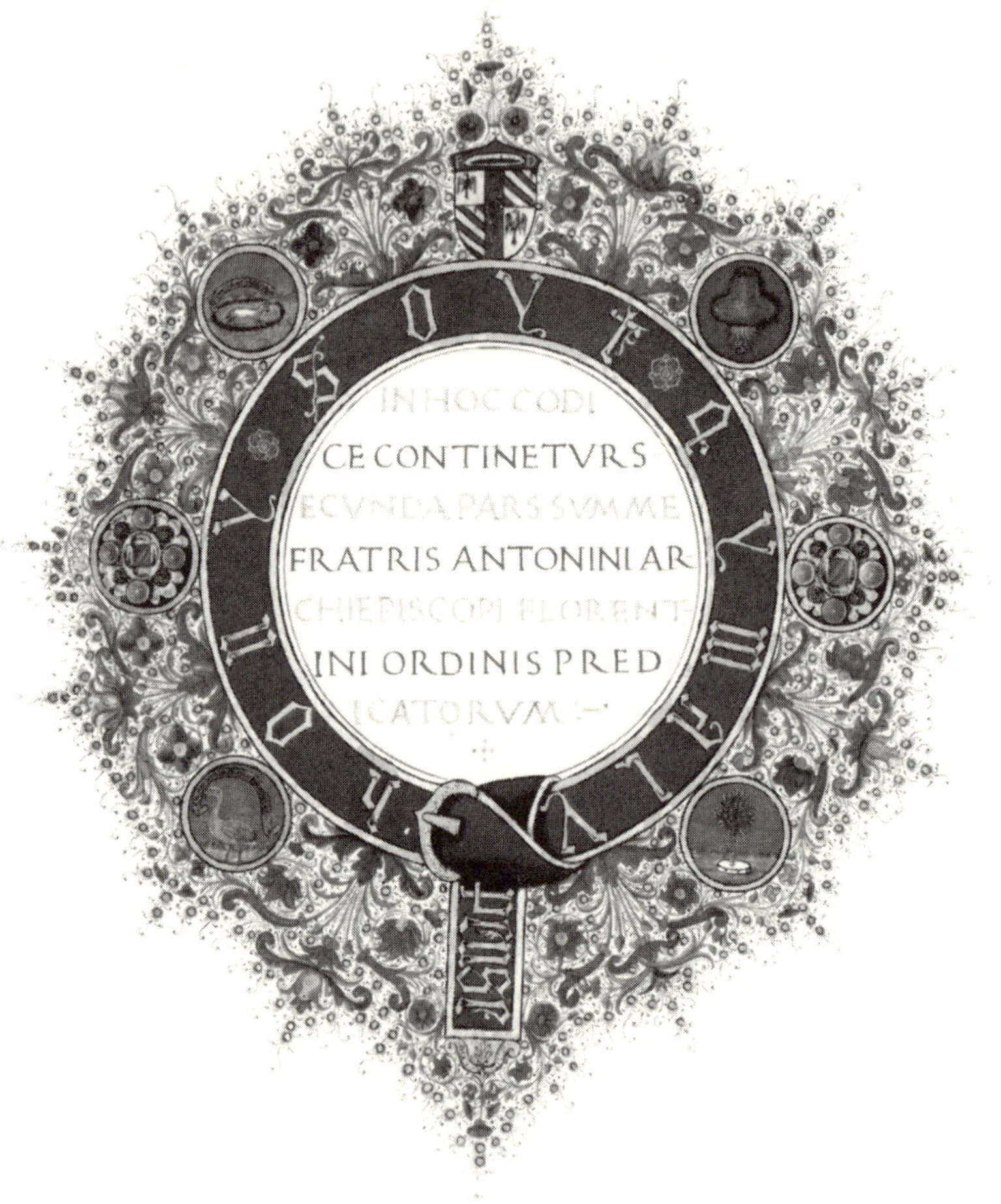
IN HOC CODI
CE CONTINETVR S
ECVNDA PARS SVMME
FRATRIS ANTONINI AR
CHIEPISCOPI FLORENT
INI ORDINIS PRED
ICATORVM

ガーター勲章。

を与えた。だが、思いがけない出来事のせいで、完璧な一日は台無しになった。フェデリーコの従者の一行が城の前の橋を渡っていたとき、突風が吹いてきて、公爵旗を掲げていた二本の旗竿が折れ、旗が地面に落ちてしまったのだ。これは悪い兆しと解釈された。ちょうど、シクストゥス自身が教皇に選ばれた日に司教冠《ミトラ》が頭から落ちたように。しかし翌日には、ジョヴァンニ・デッラ・ローヴェレと、フェデリーコの嫡出子の一人ジョヴァンナ・ダ・モンテフェルトロの婚約が正式に成立した。神の取り決めが、血の絆によってさらに固められたのだ。八月三十一日、フェデリーコはチッタ・ディ・カステッロへ向けて進軍した。ジュリアーノ・デッラ・ローヴェレはまだ反乱軍を追い出そうと悪戦苦闘中だった。公爵が恐ろしい軍勢と野戦砲を伴って登場すると、街は即座に降伏した。どうやら、ヴォルテッラのおぞましい略奪がまだ記憶に新しかったことが、この街の住民の屈服を促したようだ。

だが、チッタ・ディ・カステッロの状況はヴォルテッラとはまったく異なる。ヴォルテッラでは、フェデリーコはロレンツォの味方として教皇の承認を得て戦った。だが今は、シクストゥスがロレンツォと不仲になったため、教皇に〝洗礼を施された〟ばかりのフェデリーコはロレンツォを潜在的な敵と考え、聖なる剣で亡き者にすべき相手ととらえていた。一方のロレンツォはフェデリーコに対して「殺したいほどの憎悪」をはぐくんでいたと言われ、それは公爵への昇格——正式には認められない昇格だという見方がフィレンツェでは大半だった——とチッタ・ディ・カステッロの恥ずべき終焉の後のロレンツォの憤然たる沈黙からも明らかだった。怒りをさらに煽《あお》り立てようと、フェデリーコは最も信頼できる使節の一人であるピエーロ・フェリーチをフィレンツェに派遣した。フェリーチは長年にわたりフィレンツェへの使者を務めていた。口の悪いフィレンツェ市民は、彼のことを猫のような不誠実さにちなんだあだ名で呼び、「目の前にいるときは相手の手を舐めるが、背中を見せるとひっかいてくる雌猫[92]」という言い回しが広まっていた。

この有名な煽動工作員は「年は若いが知力は老練」で、フェデリーコの近頃の軍事行動への寄付をロレンツォに要求した。これは抜け目なく図々しい、傲慢な振る舞いだった。いつもは物静かな弟ジュリアーノ・デ・メディチですら、ミラノ大使に対して気取った口ぶりで、「ウルビーノ伯」はそれ相応の報いを受けましょうと打ち明けた。フィレンツェ共和国はいかなる支払いも断固として拒否したので、フェデリーコはフェリーチが追い払われる前に速やかに呼び戻した。今度はフェデリーコ本人に関する別の言い回しが、フィレンツェの街に広まり始めた。「過度の謙遜《けんそん》は、その実大いなる傲慢《ごうまん》」というもので、続いて民衆の間に怒りと恐怖が引き起こされた。かつて我が国をあれほど効果的に守ってくれたあの男が、今や敵となって攻めてくるとしたらどうする？

フェリーチの騒動が起きたのは一四七四年十月のことだった。フェデリーコは当時ローマに戻っており、教皇や枢機卿から手厚いもてなしを受けていた。信じられないほど優雅な装いでオコジョの首飾り章を付けた彼が通りを馬で闊歩する姿が目撃されている。その後、同じ月にウルビーノで、フェデリーコはイングランド王エドワード四世から、騎士の証《あかし》であるガーター勲章を厳かに受け取った。[93]この二つとない勲章の銘である「HONY SOYT QUY MAL Y PENSE」（悪意に解する者は恥じ入るべし）は、皮肉にも彼の状況にぴったり合っていた。ヨーロッパ有数の権力者から栄誉を与えられる一方で、フェデリーコは身分の卑しい商人の街からは侮辱されていた。一四七四年十二月三十日、ロレンツォがフェデリーコにフィレンツェの馬上槍試合のために馬を一頭貸してくれないかと頼んだとき、すでにパッツィ家に貸してしまったとフェデリーコは答えた。このことが、危険の前兆と見なされるべきだったのだ。[94]

パッツィ一族

パッツィ家もまたフィレンツェに銀行を所有しており、実は大きな負債を抱えていたメディチ家よりさらに裕福だったかもしれない。一四七〇年代の当主はヤーコポ・パッツィで、金儲けの能力と同じくらい賭け事の才能でも有名だった。彼の甥フランチェスコは「体は小さいが心は大きい」(95)人物で、銀行のローマ支店を取り仕切っていた。二人ともきわめて野心的で、街の支配者としての、そして教皇庁の銀行としての地位をメディチ家に取って代わることを望んでいた。

メディチ家の敵をすべて完璧につなぐ一人の男がいた。それはフランチェスコ・サルヴィアーティで、パッツィ家とは血のつながりを持ち、教皇の甥たちのリアーリオ家とは政治的につながっている。(96)サルヴィアーティはフィレンツェ有数の貴族の生まれだった（その富の歴史はメディチ家よりも古い）。世襲財産を惨憺たる投資といかがわしい遊びで浪費したあげく、借金を完済しようとして、なんと聖職に就くという手段に頼ったのだ。一四七一年、彼は新教皇シクストゥス四世の一族《ファミリー》にいち早く取り入った。教皇の甥であるピエートロ・リアーリオ枢機卿の堕落した側近の一員となり、一四七三年に重要なイーモラを買い取るジローラモ・リアーリオのためにパッツィ家が貸した金を、ミラノに運んだのが彼だったのだ。その奉仕と引き換えに、一四七四年十月、サルヴィアーティはピサ大司教に選ばれた。だが教皇はこの任命を、慣例となっていたフィレンツェの承認を得ることなく実行した。シクストゥスは、フィレンツェ共和国の指導者とされるロレンツォを当惑させるためにわざとそうしたのだ。全権を有するメディチ家の当主であるロレンツォがサルヴィアーティの任命をもし受け入れたら、弱腰に見られるだろう。もし拒んだら、傲慢だと思われるだろう。政治においては弱腰に見られることこそ最悪なので、ロレンツォはミラノの協力者との緊密な協議の結果、後者を選んだ。

一四七五年初頭、外交上のやり取りを大急ぎで交わした後、ロレンツォは信頼の置ける代理人で友人のフランチェスキーノ・ノーリに任務を与えてローマへ派遣し、ローマの政治の基礎を学ぶ必要のある弟ジュリアーノも同行させた。ノーリはロレンツォに、リアーリオ伯を金と友人で抱き込むことは可能だが、ヤーコポ・パッツィ（ノーリの信書では彼の名は暗号で書かれていた）が「干渉してこなければの話で──その見込みはまったくない(97)」と報告した。これはつまり、ライバルのパッツィ銀行はこの教皇の甥のポケットを金で満たすつもりで、結果としてメディチ銀行を役立たずの存在に見せようとしているという意味だった。ノーリとリアーリオはピサ大司教に関する休戦協定をどうにか結んだが、ロレンツォは引き続きフィレンツェの内外から脅威にさらされていた。

一四七五年二月にチッコは警報を発し、ロレンツォに身の安全に気をつけるよう忠告していた。チッコがそうしたのはナポリにいるスフォルツァ家の代理人から機密文書が急送されてきたからで、その代理人の話では、メディチ銀行がナポリ王国全土での課税免除を意外にも認められたことについてフェデリーコが不満を述べているという。その文書の報告によると、フェデリーコは常に曖昧なナポリ王を崇拝はしていないが「この上なく気の毒に思っている」とのことだった。なぜなら国王陛下は「最悪かつ最も危険な敵である、ロレンツォ・デ・メディチのような身分の卑しい商人の一市民に屈する必要などないだけでなく」、「フィレンツェから追い出すか、さもなくば徹底的に叩きのめすべきだ」とフェデリーコは思っているからだという。フェデリーコはさらに、これはたやすいことで、なぜならロレンツォはフィレンツェで憎まれていて、市民の大半は彼を暴君と見なしており、恐怖心からあえて口に出さずにいるだけだと付け加えている。だが、ロレンツォがいなくなれば──フェデリーコの話はさらに続く──「市民は神に祈りを捧げ、そのような暴君の政治から解放してくださった陛下に感謝し、永遠にその恩を忘れず、好感を抱き続けるだろう(98)」。

チッコはこの文章を読んだとき、フェデリーコの脅しは本気だと不意に気づいた。ウルビーノ公は重大な政治的影響力を賭けて、「身分の卑しい商人」を窮地に陥れようとしているのだ。

それと同時に、シクストゥスが挑発的な二重の行動をとった。教会の公式銀行を突如としてメディチ家からパッツィ家に移し替える一方で、メディチ銀行ローマ支店の公的な監査を要請したのだ。これはメディチ家に対する金融上および政治上の宣戦布告に等しかった。ロレンツォにとっては非常に大きな打撃で、一四七五年九月七日付のガレアッツォ・スフォルツァに宛てた書簡で次のようにこぼしている。「悩みの原因はすべて同じで、わが親族たるパッツィ家［ロレンツォの姉はグリエルモ・パッツィに嫁いだ］は、わたしをできるだけ痛めつけようとしている――彼ら自身の野心と、ナポリ王およびウルビーノ公の支援ゆえに……。わたしとしては、危害を加えられることがないよう手段を講じ、油断なく気を配るつもりだ[99]」

結局のところ、ロレンツォは教会の前に屈するしかなく、サルヴィアーティは教皇の一方的な任命から一年後の一四七五年十月、ピサ大司教に就任した。今や、フィレンツェ以外ではトスカーナで最も裕福なこのピサの教会で年間四千ドゥカートを稼ぐようになったので、サルヴィアーティは言葉に気をつけるのをやめ、ロレンツォにたちの悪いいたずらを仕掛けた。一四七六年六月、彼に支払うべき個人的負債の返済の一部として、腐った魚を百ポンド送り届けて、からかいの手紙を添えたのだ。「もしこの魚が貴殿にふさわしい贈り物でなく、わたしの望みや恩義にもふさわしくない品であれば、お詫び申し上げます。魚釣りは運命の女神の娯楽で、女神はわれわれの強い望みを満たしてくれぬことが多いものなのです[100]」

陰謀と自白

一四七六年十二月二十六日に繰り広げられた「運命の女神の娯楽」により、ガレアッツォ・スフォルツァはイタリアという舞台から退場させられた。ミラノでのこの血なまぐさい殺人が新たな、より大胆不敵な謀略のきっかけとなる。ガレアッツォ——ロレンツォの最も信頼できる味方——が消えると、リアーリオ、サルヴィアーティ、そしてパッツィ家の友人たちは、今こそ手荒な手段をエスカレートさせて敵を消すべきときだとすぐに気づいた。彼らは、ミラノ公国軍に及ぼすチッコの支配力は弱まっているものと推測し、ロレンツォは今までほどただちにミラノの軍隊に頼ることはできないはずだと信じた。しかも、自分たちにはウルビーノ公フェデリーコ・ダ・モンテフェルトロの全面的な軍事支援があるのだ。

一四七七年春のあるときに、大司教サルヴィアーティとフランチェスコ・パッツィはモンテセッコ伯ジャン・バッティスタに近づいた。モンテセッコはウルビーノの南わずか数マイルにある街だ。あるいはモンテフェルトロに訓練を受けていた可能性もあるが、モンテセッコ伯は歴戦の強者で、教皇の忠実な兵士として仕えてきた。パッツィ家の陰謀で逮捕された彼は、陰謀に加担した者たちの中でただ一人すべてを白状した人物だ。陰謀に至るまでのいくつかの事件にこれから分け入っていくが、これは一四七八年五月四日の朝、モンテセッコがフィレンツェで首をはねられる前に書いた自白書から引用したものだ[101]。自由にしてやると約束されて積極的に自白したと言われているが、善良なカトリック教徒だった彼のこと、手遅れになる前に告白して良心の呵責《かしゃく》から逃れたかっただけとも考えられる。

モンテセッコの回想によれば、一四七七年の五月か六月頃、ヴァチカンの大司教の部屋でサルヴィアーティに会ったという。サルヴィアーティとフランチェスコ・パッツィは自分たちの提案を遠回しに持ちかけた。彼らは、長い間考えてきた秘密の計画を打ち明けたいと告げた。まず、この件について絶対に口外しないことを厳かに誓わせた。次に、フィレンツェには体制の変革《ムタッティオーネ・デ・ロ・スタート》が必要だとほのめかした。モンテセッコは、頼まれたことは何でもするつもりだが、いかんせん、教皇とリアーリオ伯に雇われている身なので計画に加わることはできないと答えた。すると、自分たちの計画とてリアーリオ伯の承諾なしに実行に移すことは考えられないとの返事が戻ってきた。実のところ、彼らはリアーリオ伯をより強大な存在にして、ロレンツォの激しい憎悪の対象にさせたがっていたのだ。モンテセッコは、ロレンツォがリアーリオ伯にそこまでの敵意を抱く理由を尋ねた。彼らは長々と曖昧に説明をして、その質問に対する答えを後回しにした。

それから二、三週間後に二度目の会合が設けられたが、今度の場所はジローラモ・リアーリオの邸宅だった。モンテセッコは自白書の中で、ぞっとするような会話の内容を一語一語詳しく語っている。

リアーリオ　目前に迫った仕事がある。貴殿はどう思うか？

モンテセッコ　特に言うべきことはございません。十分な話をまだ伺《うかが》っておりませんので。

サルヴィアーティ　フィレンツェの体制の変革を求めていると話したではないか？

モンテセッコ　確かにその話は伺いましたが、やり方は伺っておりません。方法がわからなくては、何と申し上げてよいのかわかりかねます。

リアーリオ　ロレンツォはわれわれに対する悪意と憎しみに満ちている。もし教皇が亡くなるようなことがあれば、わたしの立場はロレンツォによって深刻に脅かされるだろう。フィレンツェの体制が変革されれば、イーモラは安泰だ。イーモラは奴が初めから切望していた領地だ。われわれには予防策としての先制攻撃が必要で、そのために行動を起こしたい。

モンテセッコ　それで、どのようなやり方なのです？　どんな後ろ盾があるのですか？

サルヴィアーティ　フィレンツェ市民の半数はパッツィ家かサルヴィアーティ家の関係者だ。

モンテセッコ　なるほど。ですが、どのような計画をもって実行するのです？

サルヴィアーティ　ロレンツォとジュリアーノを始末するしかない。まず軍隊を雇い、疑いを招くことなく集まらせなくてはならない。そこまではうまくいくだろう。

モンテセッコ　閣下、ご自分が何をおっしゃっているかおわかりですか？　これはあまりにも大きな企てで、どうすれば可能なのかさえわたしにはわかりません。フィレンツェは大都市で、偉大なるロレンツォはわたしの知る限り、市民からたいそう愛されているはずですが。

リアーリオ　ここにおられる方々［パッツィとサルヴィアーティ］は逆のことをおっしゃっておられるぞ！　奴はほとんど支持されておらず、不評を買っており、もしあの兄弟が死ねば、誰もが神に感謝の祈りを捧げるという話だ！

サルヴィアーティ　ジャン・バッティスタ、貴殿はフィレンツェに来たことがないだろう。わたしたちはこういったことを貴殿よりよく知っていて——フィレンツェの人々がどのような好意や悪意を持っているのか十分承知している。この仕事の成功を疑ってはならぬ——われわれが今この部屋にいるという事実と同じくらい、間違いのないことなのだから。やり方を決める必要があるだけだ。

モンテセッコ　御意《ぎょい》に。それで、どのようにすればよろしいのでしょう？

サルヴィアーティ　ヤーコポ・パッツィをこの件に熱中させる必要がある。今の彼は氷のように冷ややかだ。彼を仲間入りさせれば、成功したも同然だ。

モンテセッコ　結構。教皇はこの件についてどう思われるでしょう？

サルヴィアーティ　聖下はわれわれの望むように動いてくださるはずだ。それに、聖下もロレンツォを忌み嫌っておられる。このことを何よりも望んでおられるのだ。

モンテセッコ　すでに話をなさったのですか？

リアーリオ　当然だとも！　それに、聖下から貴殿にお話しいただくつもりだ。そうすれば聖下の御意をわかってもらえるだろうから。われわれはただ、疑いを招くことなく軍勢を集める方法を考え出すだけでよいのだ。そうすればあとは万事うまくいく。

だがモンテセッコは、まだとまどっていた。あるいは少なくとも、のちの教皇とリアーリオ伯および大司教との会話において自らをそのように描いており、その会話も自白書に記録されている。

モンテセッコ　教皇聖下、この件はロレンツォとジュリアーノを、さらにもしかするとほかの何人かを殺さなくては、とてもうまくいきそうにはありません。

シクストゥス四世　わたしは誰の死も望んでいない。誰かの死を承諾するのは教会の教えに反する。ロレンツォは悪党でわれわれに対してよからぬ振る舞いを見せているとは言え、わたしの望むものは彼の死ではなく、体制の変革なのだ。

リアーリオ　死人が出ぬようできる限りのことをいたします。もしやむを得ずそうなった場合、聖下には手を下した者をお赦《ゆる》しいただけますよう。

シクストゥス四世　このけだものが！　よく聞きなさい。わたしは誰の死も望んでいない。ただ体制の変革を求めているだけなのだ。それから、ジャン・バッティスタ、貴君に伝えておこう。わたしがフィレンツェの体制の変革とロレンツォが片づけられることを待ち望んでいるのは、彼が邪悪な悪党で、われわれにまったく敬意を払わないからだ。そしてひとたび彼がフィレンツェから消えれば、われわれはその共和国を思い通りに動かすことができ、実に好都合なのだよ。

リアーリオとサルヴィアーティ　聖下のおっしゃるとおりでございます。フィレンツェが聖下の——そしてわれわれの——指揮統制下に入った暁《あかつき》には、聖下はイタリアの半分を支配なさるわけで、誰もが聖下の御為《おんため》なら何でもすることでしょう。ですから、目的達成のために必要なすべてがなされるだけのこととお考えになり、それでご満足いただけますよう。

シクストゥス四世　よく聞きなさい。誰も殺されぬ限り、好きなようにするがいい。いかなる援助も、軍事支援も、必要なものはすべて提供しよう。

サルヴィアーティ　教皇聖下、われわれがこの舟の舵をとることにご満足くださいますか？　正しい方向へと導きますので。

シクストゥス四世　ああ、だが、教皇庁と伯爵の名誉を傷つけることのないように。

誰も殺してはならぬという教皇の口頭での要求があった直後、モンテセッコ、リアーリオそしてサルヴィアーティは伯爵の私室でこの件について話し合った。彼らは、ロレンツォと弟を殺さずに片をつけることはできないと結論を下した。この計画は構想が良くないし不道徳だとモンテセッコが反論すると、これ以外の方法で偉業を成し遂げることはできないのだと彼らは応じた。それと同じ頃にサルヴィアーティは、法律上のごたごたを仲裁してもらえないかと頼んできた友人に次のように答えている。「そういった司法手続きは、そのやり方を悪用できないように定められている。このような小さな法律問題に並々ならぬ努力を注ぐのは適切なこととは思えない」[102]言い換えれば、法律は鈍く無力な者たちのために存在するものだが、もし「より崇高な目的」があるならば倫理を超越することは可能だというのだ。これは、サルヴィアーティとリアーリオが殺人計画を考案するために頼みにする必要のあった傲慢さを、完璧に正当化するものだった。

そして実際に、善良なる神は異議を申し立てられた。教会（そして伯爵）の名誉に関する教皇の懸念など知ったことか。シクストゥスは本当に、メディチ兄弟を殺さずにフィレンツェの体制の変革が起こりうると考えるほど世間知らずなのか？　教皇は甥の〝見えざる手〟に操られた人形にこそすぎないのか？　それとも、とうてい正当化され得ない罪深い手段を口にせずに自らの「より崇高な目的」（ロレンツォを「片づける」こと）を成し遂げたいだけなのか？　これは悪魔のごときマキアヴェッリにこそふさわしい問題で、彼は『君主論』の中で、情け容赦なく「悪に踏み込む」ことの必要性をいち早く徹底的に説いており、シクストゥスのことを「胆力ある教皇」と呼んだ。[103] コージモ・デ・メディチの座右の銘――「主の祈りで国家を治めることはできない」[104]――は、このような状況においては新たにひねくれた意味を持つことになる。

シクストゥスの承認があろうとなかろうと、リアーリオは急いでモンテセッコをフィレンツェに送り出すことに決めた。そうすれば街にも標的にも精通することができるからだ。真夏のある時期――フェデリーコがチッコをロレンツォと疎遠にさせようとして信書を認《したた》めていた頃――モンテセッコはフィレンツェに到着した。彼はメディチ宮殿《パラッツォ・メディチ》を訪れ、ロレンツォから打ち解けた態度で出迎えられた。ロレンツォは非常に愛情のこもった温かい口ぶりでリアーリオ伯について語り、自分にとって「父のようであり兄のようでもある」存在だったと言った（これは、パッツィ家のクーデター後にフィレンツェ当局に逮捕されたモンテセッコが伝えた言葉としてはいささか信じがたい。彼は自分の命がロレンツォの寛大さにかかっていることを十分に知っていたのだから）。次にロレンツォは、イーモラが万事順調であるとリアーリオを安心させるため、モンテセッコに同地を訪れるよう勧めた。

この面会の後で、モンテセッコはみすぼらしい宿屋オステリーア・デッラ・カンパーナに身分を隠して泊まった。そこからパッツィ家で最も裕福な、当主のヤーコポ・パッツイに伝言を送り、話がしたいと伝えた。ヤーコポは日が落ちてから宿屋に現われ、二人は客室でひそかに会った。モンテセッコは彼に教皇、伯爵および大司教の挨拶の言葉を伝え、彼らからの信任状をすべて見せた。最初、ヤーコポはいくらかためらいを見せたが、そのためらいもすぐに消えた。

——お互いに何の話をしなければならぬのだろう、ジャン・バッティスタ？　フィレンツェ公国について話さなければならないのか？

——ええ、実は。

——貴殿の話はまったく聞きたくない。こういった連中はわたしの頭をかき乱して、フィレンツェの支配者になりたがる。わたしはそんな連中よりもこういうことについてよく知っている。わたしに話しかけないでくれ。聞きたくないのだ。

——申し上げておきたいのは、わたしがローマを発つ前に教皇とお話ししたとき、聖下よりこのフィレンツェの件を片づけるよう強く勧められたということです。聖下としては、これほど多くの兵士を集めることのできる機会が次にいつ来るかわからず、ぶらぶらと待っているのは危険であるから、あなたにこの行動を迫っておられるのです。聖下は体制の変革を望んでいるだけで、誰の死も望まないとおっしゃっています。

この時点で、モンテセッコの自白書には少しばかり矛盾がある。彼の主張によれば、この自白ではシクストゥス四世、リアーリオおよびサルヴィアーティとのやり取りを一言一句再現しているという。もし、のちに語っているように、彼がこの計画の実現可能性について本当に懐疑的であったなら、躊躇する銀行家ヤーコポ・パッツィの説得などとうていできなかったはずだ。いずれにしても、その晩の彼はヤーコポとの間で最終的な合意には至らなかった。ヤーコポの甥フランチェスコ・パッツイがそのとき街におらず、彼がいないと物事は何一つ動かないのだ。モンテセッコは次にイーモラを訪れ、ロレンツォに勧められたように公式の任務を済ませた。彼は現地に数日滞在し、帰路の途中でメディチ家のお気に入りの別荘であるカファジュオーロに立ち寄り、イーモラ訪問が首尾よくいったことを報告するという口実でロレンツォとジュリアーノに会った。その後モンテセッコは、メディチ兄弟に同行してフィレンツェに戻った。その間《かん》もロレンツォは、自分がどれだけリアーリオを愛しているかを延々と語り続けた。

モンテセッコはロレンツォの気品と人柄に畏敬の念を抱いたらしい。ロレンツォは打ち解けた親しげな態度で彼に接し、自分は寛大で、彼の助けになる男だとまんまと信じ込ませたのだ。八月二十七日に急いでローマに帰り、旅先での出会いの一部始終を報告したモンテセッコが、ロレンツォへの好感を隠せなかったことに対し、リアーリオ伯とサルヴィアーティ大司教がどのように反応したかは容易に想像できる。リアーリオはロレンツォの親切にあまり心を動かされなかった。彼はとっさの思いつきで信書を認《したた》めた。そこには愛情がほのめかされているようでありながら、実は正反対の意味が込められていた。

偉大なるロレンツォ殿

当地に戻ったジャン・バッティスタ［・モンテセッコ］から、まぎれもなき閣下のお考えを伝えられました。実のところ、わたくしはこの上なく感謝しております。書簡は言葉しかお贈りできないので、本書簡を通じてお礼を申し上げたくはございません。そこでわたくしは、自らの行動のもたらす結果をお目にかけて、誠実な心で敬愛申し上げていることをわかっていただこうと決意いたしました。その詳細は、閣下の叔父上ジョヴァンニ［・トルナブオーニ］殿が日々お聞き及びになることでしょう。わたくしは閣下にこの身をゆだねます。一四七七年九月一日、ローマにて。

リアーリオ伯爵代理ジローラモ自筆(105)

閣下殿

ジローラモ・リアーリオは目立たぬ存在でいることを好んだが、画家メロッツォによるシクストゥス四世の一族《ファミリー》の肖像画で描かれたとおりの〝見えざる手〟で、始終言葉をひねり、はなはだ有害な暗号のメッセージを伝えていた。もちろん彼は、この玉虫色の表現に満ちたささやかな傑作を、腐った魚とともに冷笑的な手紙をロレンツォに送りつけたサルヴィアーティ大司教に披露していた。今や本当に釣りの時が来た。ロレンツォが、運命の女神が釣り上げる魚となるのだ。

モンテセッコの話によれば、彼は八月下旬にフィレンツェを発つ前にとうとうフランチェスコ・パッツィに会い、ヤーコポ・パッツィと再び会合を持ってから出発することに決めた。その晩、フランチェスコは彼を迎えに来て、ヤーコポの大邸宅に連れて行った。彼らは仕事を手早く処理するための必要事項の一覧表を作った。まずサルヴィアーティ大司教が、疑いを招くことを避けるためにうまい口実を作ってフィレンツェに来る。サルヴィアーティの到着後、彼らは行動を起こすための最善の方法をパッツィ家の面々とともに決定する。次に、お互いに安全にやり取りができるよう、彼らは新たな暗号を作り出した。教皇軍の後ろ盾があり、フェデリーコに最高司令官になってもらえれば、計画は成功するはずだと彼らは確信していた。

モントーネ事件

一四七七年九月一日付のロレンツォ宛の愛のこもった信書の中で、ジローラモ・リアーリオ伯は、ジョヴァンニ・トルナブオーニ——ロレンツォの叔父でメディチ銀行ローマ支店の代理人——がリアーリオ自身の誠実な心がもたらす「結果」を「日々」報告するはずだと伝えた。リアーリオはその約束を忠実に守った。本当に愛のこもった最初の結果が現われたのは九月三日で、ジョヴァンニはロレンツォに、自分がペルージャ市民に対する裁判の欠席被告人に正式になったと伝えた。ペルージャ市民は、反教会派の反逆者でロレンツォの協力者であるモントーネのカルロを援助したことで、教皇庁の当局から告発されたのだ。カルロは作戦行動を起こすための格好の口実を与えてくれた。陰謀者たちはカルロの砦であるモントーネ——フィレンツェからわずか一日の行進距離にある、ウンブリアの小さな要塞——を包囲することを決め、計画が片づくまで包囲を続けることにした。アイデアは単純なものだった。野営地《キャンプ》から野営地へ軍隊を移動させることにより、ロレンツォやスフォルツァ家のスパイたちに気づかれるのを避けられる。

フェデリーコ・ダ・モンテフェルトロは、この計画の指揮官として一四七七年八月初旬にウルビーノを発った。彼はカルロの住む街の包囲を開始したが、モントーネの抵抗が長引いたことはいささか予想外だった。フェデリーコは名高い野戦砲を入念に狙いを定めて驚異的な精度で用いて、要塞の厚い外壁を砲撃したが、効果はなかった。彼は包囲を切り上げたくてたまらなかった——これよりも急を要する用事があったのは間違いない——が、仕事を途中でほうり出すわけにはいかなかった。長年にわたる軍人としてのほぼ完璧な経歴において、そんな真似は一度もしたことがなかったのだ。

なぜフェデリーコはそれほど急いでいたのだろうか？　すべてについて最も多くの情報を持っていたのは、

当然のことながら、ミラノの書記官チッコ・シモネッタだった。チッコはローマの代理人サクラモロ・ダ・リーミニから気にかかる報告を受けていた。サクラモロから届いた九月十四日付の長い書簡に、目下進行中の陰謀に関する驚くべき新事実が含まれていたのだ。彼は細心の注意を払ってその情報を伝えてきた。相当な証拠で裏づけない限り、これほど衝撃的な情報を記すことはできないとわかっていたからだ。「ミラノの閣下たちは、ロレンツォ・デ・メディチ殿らに対する敵意ある態度についてわたくしが述べてきたことを疑ってはいらっしゃらないように思われます。繰り返し申し上げますが、わたくしはそのような意見に日々確信を深めております。単なる意見というだけでなく、論拠も証拠もございます。話はひとまずこれくらいにいたしましょう。ウルビーノ公の大使はいつも、ひたすらしゃべり続けてばかりいるのです(106)」サクラモロは、ウルビーノの大使アゴスティーノ・スタッコーリが自分の受け取った知らせに興奮しすぎて口外せずにいられなかったということを付け足した。それは深刻な秘密漏洩だった。

その同じ晩、サクラモロはフィリッポ・ダ・モンテグリドルフォという名の、リーミニ卿から教皇への使者と「極秘に」話をした。サクラモロ自身もリーミニの生まれなので、同郷人でもあるこの同業者と親しくなっていたのだ。フィリッポはウルビーノの公使スタッコーリと常に連絡をとっており、二人は長時間にわたって話をしていた。スタッコーリはどうやら「すでにこの件はかなり進展しているので、ウルビーノ公はモントーネの包囲を早く終わらせることができたら、ロレンツォ殿に大いに脅しをかけようとするかもしれない」と告げたらしい。この密告者があまりにも開け透《あす》けに伝えてきたので、サクラモロはこの警告をミラノに伝えなければならないと感じた。フィリッポ・ダ・モンテグリドルフォによると、彼はナポリ王からウルビーノ公フェデリーコに宛てた暗号書簡を解読したものを、スタッコーリの机の上に見つけたという。その中で王はフェデリーコに、モントーネをどれだけ手早く片づけられるかと尋ねているらしい。「もしすぐに片がつけば、ウルビーノ公は別の仕事に取りかかることも考えられるでしょう。その仕事は具体的には述べられておらず、フィリッポはあれこれの事情から解釈するしかなかったようです」とサクラモロは言う。したがって、サクラモロは「すぐさまロレンツォ殿に連絡をとり、警戒を怠らず用心し、取り巻きの面々にも気をつけるようにと伝え」たのだ。

間接的なスパイ活動から発覚した新事実は、控えめに述べられたとはとても言えなかったが、老練な使者であるサクラモロは習慣的にチッコの慎重さに倣《なら》い、自らの状況把握能力にいくぶん疑いを投げかけた。そして彼の書簡はこう続く。「本日わたくしはジローラモ伯および教皇聖下と話をして、情熱的《パッシヨネイト》な人々を信用しないようにと一人を説得し、もう一人には嘆願いたしました」イタリア語のappassionati《アッパッシヨナーティ》（語源はラテン語の動詞pati《パティ》で、そこからイタリア語のpassione《パッシヨーネ》とpazzia《パッツィア》、つまり〝狂気〟が生まれた）は、実はパッツィ一族を指す明白な暗号だったのだ。

サクラモロの報告によると、彼はローマの宮廷で、「他人に疑問を抱かせぬため、脅威を与えぬためには、いい顔をすることが望ましい」という格言を口にしてみたという。すると「教皇聖下は『なるほど！』とお答えになり、ジローラモ伯も同じようにおっしゃいました。その後お二人はわたくしに、この件に関してロレンツォ殿を大いに安心させるような信書をロレンツォ殿宛に書かせました。しかしながら、わたくしとしては誰かの身に大変なことが起こるのではないかと心配なのです。教皇のご承諾がなくても、彼らは断固として目的を追求することでしょう。わたくしは教皇聖下のご人徳とご信心を信じており、その判断はかなり正しいはずです。聖下は、善良で平和を好まれる方なのですから。ですが、それ以外の人々が（聖下の善良さゆえに）聖下につけ込んで、大胆にすぎる行動をとるのではないかと思っております。油断なく目を光らせることにいたしましょう！」

目撃したばかりの会話の脅迫的な口調について、これ以上あからさまな表現はなかっただろう。急送されたこの文書は書記の手によって書かれたものだったが、最後のページで、サクラモロは自らの走り書きで追伸を添えている。「閣下たちにおかれては、ロレンツォ殿に対するフェッランテ王の態度が好ましいものでなく、ウルビーノ公の態度も似たようなものであったことを信じていただきたい。彼らは、可能でありさえすればロレンツォ殿をひどく懲らしめてやりたいとしか思っておりません」心配のあまり半狂乱に近い状態だったサクラモロは、有力な情報をもう一つ付け加えた。モントーネでは、「ウルビーノ公は金をますます使っており、その金額は何千ドゥカートにも及ぶ」そうで、それは彼が速やかに完全な勝利を挙げる必要があるからだという。実のところ、後にフェデリーコはこの包囲で生じた「秘密の経費[107]」に対して教皇から払い戻しを受けている。あるいは、モントーネ要塞内の誰かを買収して寝返らせるために使った金かもしれない。

　九月十六日、モントーネにあまりにも多くの軍勢が集まったために、近くのトスカーナに不安が生じているというサクラモロの報告に対し、教皇は皮肉をこめて、ロレンツォの心配には及ばないと答えた。なぜなら、教皇の意図する行動は、一四七四年にチッタ・ディ・カステッロの反乱に対して行使されたときの状況とまったく変わらないのだから。実のところ、あの不幸な企てこそ、二人のあからさまな不和の原因だったのだ。サクラモロが書簡で書いたように、教皇は当時のロレンツォの裏切りにいまだに腹を立てていた。教皇のこの励ましの言葉——本当は警告なのだが——は、明らかに、ロレンツォを大いに不安にさせたはずだ。イタリアの平和は、シクストゥスにとってとりわけ優先順位の高い事柄ではないようだった。

　サクラモロの書簡はさらに続く。教皇は全力を傾けてモントーネのカルロを罰し、そして「聖下ご自身の言葉をお借りすれば、『彼を消す』というのです!」。サクラモロが教皇とパッツィ家のつながりに触れた際に慎重に言及したシクストゥスの平和的な気性とそれにもとづく「聖下の善良さ」も、その程度のものだったのだ。サクラモロがこれまで以上に皮肉っぽく続けて書くところによると、結局、サクラモロ自身も「教皇聖下に陰謀を提案する煽動家が存在することを信じていなかったわけではなく」て、唯一の正しい「方向」に進んでいたのだろうと言う。この曖昧な言い回しの裏に隠れた意味は、簡単に言えば、教皇は平和のために努力していると主張する一方で暴力的な行動を起こし、戦争の準備をしているということである。

こうして秘密がばれた。フィレンツェでは、スフォルツァ家のスパイが折よく暴露してくれたおかげで、ロレンツォは自分の身を守る準備を整えることができた。サルヴィアーティ大司教は、ロレンツォに対する正式な抗議を携えて九月十一日にローマを発ち、フィレンツェを経由して十七日にピサに到着した。抗議の内容は、ロレンツォはモントーネの件に関与すべきではなかったというものである（イタリア語の動詞 **impacciarsi**《インパッチャルシ》［関与する］もパッツィ一族を指す暗号だったのかもしれない）。九月十八日付の公式な回答で、ロレンツォおよびフィレンツェ当局は、かなりのあざけりを匂わせながら、「キリストの代理者と良き羊飼いたるキリストにふさわしい討議または企て[108]」には決して反対するつもりはないと書いた。つまり、教皇はよもや暴力的な企てに関わるはずがないということだ。教皇の使節であるサルヴィアーティ大司教を飛び越して、ロレンツォは今のところシクストゥスを追い詰めることが可能だった。この抜け目ない傲慢な振る舞いに直面した教皇は、宗教上の権威と神学上の整合性を保つため、ロレンツォに対して教会の敵であるモントーネとの友情について赦しを与えることしかできなかった。教皇はその趣意で公式の免罪符を書いた。

フェデリーコのモントーネ進撃は、八週間にわたる激しい砲撃——そしてことによるといくらかの贈賄——の後にようやく実を結びつつあった。五歳になる彼の息子グイドバルド・ダ・モンテフェルトロは、ぎりぎりのタイミングで野営地に到着して父の戦勝をその目で見ることができた。この若き跡継ぎにとっては良い教訓となり、幸先の良い前兆となったわけである（フェデリーコの庶子アントーニオは立身出世した傭兵《コンドッ》隊長《ティエーレ》だったが、父の称号を受け継ぐことはできなかった）。それと同じ頃、フェデリーコはグッビオの占星術師から助言を受けており、その予言によると、彼は「自然または技巧の恵みをたっぷりと受けて強固に守られた街を包囲するという、きわめて困難な仕事を手がけている」(109)だけでなく、近い将来より大きな難題が待ち構えているということだった。迷信深いフェデリーコは、フィレンツェを攻めるにはまだ機が熟していないのだと解釈した。実のところ、モントーネのカルロはフェデリーコの軍勢が急襲する直前に街を脱出し、兵士たちとともにフィレンツェ目指して馬を駆っていたのだ。そして到着すると、メディチ宮殿から数歩の場所にあるカーザ・デ・マルテッリという宿に泊まった。カルロとその一行は、はからずもロレンツォの護衛を務める格好になった。皮肉なことに、メディチ家を弱らせるために巡らされた謀略はすべて、彼らをさらに強くしただけだったのだ。

モンテセッコがその後の自白で述べているように、陰謀者たちは「次の機会が訪れるまでメディチ兄弟を生かしておくことに決めた」。この延期を、教皇の甥で陰謀の見えざる立案者であるジローラモ・リアーリオは不満に思った。フィレンツェの詩人兼俳優で、ローマに拠点を置くスパイでもあるバッチョ・ウゴリーニは、十月六日付の密書でロレンツォに「リアーリオはニュースは何もないと言っております」と報告した。これは、ジローラモ伯にとっては悪いニュースだった。自分の計画を甦らせなければならない。そして彼は、ウルビーノ公フェデリーコが進んで力を貸してくれるはずだと知っていた。ウゴリーニは暗号で、今こそ「ポーンを動かし」（訳注・ポーンはチェスの駒の一種で、歩兵を表わす）、チッタ・ディ・カステッロの件においてウルビーノ公は潔白ではなかったのだとシクストゥスを説得して、フェデリーコに対する反感を抱かせるべきときだと付け加えた。「あの一件はその後のすべての衝突の原因なのですから、そのような方法をとればわれわれの肩の荷が下りてその重荷を相手に押しつけることになり、一石二鳥です」ウゴリーニは書簡の最後に、半ば暗号のような謎めいた追伸を書き添えた。「閣下にロドルフォ［・ゴンザーガ。ロレンツォに忠実な傭兵］殿から、教皇が口にされた発言について報告があることでしょう……フェッランテ王とウルビーノ公に関し、わたくしが書き記したくなかった件についてのご発言です」

ウゴリーニはモントーネの一件についてある程度理解していたが、[110]実現性のある防御計画を練ることはできなかった。十月二十五日付の手紙でさらに彼は、ガレアッツォ・マリーア・スフォルツァの時代からリアーリオ伯は、傭兵契約《コンドッタ》に関して全力を尽くしてウルビーノ公フェデリーコ・ダ・モンテフェルトロと張り合うことを求められており、実は「友人となるよう強いられて」いたこの二人の間に個人的な不和が生じたのではないかと述べている。ローマで従うべき戦略は、リアーリオをウルビーノ公にぶつけることだとウゴリーニは提案した。これは困ったことにはなり得ない。なぜならもしリアーリオがひっかかってくれたら「良き助力」を得ることができるわけだし、ひっかからなくても、少なくとも彼が実際にどちら側の味方なのかはわかるはずだ。だが、過去および現在の危険の原因はフェデリーコにあるとウゴリーニが考えている一方で、ウルビーノ公もまた、その経験豊富な目を光らせていたのである。

5 彼らを消せ！

ウルビーノは今日でも宝石のように美しい街で、おとぎ話に出てきそうなドゥカーレ宮殿は、ルネサンスの時代と変わらず今もイタリア有数の美しさを誇っている。『宮廷人』（一五二八）（邦訳東海大学出版会）というベストセラーの著者であるバルダッサーレ・カスティリオーネは、彼の描く宮廷人の悠然たる会話の舞台をその室内に置き、よく知られているように「宮殿《パラッツォ》というよりもそれ自体で一つの街であった」[三]と表現している。フェデリーコ・ダ・モンテフェルトロはこの宮殿を、一四五〇年代から約二十年もの期間をかけて名だたる建築家たちに建てさせた。カスティリオーネの言葉を借りると、フェデリーコは「銀の壺や、金糸や絹糸などで織ったこの上なく豪華な壁掛けといった、慣例として備え付けられる品々だけでなく、大理石や青銅でできた無数の古代の彫像、珍しい絵画で飾っただけでなく、その他あらゆる種類の楽器が装飾として追加された。しかも公は、とりわけ珍しく優れた品々しか宮殿に置きたがらなかった」という。

　フェデリーコの書庫は優雅な中庭に面した広い部屋にあり、十五世紀後期のイタリアにおける最も重要な彩色写本の宝庫となっていた。その質量ともに、メディチ図書館の蔵書さえも上回るものだった。フェデリーコは多忙な政治家兼傭兵隊長《コンドッティエーレ》だっただけではない。芸術への情熱を持つ趣味人でもあったのだ。彼は絵画と音楽と文学を愛した。また、食事中に古典文学を朗読させるために人文学者を雇っていた。[112]

有名なウルビーノの小書斎《ストゥディオーロ》は、グッビオのそれよりもさらに贅沢で、宮殿の中心部に隠されている。室内の秘密の羽目板を滑らせて開けると専用バルコニーに通じており、高くほっそりとした二つの塔にはさまれたバルコニーからモンテフェルトロ地方の起伏に富んだ風景が見わたせる。フェデリーコは、とりわけ回りくどい文書を口述したあとで一息つくために、まさにこの景色をよく眺めていたものだった。

モンテフェルトロの暗号

一四七七年十月初旬、フェデリーコはナポリの軍隊の騎兵大隊五個をトスカーナ南部のマレンマ湿地帯に招集した。[113] 当初、彼の計画はおそらく、その軍隊をフィレンツェに対して数週間ほど使うことだったのだろう。ところが、寒い季節が近づいてきたので、フェデリーコは軍隊を解散させなければならなくなった。ウルビーノに戻ってから、彼はチッコに宛てておだてるような内容の暗号書簡を数通書き、イタリア半島全土の全軍隊を監督する最高司令官として最もふさわしいのは自分だ、と売り込んだ。だが、思いがけない出来事がフェデリーコの野望を妨げることになる。十一月下旬、彼は不可解な状況で左の脚と足首に重傷を負った。これが本当に偶然の事故だったのか、あるいはサクラモロがロレンツォに起こることを危惧していたような「大変なこと」だったのか、今なおはっきりしない。[114]

ウルビーノの宮廷人で画家のジョヴァンニ・サンティは、事故当時にそばにいた可能性が最も高い人物で、その一部始終を次のように述べている。マルケの丘に太陽が沈みつつあるとき、フェデリーコはサン・マリ

左、右、および左ページ：ウルビーノのストゥディオーロにある本棚を描いたトロンプルイユ《だまし絵》の詳細。

ウルビーノのストゥディオーロにある寄せ木細工の羽目板に描かれたフェデリーコ・ダ・モンテフェルトロの肖像画（右）。

ウルビーノのストゥディオーロにある教皇シクストゥス四世の肖像画。

ノにあるモンテフェルトロ家の小さな宮殿の柱廊《ロッジャ》に登り、美しい景色を眺めていた。じきに彼は取り巻きに向かって、今は亡き大敵リーミニの領主、シジスモンド・マラテスタとの若き日の戦いと勝利について自慢話を始めた。自らの巧みな弁舌に興奮し、「得意満面となったとき」、彼は暗がりで腐った板を踏んでしまい、ロッジャの床を踏み抜いて一階下まで落ちた。この災難に関する唯一の別の説明によると、フェデリーコは地元の領主《シニョーレ》の宮殿で夕食を摂った後にベッドに向かう途中で、木の階段の割れ目から下に落ちたという。こちらのほうが少しばかり余計に胡散臭いが、フェデリーコ殺害の陰謀を示す証拠は何も残っていない。

　サンティは報告の中で肉体的苦痛に対するフェデリーコの我慢強さを強調しているものの――医者たちは彼の体に少なくとも五カ所の穴を開け、血を流させて悪い体液を出そうとした[115]――怪我を負ったこの傭兵隊長についての彼の描写からは、避けがたい破滅感が浮かび上がってくる。今や彼は永遠に「片方の目玉のみならず、体の自由を奪われる」危険があるのだ。単なる家庭内の事故で不具になるというのは、偉大なる闘士である無数の戦いの勝者にとっては痛恨の極みだった。フェデリーコの回復は緩慢かつ不確かで、当時の軍人にとって不可欠な前提条件であった乗馬が再び可能となるかどうかはわからなかった。

　フェデリーコの健康に関する懸念にもかかわらず、彼の雇用契約《コンドッタ》についての駆け引きはいまだにローマで激しく続いていた。ウルビーノとナポリの間で大量の暗号書簡が行き来するようになった。十一月、ジローラモ・リアーリオ伯は腹心の部下であるチッタ・ディ・カステッロのロレンツォ・ジュスティーニをナポリに急いで派遣した[116]。彼はナポリで、フェデリーコを最も古くから雇ってきたフェッランテ王から詳細な事情説明を受けた。その後ジュスティーニは「わずかなニュースを携えて」ローマに戻り、ヴァチカン駐在のミラノ大使たちはただちにそれをチッコに伝えた。

　ジュスティーニは、ローマの陰謀者たちとフェデリーコをつなぐ重要な接点だった。実のところ、このいかがわしい人物は少なくとも一四七四年からフェデリーコのことを知っていた。その年、当時教皇より公爵に叙せられたばかりのフェデリーコが、反教皇派の暴動を鎮圧するためにチッタ・ディ・カステッロに進軍した際、地元の将軍の代わりに据えようとした人物がジュスティーニその人だったのだ。騎士および法学博士を自称するジュスティーニは、実はそのどちらでもなかった。野心的な庶民の家庭に生まれたジュスティーニは、ルネサンス期の立身出世主義者の典型だった。一四六四年、彼は、人民軍の司令官という栄えある地位に就くため、教皇からの推薦状を携えてペルージャへ徒歩で入った。しかしながら、この街の法学校はジュスティーニの主張の正当性を疑い、彼は貴族の出ではないだけでなく、博士号は非合法に取得したものだと判定した。彼は司令官に任命されなかった。

その後、ジュスティーニはフィレンツェの司法長官《ポデスタ》の地位の推薦状を数名の枢機卿からどうにか取りつけることができた。しかしながらロレンツォ・デ・メディチは彼のことを信用しておらず、その立候補を一年以上も反対した。ようやく任命されたとき、ほかの仕事が忙しいからという理由でジュスティーニは就任を拒否した。そのときまでに彼は、リアーリオ家が最も信頼を置く代理人の一人となっていた。一四七三年にはミラノに派遣されて、カテリーナ・スフォルツァと教皇の甥であるジローラモ・リアーリオ伯の結婚式に立ち会い、ジローラモがガレアッツォ・スフォルツァから購入したばかりの街イーモラの鍵を受け取った。最近では一四七七年九月に、ペルージャの反逆者たちの裁判でロレンツォを非難する主張を自ら行ない、その後そのまま馬を駆ってモントーネの包囲に向かった。そもそも最初から、彼は陰謀者一味の中に存在していたのである。

この陰謀においてとりわけ細心の注意を要する段階で、リアーリオ伯がウルビーノに行かせることにした人物がジュスティーニだったのは、驚くにはあたらない。怪我で体の自由がきかなくなったフェデリーコが軍隊を率いることができない今、ローマの教皇一族は、フェデリーコが貴重な戦略的存在となることは無理としても、少なくとも軍事的な貢献を必要としていた。フェデリーコとジュスティーニの会合は一四七八年二月十四日に、フェデリーコのドゥカーレ宮殿で最も秘められた場所であるストゥディオーロで行なわれた。この会合の存在は、当日にフェデリーコが書いた暗号の書簡(117)が二〇〇一年に日の目を見るまで知られていなかったのである。

＊

怪我をした脚を引きずって歩くフェデリーコは、寝室からストゥディオーロまではわずかな距離を移動するだけで済んだ。寝室に面する扉には、自分が刻み込ませた金言が読めたはずだ。「MELIUS TE VINCI VERA DICENTEM QUAM VINCERE MENTIENTEM」（嘘をついて勝つよりも真実を述べて負けるほうがよい）これから起こることを考えると、この金言はまったく皮肉だ。とりわけ、ストゥディオーロの北の壁に刻み込まれた次の金言と重ねて考えると、さらに皮肉めいている。「VIRTUTIBUS ITUR AD ASTRA」（人は善行によって天国にいたる）

ウルビーノのストゥディオーロは、構造的にはグッビオのストゥディオーロよりもはるかに複雑だった。自由学芸の七科を示す寓意画の代わりに、詩人と哲学者、預言者と教皇の肖像画二十八枚が、入り組んだ寄せ木細工の羽目板の上に並んでいる。ここに描かれている中で存命中の同時代の人物は教皇シクストゥス四世だけで——あと一人、フェデリーコ自身の肖像画が羽目板の一枚にはめ込まれている。白のローマ風のチュニック（訳注・古代ローマ市民が用いた首からかぶるシンプルな衣服）を身にまとい、槍を逆さまに持っているその絵は、戦争の神であるマルスが、古代ローマの硬貨によく描かれていたように平和を求める者のふりをしていた姿を思わせる。

ストゥディオーロの閉鎖された空間で、フェデリーコは現在の状況について人目を気にせずに話し合うことができた。ジュスティーニの訪問は、謀略を実行に移す前の最も重要な計画立案の機会となった。二人はこの件に関わるリスクを勘案する必要があった。もし計画が失敗に終わるようなことがあれば、包括的同盟（ミラノ、フィレンツェ、ヴェネツィア）の各国が怒って教皇を追及するだろう。もはや後へは引けない段階だった。

この会合の直後、フェデリーコは書記を呼んでローマにいる公使への書簡を口述した。口の軽いアゴスティーノ・スタッコーリと悪賢いピエーロ・フェリーチだ。もちろん、手紙の中身は教皇本人に届くよう意図されていた。フェデリーチは、フェデリーコの隠密行動の重要なポイントにいつも居合わせており、一月にはリアーリオから教皇庁に呼び出され、ローマ駐在の大使スタッコーリと同席していた。たとえ書簡の中身が暗号で書かれるとしても、フェデリーコは「主たる案件」、すなわちメディチ兄弟の排除については、わかりにくい表現にとどめるべきだと考えた。万が一書簡が途中で奪われてフィレンツェまたはミラノのスパイによって暗号を解読された場合にも、フェデリーコの名誉に傷がつくような活動への関与は、否定することができるはずだ。

だが、心配すべきことはほとんどなかった。書簡の一番下にフェデリーコの署名が読み取れる以外は、ごちゃ混ぜの記号が書かれているだけなのだから。

この書簡がウルビーノにある私設の文書館から発見されたとき（わたしがこの手紙を発見するに至った詳しい経緯は、あとがきを参照のこと）、最初は暗号を解読するのは無理に違いないと思われた。だが、チッ

Spectabiles dilectissimi mei:

フェデリーコ・ダ・モンテフェルトロがローマ駐在の公使に宛てた暗号書簡の1ページ目。

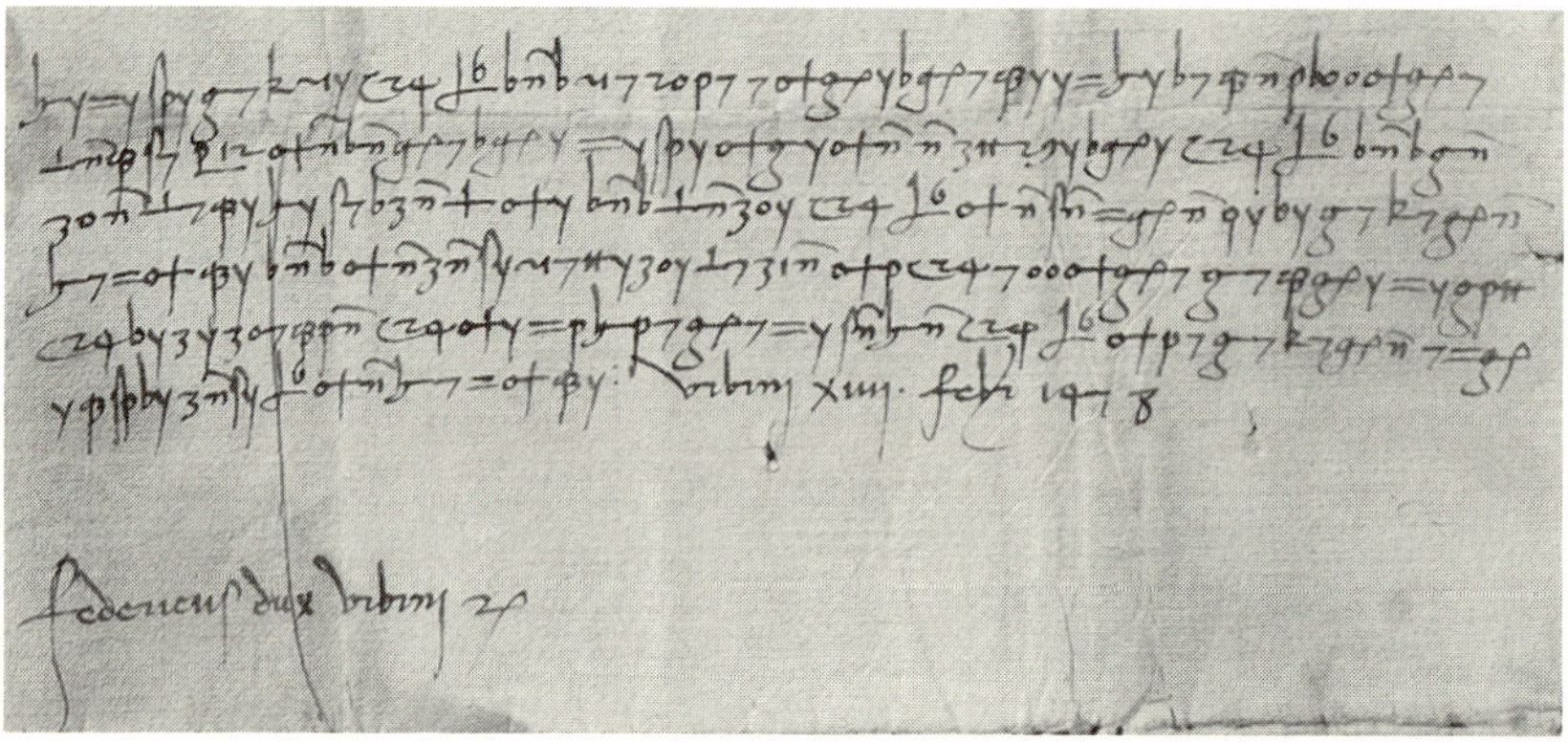

暗号書簡の3ページ目。

暗号書簡に繰り返されている一連の記号。

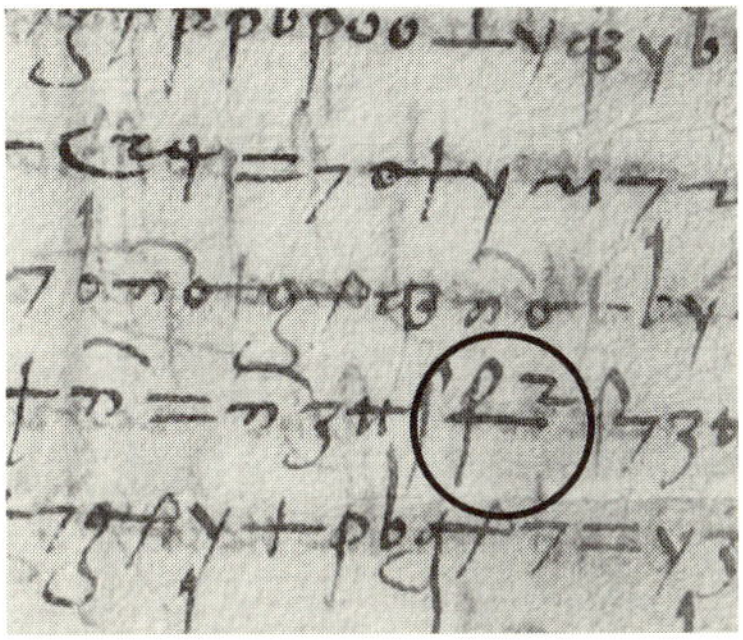

暗号書簡の中の「F2」。

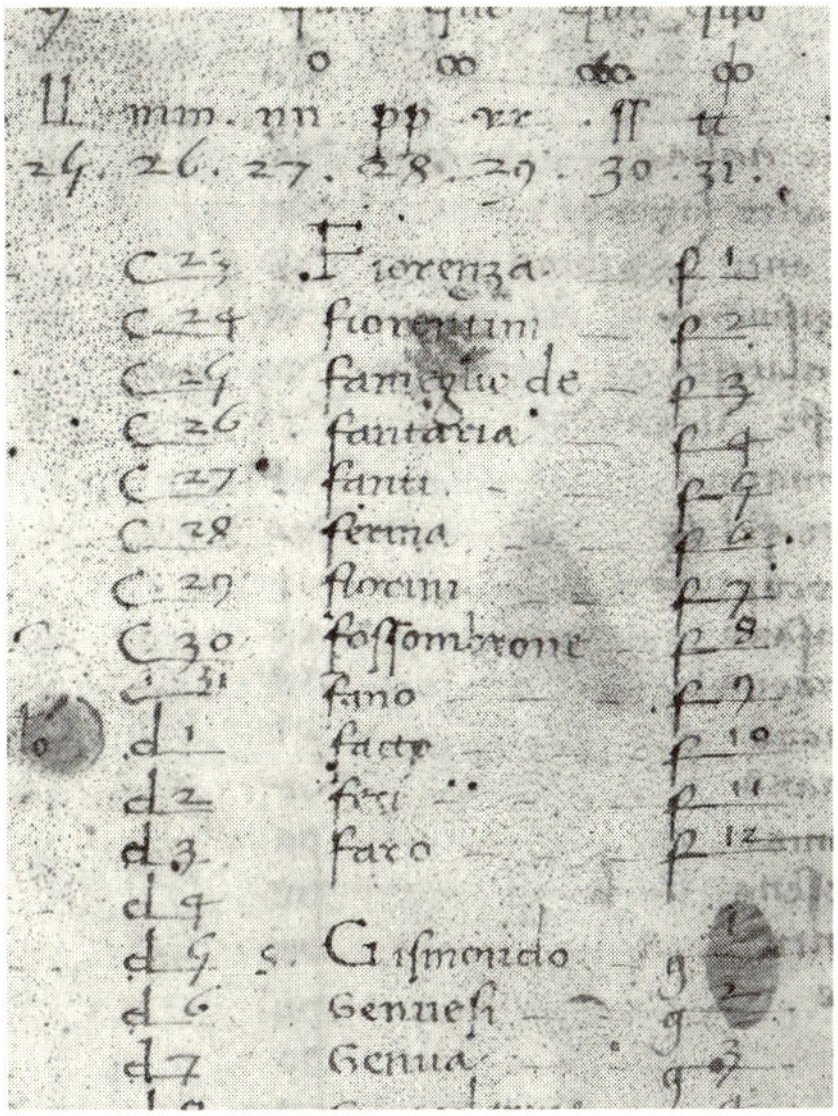

モンテフェルトロの暗号帳より。

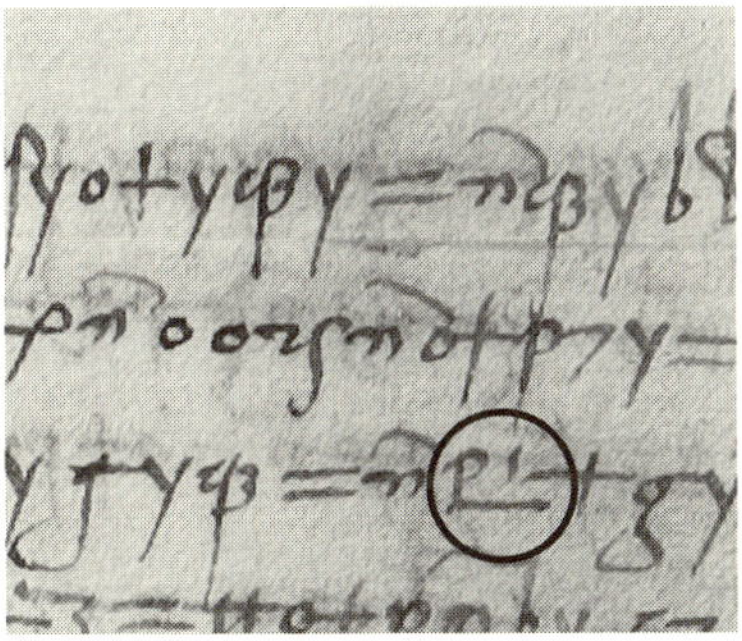

暗号書簡の中の「R1」。

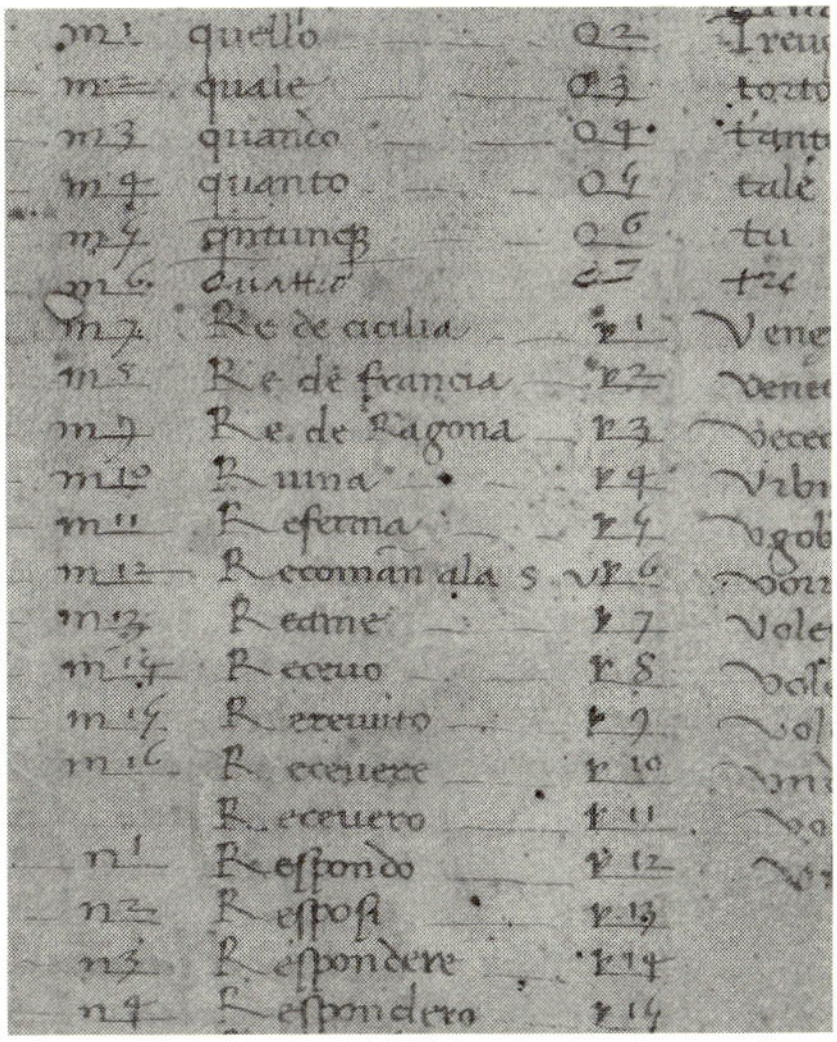

モンテフェルトロの暗号帳より。

コ・シモネッタその人が『見本のない暗号書簡を解読するためのルール[118]』という題名の暗号解読術に関する小論文で打開策を与えてくれた。この『ルール』は単純な数学モデルに基づいており、このモデルを使えば、ラテン語とイタリア語の文字の統計学的な出現頻度を計算することができるのだ。たとえば、母音はイタリア語では非常によく使われていて、特にeとaが多い。フェデリーコの暗号書簡の文章には単語の区切りがなく、そのため解説がますます困難になっている。試行錯誤の結果、わたしは次の一連の記号が繰り返されていることを突き止めた。

1234232256762

この中に母音aが含まれていると想定し、次のように対応するのではないかと解釈した。

lA suA sAntitA

これはイタリア語で〝教皇聖下〟(la sua Santità) という意味だ。皮肉なことに、暗号の解読が可能になったきっかけは教皇シクストゥス四世、つまり手紙の最終的な受取人の神聖な称号だったのである。それ以外のすべての記号は、チッコの『ルール』から推定された統計学的な出現頻度に基づけば、解読するのは簡単だった。けれども、その他の関係者の名前のいくつかは一個の記号で暗号化されていた。その記号が誰を指しているのかは仮説を立てるしかなく、それぞれが書簡全体の中で一度ずつしか使われていないので、確信を持って特定することはできなかった。幸い、この同じ記号がヴァチカン図書館にある暗号の写本にもたまたま記録されていた。(119) ヴァチカン図書館には、かつてフェデリーコが所有していた写本が現在すべて保管されている。この発見により、前に立てていた仮説がさらに裏づけられた。「F2」と「R1」という記号は、それぞれフィレンツェとシチリア王（ナポリのフェッランテ王）を表していたのだ。

ほかの例では、特定の人物は曖昧にしか言及されておらず、たとえばパッツィ家の場合、手紙の中では「友人たち」と簡単に表現されている。だが、陰謀に関する言い回しは十分に明白だ。解読された書簡からはフェデリーコの冷ややかで計算高い声が浮かび上がり、それに加えてこの司令官の心の動きを垣間見ることができる。彼は時間と状況のプレッシャーの中でも素早く決断を下し、行動の利点と危険性を評価検討し、敵を速やかに始末することに慣れていた。フェデリーコは教皇に対して、この場合はリアーリオ伯の「道」よりも王の「道」に進むべきだと強く勧めた。言い換えれば、教皇は自分の一族の政治上のつながりよりもナポリの軍事力についてさらに学ぶべきだということである。フェデリーコの主張によると、陰謀は「あまりにも進展している」ため、いくぶん精力的に続行してみる価値はあるという。このアプローチは、マキアヴェッリが世に出る以前にマキアヴェッリズムが勝利を収めていたことを意味している。そして実のところ、フェデリーコ・ダ・モンテフェルトロおよびその同類という実在の人物像からインスピレーションを受けなければ、彼の『君主論』は存在し得なかっただろう。

解読されたスタッコーリおよびフェリーチへの書簡の内容は、次のように始まる。

拝啓　ロレンツォ・ジュスティーニ殿が当地を訪れた際、彼の説明を理解した上で、王［R1］の道と伯爵の道のいずれを選ぶことが最善策かについてわれわれの間で検討した結果、次の結論に達した。すなわち、多くの理由から、とりわけ主たる案件［メディチ家に対する陰謀］に関しては、教皇陛下は伯爵の道よりも王の道を進まれるほうがより得策であろう。本件はあまりにも進展しているので、それが成功するか否かを確かめる価値はある。もし成功して、われわれの意図および目的どおりに進むと、例の友人たち「パッツィ家」が現在同盟している例の権力［すなわち、フィレンツェと包括的同盟で結ばれているミラノおよびヴェネツィアのこと］を信頼できなくなるということを考えれば、それ「フィレンツェ」は教皇聖下および王の支配下に入る必要がある。そしてこれとその他の観点および理由から、彼らは今までとは逆の道をとることが必要になる。なぜならば、今まで同盟を結んでいたこれらの別の権力は、この事実を非常に悪くとるであろうからだ。もし本件が失敗に終わるか発覚してしまった場合、われらが教皇に対して、フィレンツェ「F2」のみならず彼らと同盟を結んでいるすべての権力からも大変な敵意が向けられることになるのは疑いようがない。そしてその場合には、教皇聖下は絶対的に王の後ろ盾を受けざるを得なくなる。その理由からわたくしとしては、教皇と王が必要に迫られて王の道を選ぶ羽目になったと思われぬよう、王とともにすべきことがあるならば早く実行なさるほうがよいと信じており、その旨を教皇にも伝えてもらいたい。いずれにしても、教皇にとっても前述の伯爵にとっても、王の道を選ぶことが最善であるように思われる。そしてその理由から、わたくしとしては友人たち「パッツィ家」のためにあらゆる手を尽くす「ことが得策である」ように思え、そうすればわれわれは優勢になり、事《こと》はただちに無条件でうまく運ぶはずだ。なぜなら、もしこの件がこれほど進展していなければ、わたくしの考えは違っていたかもしれないのだから。わたくしはロレンツォ「・ジュスティーニ」殿に、当地から送り出せるわが歩兵および騎兵の数を伝えるつもりだ。そして、より素早く行動に移すために言葉で伝えると同時に実際に実行し、さらに少し時間を置いてから追加で送り出せる数を伝えた後、信頼の置ける人物をシエーナに派遣する。その人物は何の口出しも手出しもせずに事が起こるまでそこにとどまり、事が起こり次第、わたくしはその領地《シニョリーア》［シエーナのこと］の軍隊の出動を要請するつもりだ。現場からあれほど近く、現場そのものと言えるほどなのだから、拒まれることはないはずだ。偉大なるロレンツォ［・ジュスティーニ］殿も、その境界付近でご自分の兵を同様に動かすことが可能なのは確実だ。これについては、ロレンツォ殿が自ら伯爵に対してご自分の立場を十分に説明することになるだろう。その［ジュスティーニの］書簡をわたくしは当てにしている。なぜなら、彼はわたくしの意図と意見を熟知しているからだ。

攻撃の戦術的側面を案じたフェデリーコは、ここでフィレンツェを攻め落とすための迅速かつ容赦ない段取りを描いてみせた。シエーナから援軍を呼び寄せ、庶子アントーニオに指揮を執らせるのだ。公爵の軍事貢献の規模はこの段階ではまだ明らかではなかったが、よく訓練されていることで有名な兵士も六百名にのぼったはずだ（戦時中のフェデリーコは合計八百名の兵士を維持すべく報酬を支給されていた）。「ただちに無条件で」行動を起こすことが成功への鍵だった。暗号書簡の本文の後に、暗号ではないかなりの分量の文章が綴られていた。

教皇聖下がグイード（訳注・フェデリーコの息子グイドバルトのこと）への贈り物として、貴重な美しい宝飾品を慈悲深くもお送りくださったことに対し、貴殿より聖下および伯爵に最大限の謝意を伝えてもらいたい。この贈り物は、聖下が今までわたくしにしてくださったことの中でも、最も嬉しくありがたい。なぜなら、グイードにその品を与えるということは、まるでわたくし自身にこの上ない喜びを与えてくださったかのようであるからだ。グイードが野営地に到着した直後にわが軍は街を攻め落としたのだから、グイードはモントーネ攻略に参加していたと言えるかもしれない。そういうわけで、過去に何度も伝えてきたのと同様に、貴殿より教皇聖下および伯爵に大いに感謝の意を表してもらいたいのである。

フェデリーコの息子グイドバルドへの贈り物は、太い金の首飾りだった。この若き小公爵《ドゥケット》はそれを誇らしげに街中に見せびらかした。

グイドバルドが贈り物をもらったすぐあとで、フェデリーコは画家バルトロメーオ・デッラ・ガッタに依頼して、その首飾りを身につけた、赤のローブに赤い公爵帽姿の息子の肖像画を描かせた。[120] 描かれたのは横顔で、ピエーロ・デッラ・フランチェスカの描いたフェデリーコの有名な肖像画とちょうど同じである。この金の首飾りにより、メディチ兄弟を殺害する取引が成立した。さらに、これには重大な政治的意味がこめられていた。シクストゥス四世はフェデリーコに公爵の爵位を与えたあとでモンテフェルトロ家を正統と認め、同家はこうしてその後何代にもわたり教会から爵位を授けられることになった。これは、イタリアという舞台におけるシクストゥスの悪魔のような役割の特徴を示している。暴力的な手段に訴える人々のせいで堕落したように見せつつ、実はシクストゥス本人が堕落した振る舞いをとっていたのだ。

教皇に宛てた書簡の最後でフェデリーコは、自分が王でないために聖下から支払われるべきものの支払いが遅れがちだと不満を訴えている。この遅れはわが軍隊の効率と堅固さに影響を与えかねない、と彼は脅すように主張した。すでに莫大《ばくだい》な出費に直面しているので、「過去および未来の両方について」補償される必要があったのだ。

この手紙は現在、ウルビーノにあるウバルディーニ家の文書館に保管されている。ウバルディーニとは、フェデリーコの異母弟オッタヴィアーノ・ウバルディーニの姓から来ている。オッタヴィアーノ自身は政治

バルトロメーオ・デッラ・ガッタ《グイドバルド・ダ・モンテフェルトロの肖像》。教皇シクストゥス４世からフェデリーコの息子に金の首飾りが贈られたことを祝して1478年3月頃に描かれた。

よりも錬金術や占星術に関心を持っていたが、時折フェデリーコの相談相手を務めた（そしてフェデリーコの死後は彼の息子グイドバルドの後見人となり、彼に代わって国事を取り仕切った）。また、彼の親友であるフィレンツェの新プラトン主義哲学者マルシーリオ・フィチーノは、メディチ家の忠実な支持者という評判があったにもかかわらず、パッツィ家の陰謀に深く関わっていた。ウバルディーニ家の文書館にある暗号文書がしまわれたファイルには、オッタヴィアーノがピエーロ・フェリーチ――フェデリーコが暗号書簡を送った大使と同一人物――に宛てた手紙も入っている。二月十五日に、敬虔な占星術師オッタヴィアーノは旧知のフェリーチに次のように書き送った。

ピエーロへ。貴信拝受。主人の決断に関しては、貴殿のなすべきことがやがてわかるだろう。サー・ロレンツォ・ジュスティーニが彼と会っている。わたしは会合には出席しなかった。その朝、つまり昨日の朝は多忙だったからだ。主たる案件について彼が気がねなく話せるよう、わざと出席しなかったという理由もある。とはいえ、わたしの前で言葉を慎むことなどなかったはずなのは確かだが。決定事項については貴殿に沙汰《さた》があるだろう。わたしがこの件にどれだけ期待しているかはご存じのとおりだが、ささやかな慰めは今のところ何の醜聞もなく進んでいるという点で、まるで神のお導きがあるかのようだ。(121)

オッタヴィアーノが連《つら》ねる言葉から、彼が陰謀の全貌を知っていることは明らかだ。「主たる案件」から（今はまだ）何の醜聞も引き起こされていないという安堵は、彼がこの企て全体に対して悲観的であることをはっきりと示している。つまりフェデリーコは、大いに所望する金銭的報酬と同様、自らの名声も危ういということを十分に承知していたのだ。兄フェデリーコは常に行動的だったが、弟オッタヴィアーノのほうは瞑想的な人物という自らの役割に満足しており、まるで漫画のように役割分担ができていた。この書簡の別の一節は、当時のウルビーノの一場面を鮮やかに描き出している。

前述のサー・ロレンツォは、教皇聖下からの贈り物をグィード伯に持参した。彼は信じられないほど大喜びして、それを人々に見せて回った。今朝はミサの最中それを身につけていたが、どれだけよく似合うか、貴殿には想像がつくまい。これらの手紙を受け取って、われわれの世界が偉大な変容を経験しつつあるのを貴殿も感じることだろう。

またしても、オッタヴィアーノの占星術的かつ錬金術的な言葉（「偉大な変容」）が、現状に対する彼の複雑な心中を伝えている。どうやら、日曜のミサでグイドバルドは教皇からの贈り物を見せびらかしていたようで、実のところ「ミサの最中」に見せていたようだ。六歳の子供がそのような法外な贈り物を喜び、ウルビーノの人々が教皇の好意に――そんな気前のよさの裏に隠された動機には気づかず――歓喜したであろうことは間違いない。書簡の残りの部分で、オッタヴィアーノはフェデリーコの健康が回復しつつあることを、わずかに不自然な楽観的見通しを示しながら説明しており、彼が将来に対して運命論的な不安を抱いていることがうかがえる。

聖なる囮《おとり》

ポッジョ・ブラッチョリーニ『フィレンツェ史』に掲載されているフェデリーコ・ダ・モンテフェルトロの馬上姿の肖像画。背景にヴォルテッラの街が見える。

軍事面の仕掛けを作動させた今、陰謀者たちは、完全武装でフィレンツェに到着するためのうまい口実を必要としていた。一四七七年十二月に、シクストゥス四世はまたしても別の親族を枢機卿に任命していた。ラッファエーレ・リアーリオはジローラモの甥で、十七歳にもならないうちに枢機卿の深紅の帽子を受け取ったのだ[122]。彼は十五世紀末期に教皇から選ばれた枢機卿の中でも最年少だった。実のところ、この時期に枢機卿に列せられたその他の面々はすべて、リアーリオの父親にあたる年齢だったのだ。ラッファエーレはこの時点でまだ大学生で、ピサで学びながらサルヴィアーティ大司教の邸宅で暮らしていた。彼の家庭教師を務めていたフィレンツェの人文主義者ヤーコポ・ブラッチョリーニは、より偉大かつ著名な書記官長ポッジョの息子にあたる。ヤーコポ自身はフィチーノの教え子でウルビーノ公フェデリーコとも親しく、ふんだんに彩色を施した写本を何冊か公に提供していた。父の著書『フィレンツェ史』をフェデリーコに献本した際、ヤーコポは「事実は言葉よりも優先されねばならぬ」および「歴史は鏡である」という言葉を書き添えた。だが、歴史の鏡は少しばかり曇ることも多い。ヤーコポはロレンツォに対してもその権威を敬《うや》まっているふりをして、広く出回っているペトラルカに関する注釈書を彼に捧げた。実は、ヤーコポはメディチ家の当主を憎んでいて、彼をフィレンツェから追い出して昔の共和国を復活させたいと願っていたのだ。

陰謀が実行される数カ月前、表向きは親メディチ派の哲学者マルシーリオ・フィチーノは、ヤーコポ・ブラッチョリーニに『真理論』（訳注・トマス・アクィナスの著書）に関する論文を渡して、若き枢機卿ラッファエーレ・リアーリオに贈らせた[123]。その際フィチーノはラッファエーレに、「悪意ある解釈をする人々」がその論文に隠された反体制的な意味を推測するかもしれないから用心するようにと警告した。一月半ばにジローラモ・リアーリオがブラッチョリーニのためにロレンツォ・デ・メディチに送った推薦状は、この上なく偽善的な内容だった。「ポッジョの息子であるサー・ヤーコポが文人で正直で徳が高く紳士的な方と知り、道徳的な生活についてお教えするため、枢機卿に列することを思いついたのです」[124]同じ書状の中で、ジローラモはヤーコポに「閣下へのある伝言」を預けている。裏切り者のヤーコポは、「フィレンツェ共和国の公的な仕事とメディチ家の私的な仕事」を片づけるため、教皇の代理としてロレンツォをローマに招く予定だった。この招待の目的はただ一つ、ロレンツォを殺害するためにフィレンツェから引っ張り出すことにあったのだ。

モンテセッコの自白書から抜粋した以下のやり取りが、陰謀者たちの立場から見た行動を明らかにしてくれる。彼らは攻撃に出るタイミングについて議論を繰り返していた。

モンテセッコ　すると、いかにしてこれを実行するおつもりなのですか？

リアーリオ　ロレンツォは今年の復活祭《イースター》にここに来るはずだ。彼が出発したことがわかり次第、フランチェスコ・パッツィも「ローマを」発ち、ジュリアーノを片づけて決着をつけるので、ロレンツォが「ローマを」発つ前にすべての準備が整うだろう。

モンテセッコ　彼を殺すのですか？

リアーリオ　いや、ここでは彼に悪いことが起きてほしくない。だが、彼が発つ前には、状況はうまい具合に片づいているだろう。

モンテセッコ　教皇聖下はこのことをご存じで？

リアーリオ　ああ。

モンテセッコ　なんと、聖下が承諾なさるとは、大事《おおごと》ではありませんか！

リアーリオ　聖下がわれわれの望むことは何でもしてくださるのを知らないのか？　事がうまく運ぶ限

りそうなのだぞ。

だが、事はそれほどうまく運びそうになかった。実のところ、モンテセッコはサルヴィアーティ大司教とフランチェスコ・パッツィに関して教皇がひそかに口にした非難の言葉も報告している。「彼らは三個の落とし卵を一つの鍋で作るやり方すら知らない」とシクストゥスは言い放った。「得意なのは自慢することだけだ。彼らに関わる者は「またしても動詞impacciarsi《インパッチャルシ》が登場」、みな後悔するだろう！」教皇が実際にこのようなことを言ったかどうかにかかわらず、この発言は事実となった。こうして入念に準備をする間に多くの日々が過ぎていった。ロレンツォは招待を受けるだろうか？　その年、つまり一四七八年の復活祭は三月二十二日だったが、ロレンツォはローマに向かわなかった。この時点で、陰謀者たちは、テーヴェレ川越しにサンタンジェロ城を臨むリアーリオ伯の宮殿で計画を何度も何度も検討した。これ以上は待てないということは十分にわかっていた。「主たる案件」はあまりにも多くの人々に知られている。急いで行動を起こさなくては。

　学問好きなラッファエーレ・リアーリオ枢機卿は、大学を学期の途中で切り上げた。ラッファエーレは三月に、フィレンツェの郊外わずか二、三マイルのモントゥーギにあるパッツィ家のヴィッラ・ラ・ロッジャに到着していた。彼はフィレンツェ周辺に一カ月以上にわたって滞在した。聖職者としての地位が高いため、それにふさわしい正式な歓迎を受けなければ街に入れないのだ。そこで、メディチ兄弟の殺害は、フィレンツェ郊外のフィエーゾレの丘で枢機卿に敬意を表して催される晩餐会の席で実行される手はずとなった。

　三月二十七日、ヴァチカンの教皇宮殿で秘密会議が開かれた。[125] ジローラモ・リアーリオ、ロレンツォ・ジュスティーニ、アラゴン家の大使アネッロ・アルカモーネ、ウルビーノの公使アゴスティーノ・スタッコーリおよびピエーロ・フェリーチが出席した。フェデリーコの分身《アルテル・エゴ》であるフェリーチは、自ら合意書を作成して出席者全員に署名させ、それをナポリに送って王に調印してもらうことにした。モンテセッコと、リアーリオの軍事上の雑用係を務めるジャン・フランチェスコ・ダ・トレンティーノがイーモラに派遣される一方で、ジュスティーニは急いでウルビーノに戻り、フェデリーコから提供された兵士六百名の指揮を執《と》ってチッタ・ディ・カステッロに向かった。[126]その間に、運び込まれる軍需物資がフィレンツェのスパイたちの注意を引いたが、彼らは率先して軍隊を監視しようとはしなかった。フェデリーコはお気に入りの武器製作者を連れてくるために、ミラノ宛の書簡を認《したた》めるほどだった。[127]彼はまだ、いつもの極秘ルートを通じてチッコとやり取りをしていた。通常どおりという印象を保つためだったのかもしれない。

ロレンツォまたはチッコの諜報活動《インテリジェンス》の失敗がこの陰謀の助けとなったのかどうかという点は、調べてみるだけの価値がある。一四七七年九月初旬以来、さらに一四七八年一月にも、ローマ、ヴェネツィアそしてミラノからフィレンツェに警告が押し寄せていた。その報告のあらましは「ウルビーノ公およびその他の人々がロレンツォ本人に対する悪巧みを講じており、計画にはフィレンツェ内部の人間も関わっている」[128]というものだった。ミラノの書記局は不穏な情報をとどこおりなくロレンツォに伝えた。だが、ロレンツォが何らかの対策を講じたのかどうかはわからない。これまでに集められた証拠に基づけば、陰謀を未然に防ぐことが可能だったのは明らかだ。だが、警告的な「お気をつけあれ！」[129]は狼少年の悲鳴と似たようなものになってしまっていたので、本物の危険に対するロレンツォの警戒心を高めるためにはほとんど役立たなかった。そのうえ、ロレンツォは自分が不死身だと思い込んでいた。自分自身や弟に——この街で抜きん出て偉大な人物である二人に——その縄張りで手を出す勇気など誰にもないはずだと固く信じていたのだ。

一四七八年四月二日、ローマ駐在のミラノ大使たちは、フェデリーコの雇用契約を最終決定するための交渉が遅れていることを、再びチッコに報告した。それにはフェデリーコの部下が大いに関わっていたのだ。ジローラモ・リアーリオ伯は断固として次のように言ったと伝えられている。「この件を鎮まらせてなるものか！」大使たちは彼がフェデリーコの契約の調印について言及しているものと思っていたが、実はロレンツォの暗殺に言及していたのだ。

外交上の誤りのドタバタ喜劇は四月二十四日まで続いた。この間、シクストゥス四世は相当巧みに自分の役柄を演じたので、スフォルツァ家のローマ駐在大使である老練なサクラモロ・ダ・リーミニですら次のように報告している。「教皇の言葉、表情および最近の行動は、地上におけるキリストの代理者と呼ぶにふさわしく、信頼するのは理にかなっております……誠実で、人を欺くことがありません」[130]もし摂政チッコがいつものように注意を怠らずにいれば、本能的に警戒していたのは間違いない。しかしながらその日には、ローマから届いたこの意見は、おそらくミラノではほとんど注目されなかっただろう。チッコは聖ジョージの日を祝う、四月二十四日の盛大な祝典の準備で多忙をきわめていた。この祝典は、ガレアッツォの息子で今や八歳になったジャン・ガレアッツァ・スフォルツァの公爵位を確立するための機会だった。何百名もの武装した兵士がミラノの通りを厳かに行進したのだ。だが、このような力と華やかさの誇示とはうらはらに、ミラノの軍事力は近年では衰えていた。兵士は年老いつつあり、戦うには年をとりすぎているかもしれない。そして、さらに不安なことに、兵士を率いることのできる強大な軍事指導者はもういないのだ。

チッコの政府の最盛期は、その一員であるアゴスティーノ・デ・ロッシが聖ジョージの日にドゥオーモで行なった公式演説にあったと言えるだろう。[131]デ・ロッシはちょうど二十八年前に、フランチェスコ・スフォルツァのミラノ凱旋を祝う演説をしたのだ。そして今の彼は、ミラノの摂政政府の荘厳に進行する儀式の式辞を述べている。スフォルツァ家の権力の起源とその最新の形の間の連続性を感じさせる華やかな儀式だったが、参列者の中の昔と同じ顔ぶれが年老いているせいで、いくぶん落ち着いた趣があった。だが、チッコの普遍的な夢が実現したわずか二日後、イタリアの平和は打ち砕かれることになる。フィレンツェの陰謀者たちがとうとう動き出したのだ。パッツィ家の陰謀は、チッコがミラノに取り戻そうとしていた危うい安定を完全に粉砕することになった。ガレアッツォ・スフォルツァが殺されてから、ちょうど十六カ月が過ぎていた。

第Ⅱ部

1478年春〜1482年夏

思考の力が
悪意および公然たる暴力に加わると
人間には逃れようがないのだ。
——ダンテ『地獄篇』

6　フィレンツェのFは恐怖《フィアー》のF

フィレンツェは今も、パッツィ家の陰謀の日と比べて劇的には変化していない。それどころか、主要な建造物の大半は当時すでに存在していた。フィリッポ・ブルネッレスキの設計したサンタ・マリーア・デル・フィオーレ大聖堂のドームは一四三〇年代に、メディチ宮殿《パラッツォ・メディチ》は一四四〇年代に完成している。ヴェッキオ宮殿《パラッツォ・ヴェッキオ》は、その名が示すとおりさらに古い（訳注・vecchio《ヴェッキオ》は「古い」という意味の形容詞）。一五六〇年代に高い橋でウッフィッツィ宮殿（現在は美術館）とつながり、そしてヴァザーリの回廊によってアルノ川の反対側にあるピッティ宮殿《パラッツォ・ピッティ》ともヴェッキオ橋《ポンテ・ヴェッキオ》越しにつながっている。この回廊は安全な通路として、クーデターが企てられた場合に支配者メディチ家の人々が使う避難経路として作られたものだ。それまでの歴史から貴重な教訓を学んでいたわけで、メディチ王朝の権力は十八世紀まで失われず、最後の一人となったアンナ・マリーア・ルドヴィーカは、全財産をトスカーナ大公国に遺贈して安らかに息を引き取った。

現在のフィレンツェは世界有数の観光地である。大半の観光客はドゥオーモか、かつてメディチ家の教会だったサン・ロレンツォ聖堂の裏手にあるメディチ家の墓所を訪れる。どちらの場所でも、ロレンツォとジュリアーノのメディチ兄弟襲撃に関する有名でショッキングな話を耳にすることになるかもしれない。だが、あの陰惨な一日のおぞましい詳細のすべてが語られることはほとんどない。

これら一連の事件についてのルネサンス期の報告や、それを題材とした文学もいくつか発表されているが[132]、そのうちの一つは長年見落とされてきた。それは現在ヴァチカン図書館に所蔵されている写本で、著者のジョヴァンニ・ディ・カルロはドミニコ会の修道士であり、フィレンツェで二番目に重要な教会であるサンタ・マリーア・ノヴェッラ教会の修道院長を当時務めていた。一四八〇年から一四八二年の間に彼は『彼の時代の歴史』という三巻本を著しており、メディチ家の主要人物が権力の座に就くための努力、またはその権力を維持するための努力が各巻のテーマとなっている。一巻目の主人公は国外追放から戻ってきたコージモ（一四三四）、二巻目はかつてピッティの陰謀に抵抗したピエーロ（一四六六）、三巻目はパッツィ家の陰謀を生き延びたロレンツォ（一四七八）である。本書ではジョヴァンニ・ディ・カルロによる記述から数多くの一次情報を引き出させてもらった。ニッコロ・マキアヴェッリは、殺されたジュリアーノの息子にあたるメディチ家出身の教皇、クレメンス七世の依頼を受けて、著書『フィレンツェ史』（一五二五）の中で多くの点について詳しく調べている。ジョヴァンニは事件を自分の目で目撃しているが、彼はメディチ家の顧客ではなかったので、マキアヴェッリよりも偏りのない見方ができていたはずだ。

血の日曜日
――一四七八年四月二十六日、フィレンツェ

殺される当日、ジュリアーノ・デ・メディチは胃が痛くて目を覚ました。この不快な症状は、実はわずか数日前に彼の命を救っていた。と言うのも、このために陰謀者たちが彼と兄ロレンツォを招いたフィエーゾ

レの晩餐会に出席できなかったのだ。フランチェスコ・パッツィはローマでの銀行の仕事を置き去りにして、リアーリオ枢機卿やサルヴィアーティ大司教らとともに、フィレンツェの郊外二マイルにあるパッツィ家のヴィッラ・ラ・ロッジャに来ていた。彼らはロレンツォに、フィエーゾレの丘に立つ自分の美しいヴィッラで晩餐会を開き（ロレンツォは盛大な晩餐会を好んだ）、その後コージモが建てた修道院バディーアに行くよう頼んでいた。そこにはらせん階段を使って入ることができる秘密の部屋があることを陰謀者たちは知っており、メディチ兄弟を閉じ込めて静かに殺すのは容易だったはずだ。パッツィ家の人々はさらに、フィエーゾレにはわずかな側近だけを連れてくるよう、兄弟の両方に頼んでいた。なぜなら彼らのどちらにも「自《スタ》宅にいるようにくつろいで《ルシ・アッラ・ディメスティカ》[133]」ほしかったため、従者のみに出席してもらいたかったからだ。だが、その日ジュリアーノは激しい胃痛《アンギオ》に襲われ、行くことができなかった。ロレンツォが一人だけで姿を現わしたとき、陰謀者たちは弟を呼ぶよう説得しようとしたが、無駄に終わった。彼らは二人とも殺したかったので、その時は行動を起こすのを控えたのである。

それから数日間にわたり、ジュリアーノは警戒信号や凶兆をいくつも無視した。恐ろしい夢を見たが、胃の具合が悪いせいだろう。彼は非常にやせていて、ほとんど物を食べなかった。まだ二十五歳で、正直な顔だちをして、謙虚で優しげな表情を浮かべていた。のんきでハンサムで愛想が良く、ゆえに誰からも愛された。言い換えれば、ロレンツォとは大違いだったのだ。ロレンツォは自らの成功に取り憑かれていて、運命が逆転する可能性に気づかず、地元住民よりも自分の取り巻きを――たとえフィレンツェ市民以外であろうと――ためらわずえこひいきした。ジュリアーノはロレンツォの野心を不快に思い（ジョヴァンニ・ディ・カルロはstomacans《ストマカンス》というラテン語を用いており[134]、これは文字どおりには胃〈stomach〉がむかつくという意味だ）、兄に次のように言ったこともあった。「用心してくれ、兄上。多くを求めすぎると、われわれは

ポッジョ・ブラッチョリーニ『フィレンツェ史』よりフィレンツェの地図。ポッジョの息子ヤーコポはこの本をフェデリーコ自身に献呈した。ヤーコポはロレンツォに対する陰謀を企てていた一人で、最後には地図中央に描かれているヴェッキオ宮殿の上部の窓から吊るされることになる。

みなすべてを失ってしまうのではないか」[135]彼の胃痛は、政治的な虫の知らせだったのかもしれない。

ジュリアーノが殺されることになる当日、メディチ兄弟はリアーリオ枢機卿のために、フィレンツェの宮殿でまたしても贅沢な宴会を催すことを予定していた。リアーリオは今まで宮殿に来たことがなかったので、美術品やメダルやコインなどのメディチ家の有名なコレクションを直接見たいと所望した。陰謀者たちは、枢機卿が例の昇天祭の日曜日にフィレンツェのサンタ・マリーア・デル・フィオーレ大聖堂、つまりドゥオーモで荘厳ミサを執り行なうよう手配していた。宴会はミサ後のレセプションとして計画され、宮殿で開くにふさわしいものとなる必要があった。

大勢の給仕が手の込んだ料理を優雅に整えられた食卓に運ぶことになっており、食卓はたくさんの食器類とリネン類で贅沢に飾られていた。屋敷中の壁をタペストリーが覆い、床には絨毯《じゅうたん》が敷き詰められた。祝祭にふさわしい花飾りがあちこちに掛けられていた。当日限りの種々の珍妙な仕掛けや、エキゾチックな東洋の布や、野生動物と家畜それぞれの剝製が陳列された。これらはこの家の主人の先祖である大コージモに贈られた品々で、彼の時代には「インドの香辛料とギリシアの書物がしばしば同じ船で輸入されてきた」[136]という。宮殿の別の場所には、古今の金銀の壺が、貴重な彫像や宝石や宝玉や宝飾品とともに展示され、その一部は枢機卿に贈呈されることになっていた。物質的な富と壮麗さがこのように誇示された中、メディチ兄弟は熱に浮かされたように期待を抱きつつ執務に取りかかっていた。ジョヴァンニ・ディ・カルロはのちに、ウェルギリウスの『アエネーイス』の一節を引用して次のように述べた。「哀れにもこれは、われわれが街を花綱で飾ることになる最後の日で、滅びの時は間近に迫っていた」リアーリオ枢機卿の訪問はトロイの木馬だった。新たな計画は、兄弟を彼ら自身の宮殿内で殺し、その財産をすべて奪い取ることだったのだ。

*

日曜の朝、街の外で軍事的な詳細を取り決めた後で、陰謀者たちはヴィッラ・ラ・ロッジャを出発して馬でフィレンツェに向かった。一行にはリアーリオ枢機卿、サルヴィアーティ大司教、ジャン・バッティスタ・モンテセッコ、そして枢機卿の秘書を務めるヤーコポ・ブラッチョリーニが含まれていた。その間に、フィレンツェ市民の一団が、ドゥオーモの方角に向かって徒歩で集まりつつあった。それを率いているのはパッツィ家の人々で、フランチェスコの兄でロレンツォの義兄にあたるグリエルモも知らず知らずその中に加わっていた。この事実上の非正規軍《ブリガータ》の面々は、優雅な衣服の下に武器を隠し持っていた。

陰謀者たちはメディチ宮殿で馬を下りた。彼らは直接サンタ・マリーア・デル・フィオーレ大聖堂に行くものと思われていたので、出迎える者は誰もいなかった。予定ではミサが終わってから徒歩で宴会に赴くことになっていたのだ。この誤解がちょっとした混乱を引き起こした。メディチ兄弟は枢機卿が宮殿に到着したと聞くと、彼を教会に連れてくるためにドゥオーモを出発した。リアーリオ枢機卿は乗馬服から聖職者の服装にすでに着替えていた。彼らが会ったのは宮殿の中庭で、ドナテッロの手になるブロンズ製のダビデ像のほっそりした影の下で顔を合わせた。ロレンツォは若き枢機卿の手にはめられた指輪に礼儀正しく接吻をし、ジュリアーノもそれに続いた。彼らはマルテッリ通り《ヴィーア・デ・マルテッリ》を歩いて教会に戻った。ジュリアーノはフランチェスコ・パッツィとベルナルド・バンディーニ（哲学者マルシーリオ・フィチーノのもう一人の教え子）の間を歩いていたが、バンディーニは彼をしつこく抱擁し、赤いローブの下に胸当てをつけているかどうか確かめた。マキアヴェッリがのちに述べたように、これほどの憎悪を偽りの心の下に隠しおおせたことは「まさに記憶に値する出来事だった」[137]。

リアーリオ枢機卿はこのときわずか十七歳で、金色の扉の付いた洗礼場と、未完成の大理石のファサードをほれぼれと眺めた。そのファサードのデザインはロレンツォ自身が提案したものだった。大聖堂の中に入ったとたん、リアーリオは目をひくドームに驚嘆した。ロレンツォとジュリアーノは枢機卿を丸天井《クーポラ》の下の席に案内した。そこでミサを執り行なうことになるのだ。その後、兄弟は聖歌隊席を挟んで反対側の席に着き、互いの間に十分な距離をとった――公けの場ではこうして用心するのが習慣となっていたのだ。

大聖堂は立派な身なりの市民の喋り声に満ちていた。がやがやというざわめきの中、兄弟の愛情深い叔父ジョヴァンニ・トルナブオーニは声を張り上げて、ジュリアーノは体調がすぐれないので宴会には出ないかもしれないと言った。ほかの誰かが、城門の外で石弓で武装した正体不明の兵士が多数見かけられたという噂を広めた[138]（実はフェデリーコの手下だった）。フランチェスコ・パッツィとベルナルド・バンディーニもそれをふと耳にした。急がなくてはいけない。その朝、彼らの意図はあまりにも大勢の協力者に明かされていたので、遅くなればなるほど、実行前に捕らえられてしまう危険が大きくなる。彼らは襲撃の瞬間をひたすら待ち、あとで宮殿で殺害するという計画は断念して、ジュリアーノに近づき始めた。

ジュリアーノは「アニュス・デイ」をこの上なく幸せな気分で聴いており――アニュス・デイ、クイ・トリス・ペッカータ・ムンディ（神の小羊、世の罪を取り去りたもう主よ）――リアーリオ枢機卿の隣では、フィレンツェの司祭が聖餅を掲げていた。フランチェスコとベルナルドは、フード付きのマント姿で、数名の従者とともに静かに標的に近づいた。ベルナルドは短剣でジュリアーノの脇腹を突き、「これでも食らえ、裏切り者め！」[139]とささやいた。次に、フランチェスコがジュリアーノの胸に刃を突き立てた。ジュリアーノは腹を押さえながら何歩か後ずさりし、それから地面に倒れた。暗殺者たちはなおも彼を襲い続け、頭蓋骨を鈍器で打ち砕いた。あまりにも激しく襲いかかったため、フランチェスコは自分の太腿に傷を負った。

祭壇の反対側では、直前に指名されたばかりの暗殺者——不満を抱いた司祭二名——が、与えられた任務に無計画に取りかかった。土壇場になって急に良心の呵責《かしやく》にさいなまれておじけづいたモンテセッコとは違い、ヤーコポ・パッツィに仕える司祭兼書記官(ステーファノ・ダ・バニョーネという男)と教皇秘書であるヴォルテッラ人のアントーニオ・マッフェイは、教会内で殺人を犯すことにためらいはないようだった。だが、ロレンツォに近づくのに時間をかけすぎたせいで、効果的に襲うことができなかった。ロレンツォは本能的に振り返り、最初の短剣の渾身の一突きをかわしたので、首に軽い傷を負っただけですんだ。ロレンツォの友人フランチェスキーノ・ノーリが身を挺《てい》して割って入り、腹部を刺されて倒れ込んだ。

ロレンツォは素早くマントを左腕に巻きつけ、右手で短剣を抜いた。彼はさらなる攻撃を二、三度かわし、弟の暗殺者たちが追いかけてくると、祭壇の左側にある旧聖具室に逃げ込んだ。それを手助けしたのは裕福な家庭に生まれたある青年で、ほんの数日前にロレンツォがたまたま牢獄から釈放してやった相手だった。(140) ロレンツォと忠実な友人数名は分厚いブロンズ製の扉を閉めてから、お互いの顔を不安げに見つめ合った。長年にわたりメディチ家の顧客であるアントーニオ・リドルフィという人物が、犯人の短剣に毒が塗られていたのではと考えた。彼は勇敢にも、ロレンツォの傷口に口をつけて吸った。

大聖堂の中はパニックと混乱に陥った。上流社会の市民たちは出口へと殺到し、ある目撃者の証言によれば、みな心臓が口から飛び出さんばかりの様子だったという。(141) ヒステリックな悲鳴を上げる女性もいた。辺り一帯が大混乱の渦だった。

兄弟が襲われる直前、枢機卿の隣に座っていたサルヴィアーティ大司教は急に席を立ち、長いこと会っていない病床の母親の見舞いに行かなければならないと言い残して出ていった(142)(これほど大胆なことを企んだわりには、見事な口実とは言いがたい)。実際には、従者とヤーコポ・ブラッチョリーニを伴ってヴェッキオ宮殿の中のシニョリーアに向かっていた。フィレンツェの自由の象徴であるこの政庁を乗っ取るつもりだったのだ。時刻はほぼ正午で（ミサは枢機卿が遅刻したせいで予定よりも遅れていた）、市の役人たちは昼食に出かけるところだった。イタリアでは、誰かの昼食を邪魔するのが得策であることはめったにない。何の前触れもなく現われたサルヴィアーティ大司教に、役人たちは疑わしげな目を向けた。その中で最も好奇心の強かった、退役した民兵のチェーザレ・ペトルッチは、サルヴィアーティの要領を得ない言い分《ぶん》の裏を見抜いた。彼は剣を抜き、従者の助けを借りて大司教とその手下を部屋から追い出した。その一方で、ヤーコポ・ブラッチョリーニらはシニョリーアの書記局にこっそりと入り込んでいた。だが、彼らの後ろで防犯扉が閉まって鍵がかかり、秘密の鍵がなければ開けられなくなった。彼らは自らを窮地に追い込む羽目になったのである[143]。

政府が緊急事態に軍隊を招集する際に使われる鐘、ソナーレ・ディ・パラージョが打ち鳴らされた。ヤーコポ・パッツィは少人数の傭兵を率いて馬で広場《ピアッツァ》に到着し、クーデターの首謀者として振る舞おうと必死になって、「人民万歳！」や「自由を！」と怒鳴った。だが、人々は武器を手にとって口々に「玉《パッレ》だ、玉《パッレ》だ！」（「玉」はメディチ家の紋章を指す呼び名）「武器《アルメ》をとれ、武器《アルメ》をとれ！」と叫んだ。シニョリーアの階段はすぐに戦場と化した。戦闘が終わる頃には、階段は血糊と人間の四肢で埋め尽くされていた。剣などを握りしめたまま切り落とされた手が、あちこちに散らばっていた。

＊

ジョヴァンニ・ディ・カルロの『歴史』によると、パッツィ家の陰謀の計画が急に変更されたことは、十

パッツィ家の陰謀：大混乱の中、ジュリアーノ・デ・メディチの死体がフィレンツェのドゥオーモの床に横たわっている。20世紀のエッチング。

六カ月前のサント・ステーファノ教会でのジャン・アンドレーア・ランプニャーニによるミラノ公ガレアッツォ襲撃を思い出させるという。[144] だが、反メディチ派の陰謀者たちは度を超した暴力をふるってしまったか、もしくは精力と精度に欠けていた。いずれにしても、彼らはミラノの暗殺者たちほどの成功を収められなかった。ミラノの暗殺者は、実際に襲撃する前に木製の人形で何週間も練習していたのだ。

この陰謀の最初から最後まで、軍事行動が効率的に実施されることはなかった。ソナーレ・ディ・パラージョが鳴らされるのを防ぐことが、外部の軍隊をフィレンツェ市内に引き入れるための鍵だったのだ。ひとたび鐘が鳴ると、すべての城門は封鎖される。フェデリーコ・ダ・モンテフェルトロは陰謀者たちのふがいなさに、非常に落胆したに違いない。その中で経験豊かな軍人はモンテセッコただ一人だったが、彼は道徳的または宗教的な理由からイニシアティブをとることを拒んだ。それ以外の面々は血の気の多い素人で――口先だけの連中にすぎない、とシクストゥス自身、彼らについてモンテセッコに説明したと言われている。

ジャン・バッティスタ・モンテセッコはロレンツォに策略のすべてを打ち明けたかったが、それは無理だったと主張している。ジョヴァンニ・ディ・カルロによるとジャン・バッティスタは「純真な人」[145]で、才能ある若者の殺害は道徳的理由から嫌でたまらないと感じていた。ジャン・バッティスタには神聖な教会の中で殺人を犯す勇気がなかった。彼は冒瀆、裏切り、殺人の罪を犯すことを拒んだのだ。

教会での襲撃からおよそ一時間後、ロレンツォはどうにか旧聖具室から出ることができた。武装した支持者と信頼できる友人が駆けつけてブロンズ製の扉を叩き、立腹したフィレンツェ市民によって反乱は鎮圧されつつあると中にいるロレンツォたちに告げた。パッツィ家の人々は庶民がメディチ政権を転覆させてくれるだろうと期待していたのに、その庶民が陰謀者たちに刃向かい、彼らを壊滅させたのだ。ロレンツォは大聖堂の外に出ると、あわただしく護衛されて宮殿に戻った。宮殿には、手の込んだごちそうが手つかずのまま並んでいた。ロレンツォはおそらく、自ら流した血の海に横たわる弟の死体を見る機会を与えられなかった。ジュリアーノは十九回も刺されていた。フランチェスキーノ・ノーリは腹部の傷がもとで死亡した。

報復の時

ロレンツォは生きているという知らせが通りに広まるや否や、人々は喝采《かっさい》した。奇跡とも言うべき脱出により、指導者としての権力はよりいっそう強まった。ロレンツォの復讐は速やかに、情け容赦なく遂行された。陰謀直後の大混乱の様子は、フィレンツェ駐在のスフォルツァ家の大使フィリッポ・サクラモロの四月二十七日付の書簡で、チッコ・シモネッタに生々しく説明されている。(146) 弟が暗殺されてから数時間のうちに、すでに首の怪我から回復したロレンツォは喪服に身を包んでメディチ宮殿の中を歩いていた。彼は時折、窓から外に向かって手を振り、弔慰と忠誠を示すために通りや中庭に集まった群衆に応えた。民衆の怒りはロレンツォによって駆り立てられたわけではない、とサクラモロは強調している。

フランチェスコ・パッツィは、パッツィ家の宮殿の私室で素っ裸でいるところをフィレンツェの市民軍によって捕らえられた。フランチェスコは自殺を図ろうとしていたところだった。だが彼は、ジョヴァンニ・ディ・カルロの言葉を借りれば「魂の獰猛《どうもう》さ」(147) ゆえに、ある種の死に直面することを選んだ。フランチェスコは通りに引きずり出され、太腿からまだ血を流しながら、その場で裁かれて、ヴェッキオ宮殿の上部の窓から吊るされた。サルヴィアーティ大司教は、懺悔《ざんげ》の機会を与えられた。「サケル、ウンクトゥス、アルキエピスコプス・スム」（わたくしは神聖なる、任命された大司教である）と彼は唱えてから、教会のローブ姿で吊るされ、彼の近親者も同じく首吊りの刑に処せられた。サルヴィアーティは過去三年間にわたって自分にこの犯行を強いたとしてヤーコポ・パッツィを責め、自分はこのような流血の惨事は望んでいなかったと主張していた。なぜなら、自分は年間四千ドゥカートを受け取るに値する名誉ある大司教の座にあり、「聖霊の御名《みな》において枢機卿となったことを宣言される」(148)時を待っているのだから、と。処刑の後で、サルヴィアーティが神聖な司教冠《ミトラ》をかぶっていたことに関する諷刺詩《ふうし》が出回った。フィレンツェの絞首台のユーモアの伝統にのっとり、大司教のローブの裾はまるで鐘のようにぶら下がっていたと言われた。血なまぐさい都市伝説によると、フランチェスコ・パッツィの隣で吊るされている間、大司教が激しい死後硬直の最中に彼の胸に噛みついたので、旧友の体に歯が刺さったままになったという。

リアーリオ枢機卿は、この大混乱のまっただ中で、大聖堂の参事会員たちの間に逃げ込んだ。しかしながら、夜までには政府の役人二人が枢機卿をドゥオーモからヴェッキオ宮殿の牢獄へと護送した。非常に重要な人質として幽閉された彼は、これまでの顚末《てんまつ》を残らず自筆で教皇聖下に対して申し開きすることを強いられた。ヤーコポ・パッツィは十字の門から逃走していた。前もって門番を買収してあったのだ。だが、田園地帯で捕らえられ、担架に載せられて、口々に怒鳴りつける人々に囲まれながら連れ戻されると、従者全員とともに政庁前広場《ピアッツア・デッラ・シニョリーア》で絞首刑に処せられた。

数日間にわたり、モンテセッコの運命は謎のままだった。彼は五十名の歩兵と石弓で武装した騎兵を指揮していたが、指揮下の兵士には騒動の中で殺された者もいれば、ヤーコポ・パッツィと一緒に逃げた者もいた。モンテセッコ自身がヴェッキオ宮殿襲撃未遂の混乱の最中に殺されたかどうかは、誰も知らなかった。誰かが「衣類に示された手がかり《リ・インディチ・デ・リ・パンニ》」から、死体の一つは彼のものだと主張した。(149)だが、ジョヴァンニ・ディ・カルロの恐ろしい報告によると、死体の損壊があまりにもひどく、大勢の身元がわからなくなっていたという。

ところが実際は、モンテセッコはその三日後に捕まった。彼は陰謀者の中でただ一人、通常の処刑場であるポルタ・デル・ポデスタで首をはねられた。それ以外の全員は絞首刑にされたか、民衆の手で八つ裂きにされた。裏切り者の人文主義者ヤーコポ・ブラッチョリーニは、捕らえられて髪をつかまれ、首に縄をかけられてヴェッキオ宮殿の窓から放り出された。それから縄を切られ、死体は地面に落ちた。その他の雇われた共犯者の多くは、この宮殿の上階から生きたまま突き落とされただけだった。死体は広場を引き回された。処刑された者の数は合計およそ八十名にのぼり、司祭ステーファノ・ダ・バニョーネとヴォルテッラ出身の教皇秘書アントーニオ・マッフェイ、つまりロレンツォを殺そうとした聖職者二人もその中に含まれていた。

その後数日以内に、パッツィ銀行の総資産は、フィレンツェの内外を問わず凍結された。一族の男性の中で生き残った数名（その中にロレンツォの義兄グリエルモも含まれており、ロレンツォの妻の懇願によって命拾いしていた）はヴォルテッラの地下牢に投獄され、終身刑となった。パッツィ家の祖先の墓石は碑文を削り取られ、家族の肖像画は消し去られた。パッツィ家の女性たちは、結婚を禁じられた。ヤーコポの娘は、子煩悩な父親からもらった宝石も服も指輪も宝玉も、それ以外の装身具もすべて没収された。(150) 襲撃後は引きこもって暮らすことになった彼女が、以前そのように甘やかされた生活を送っていたという事実のせいで余計につらい思いをしたことは間違いない。

絞首刑に処せられてから数週間のうちに、ヤーコポ・パッツィの腐敗した死体は二度掘り出されている。最初は民衆がサンタ・クローチェ教会内にあるパッツィ家の礼拝堂から運び出して、フィレンツェの城壁の外側の聖別されていない地面に埋め直した。次に、彼らは再びその死体を掘り出して、首吊りの縄で通りを引き回し、アルノ川に投げ込んだ。伝えられるところによれば、春の大雨で増水した川に浮かぶ彼を見ようと、橋に人々が群らがったという。その後、死体は再び引き上げられて、柳の木に吊るされた後で切り落とされ、再びアルノ川に投げ込まれて、はるばるピサまで流れていき、その先の海へと流されていった。

弟の埋葬

四月の最後の日、ジュリアーノ・デ・メディチの葬儀が執り行なわれた[151]。身の毛もよだつような刺殺事件の現場となったドゥオーモは弔いの場所としてふさわしいとはとても言えなかったので、葬儀はサン・ロレンツォ聖堂で行なわれた。この聖堂の未完成のファサードの奥では、メディチ家の祖先の遺体が安らかに眠っている。その上都合の良いことに、この聖堂はメディチ宮殿からも近かった。

三階建ての宮殿は優雅な要塞のようで、その防衛機能は今やこれまで以上に不可欠なものに思われた。ロレンツォが弟の葬儀のために教会に向かうには、宮殿の裏口からこっそり抜け出し、ブロンズや大理石の彫像で埋め尽くされた美しい個人庭園を通り抜けて、あわただしいサン・ロレンツォ広場を横切ればいい。あとは、ブルネッレスキの設計した階段を上れば教会に到着する。一分間にも満たないこのような短い移動でも、ロレンツォは武装した護衛十二名に付き添われていた。フィレンツェの上空にはいまだに恐怖が漂っているため、生き延びた当主は一歩進むごとに気をつけねばならなかったのだ。

ジュリアーノの葬儀は、驚くほどささやかなものだった。多くの市民はもっと盛大な埋葬を望んでいたが、ロレンツォは弟の葬儀を父や祖父のときと同様に簡素に行ないたいと願っていた。このように控えめな形で喪に服することを通じて、ロレンツォはメディチ王朝の連続性をあらためて主張しようとしたのだ。ジュリアーノの葬儀と同時に、ロレンツォを守るために自らの命を犠牲にした友人フランチェスキーノ・ノーリの葬儀も行なわれた。この二重の意味を持つ儀式は、ロレンツォと人民との間の愛情を再びかきたてるきっか

ジュリアーノ・デ・メディチのテラコッタ製の胸像。1475年頃。

けとなった。

イタリアのルネサンス期においては、冷酷な政治と感情的な悲劇と洗練された趣味が、ショッキングなまでに共存していた。たとえば、弟の死から間もなくしてロレンツォは、偉大な彫刻家アンドレーア・ヴェロッキオに依頼してテラコッタ製のジュリアーノの等身大の胸像を三体も作らせて、フィレンツェ市内の主要な教会に飾ることにした。そのうちの一つでは、ジュリアーノは陽気で気取った表情を浮かべており、優雅な胸当てを着けているが、もしそれと同じような物を四月二十六日の朝にも身に着けていれば、暗殺者の凶刃から身を守ることができただろう。

ロレンツォが同じく製作を依頼した肖像画には、ジュリアーノの死後のイメージが描かれている。赤いローブが屍衣のように彼を覆い、気品ある顔に今にもかぶせられそうになっている。目はほとんど閉じられていて、頭は横を向き、険しい表情を浮かべている。背後の窓は少しだけ開いていて、イタリアの午後の陽光は彼にはきつすぎるかのようだ。この詳細かつ寓意的な表現を描いたのはほかならぬ偉大なサンドロ・ボッティチェッリで、兄弟のどちらとも親しい友人だった。ロレンツォの依頼により、この絵は公開される予定はなかった。おそらくロレンツォの寝室の、ガレアッツォ・スフォルツァの肖像画の隣に掛けられることだろう。この二つの絵は対《つい》になっているように見える。身動きせず、視線を下げて、陰りの表情を浮かべながら、一枚目の肖像画の行動的で浮かれ騒ぐイメージは、黙想的に喪に服すイメージへと変化していた。(152)

しかしながら、結局のところロレンツォはプロパガンダの達人だった。彼がベルトルド・ディ・ジョヴァンニに作らせたブロンズ製の記念メダルは、できる限り多くの人々に見てもらうためのものだった。(153) メダルの両面には、ドゥオーモの祭壇の隅から見た卑劣な襲撃が左右逆に描かれている。陰謀者たちの姿は、メディチ兄弟の堂々たる横顔に比べてちっぽけに見える。メディチ家の二人はボッティチェッリの天使に似てい

ジュリアーノ・デ・メディチの肖像画。サンドロ・ボッティチェッリ作。1478年頃。

パッツィ家のメダル。ベルトルド・ディ・ジョヴァンニが1478年に鋳造。

るが、それよりもいくらか男らしい。ジュリアーノとロレンツォの顔の下には「民衆の服喪」と「民衆の安全」という文字がそれぞれ刻まれていた。

ロレンツォは抜け目のない政治家だった。だが、政治的指導者であっても、文学的な野心は決して捨てずにいた。彼は多作の文筆家で、軽い韻文も本格的な詩も作った。また、ソネット集を編纂《さん》し、自ら注釈を加えた。だが不思議なことに、弟を追悼する文章は一行も遺していない。文筆家たちがすでにこの任務に正式に取り組んでいたということもあり得る。アンジェロ・ポリツィアーノが「スタンツェ・コミンチャーテ・ペル・ラ・ジョーストラ・デル・マニーフィコ・ジュリアーノ・デ・メディチ」（偉大なるジュリアーノ・デ・メディチの馬上槍試合のために書かれた詩《スタ》節《ンザ》）という詩を作っている最中に、陰謀者たちがその主題《テーマ》となった人物を血の海に沈めたのだ。襲撃の当日、ポリツィアーノはいとおしげに遺体に近づき、刺し傷の数を数え、そのことをパッツィ家の陰謀に関する報告書を依頼された際に感動的に書き記した。だが、この詩人はジュリアーノの人生に対する愛情をたたえたかったので、主人公の死後は「スタンツェ」に手を触れようとしなかった。この詩は若き〝ユーリオ〟とその恋人〝シモネッタ〟―

—シモネッタ・カッターネオ——のロマンスを詩的な変容を用いて描いたものである。しかしながら、この理想化された描写には心理学的な信憑性はほとんどない。

　その目の覚めるような美女シモネッタは、一四七六年に早世した既婚女性で、国葬を営まれ、実のところそれはジュリアーノの葬儀よりも厳粛で真心がこもっていた。だが、彼の恋人はシモネッタだけではなかった。どうやら生前、ジュリアーノはそれほど身分の高くない女性の子宮に自らの生きた証を遺していたようだ。その女性フィオレッタ・ゴリーニは、一四七八年四月二十六日にジュリアーノが殺されたとき、彼の子供をみごもって七カ月になっていた。六月下旬に男児が生まれると、予想されたことだが、ジューリオと名づけられた。父のないこの私生児は、悲嘆に暮れていた伯父ロレンツォの養子となり、メディチ一族の一員として育てられ、やがて枢機卿になり、ついにはクレメンス七世という名で教皇の座に就いたのだ。

「ル・タン・ルヴィアン」（時間は戻る）がメディチ家の銘《モットー》だった。ロレンツォは如才ないパトロン活動と故人の私生児を引き取ることで兄弟愛を表現した。また、弟の幼年時代の家族の思い出を大切にした。一四五九年にベノッツォ・ゴッツォーリは、宮殿内にあるメディチ家の礼拝堂に豪華なフレスコ画の連作を描いている。この作品は、生まれたばかりの幼子《おさなご》キリストを礼拝する東方の三博士に付き添う大勢の人々を描いたものだ。フィレンツェの貴族やヨーロッパおよび中東の客人からなる色とりどりの人混みの中に、三人の人物の姿が見える。ロレンツォ自身と彼の家庭教師ジェンティーレ・ベッキ、そして弟ジュリアーノだ。

　絵の中のジュリアーノは目立たない存在で、兄の突き出た鼻と家庭教師のかばうような視線の間に挟まれている。画家の巧みな配置から、メディチ家の力関係を推し量ることができる。長男は圧倒的に輝いていて野心があり、わずかに才能の劣る弟に常にその影を落としていた。そして今や、死の影が二十五歳の彼をのみ込んだのだ。

　ジュリアーノとノーリの葬儀の後、ロレンツォは二日間にわたって外出せず、宮殿の中に身を隠していた。中庭の中央にはドナテッロの手によるブロンズのダビデ像が見えたことだろう。[154] 邪悪な巨人を倒した優雅な勇者で、美と若さと、努力の跡を見せない身体能力の象徴だ。ほっそりした裸像はメディチ家の中庭の中央にある柱の上に立ち、ゴリアテの生首を勝ち誇ったように踏みつけている。その繊細な十代の手にぶら下げられた血まみれの剣を目にしたロレンツォは、最近の殺戮劇を思い出してぞっとしたかもしれない。そして、ロレンツォがドゥオーモで首に負ったかすり傷はすぐに治ったものの、最悪の事態が訪れるのはまだこれからだったのだ。

7 過激な手段

歴史家ニコライ・ルービンスタインは、十分に立証されていることで有名で今や権威書と認められた著書 ***The Government of Florence Under the Medici (1434-1494)***（メディチ家支配下のフィレンツェ政府：一四三四〜一四九四）の書き出しで次のように述べている。「コージモ・デ・メディチが創立して孫ロレンツォによって完成された政治体制は、共和制を保っていたという点で十五世紀イタリアの専制国家とは異なっていた。敵からは暴政と評されつつも、メディチ家が憲法の枠組みの中で動いていたことは批判者側も認めざるを得なかった[155]」

パッツィ家の陰謀の当面の余波としてロレンツォにとって大きな難題となったのは、フィレンツェ公国の傷ついた非公式の指導者という地位を守りながら共和制の外観を保つことだった。一四六九年十二月に二十歳で亡き父から第一級市民の役割を引き継いで以来、ロレンツォは「市民の自由の保証人」と「最も裕福かつ影響力を持つ市民」のどちらにも偏らぬよう、どうにかバランスをとってきた。もしミラノ公ガレアッツォ・マリーア・スフォルツァが「一四七一年一月に、ロレンツォが『どのような薬が自分には必要か理解し始めて』、専制政治を実現しようと努力していたのかもしれないと思っていたとしたら、ミラノ公は明らかに誤解していたのだ」とルービンスタインはわれわれに注意しており、フィレンツェにおける権勢は、ロレンツォがつまらない暴君として振る舞わなかったという事実によって高まったのだと主張する。一四七八年にロレンツォ自身が襲われたとき、市民の大半は、メディチ家の善意を信頼していたため、彼を守るため自発的に立ち上がった。それはミラノでガレアッツォが殺された後のような恐怖からの行動ではなく、自分たちの自由が危うくなるかもしれないという怒りと不安からであった。弟が死んだ後もロレンツォが生き延びたことで、巧妙な形の新たな共和政体が可能となった。これにより、予期せぬ政治的状況がもたらす緊急事態に対処するため、憲法に違反する強硬な手段をとることが正当化された。これがメディチ家にとっての新たな「薬」となったのである。

傭兵隊長《コンドツティエーレ》の良心

一四七八年五月二日、フィレンツェ市民はいまだに動揺し、悲しみに圧倒されていた。五月祭《カレンディマッジョ》（春の訪れを祝う祭）は伝統的に、フィレンツェの暦の中でも指折りの華やかさと陽気さを持つお祝いだが、市民がジュリアーノ・デ・メディチの喪に服しているため取り止めになっていた。弟の暗殺からまだ一週間しか経《た》っていないその日の朝、ロレンツォはウルビーノの急な丘から一晩で急送された書簡を受け取った。それはフェデリーコ・ダ・モンテフェルトロからの公式な悔やみ状だった。公爵は、ロレンツォの書簡（現在は行方不明）と「それ以外の多数のルートを通じて」ジュリアーノに対する「ぞっとするような卑劣な襲撃」について伝えられ、「極度の不快および計り知れない悲嘆」を感じていると綴っていた。

それでも、事件があのような形で起こったにせよ、閣下の神々しい慈悲と美徳、およびこの崇高な人々、そして閣下のご友人によって示された並外れた愛情と信頼を通じて、閣下は非常に満足されて神に感謝なさっていることでしょう！　そしてありがたいことに、事件があのような形で起こったため、この不運な出来事をこれほどの信頼と愛情を持ってわたくしにお伝えくださった閣下に、感謝する以外の形で力添えを申し出るのは、今すぐには必要ではないと考えております。わたくしとしては、将来閣下に力をお貸しすることは可能だということをご承知おきいただきたいのです。閣下より助力を求められればすぐに、わたくしは今までいつでもそうしてきたように、閣下が必要とする慈善と愛情で閣下を満たすため、喜んで応じるつもりです。できれば、閣下およびイタリアを統治せねばならぬそれ以外の人々には、激情が弱まるような道を選んでいただきたい。さもないと、この国はたやすく混乱に陥ってしまうでしょう。最初に物事を整理することでどれだけ良い結果が生じるかは、いくら大げさに言っても大げさすぎず、推し量ることができる範囲よりもはるかに大きいものです。ですがこれに反して、不快な状況に最初から徐々に陥っていくと、はずみがついてしまい、それを改善することはほとんどできなくなります。そして閣下は、ご自身の慎重さと権力から利益を得ることで、神によって、そして世界によってそれを正すよう努力すべきだとわたくしは信じております。さらに、閣下は——神の恩寵により——非常に成功していらっしゃるのですから、ほかの誰よりも平和および普遍的な平安を望むべきなのです。(156)

大半の歴史家は、この書簡に示されている誠意と同情的な意図をまったく疑わずにいる。しかしながら、書簡の受け取り手はまったく違う意味に読み取ったはずだ。言葉をねじ曲げた複雑な文体の裏をひとたび見抜けば、ロレンツォは自分の目を信じることなどとてもできなかっただろう。フェデリーコは何を言っているのだろう？　「ありがたいことに」「神によって、そして世界によってそれを正す」「神の恩寵により」とは！　ロレンツォはまだ弟のことを深く悲しんでいるのに、辛抱強く受け身でいてほしいと言い、愛する弟を神の家の中で守ってくれなかった神に感謝せよと言うのか？

書簡の語調、内容、特に最後の数行からは、哀悼の念はほとんど伝わってこない。それどころか、これは実のところ、脅迫的な、暗に示された宣戦布告である。助力の申し出は修辞的には空っぽだ。修辞を解読し、社交辞令を取り去れば、そのメッセージは明らかだった。ロレンツォは自分が死なずに済んだことを幸運に思うべきで、もし命が惜しいなら、おとなしくして神を邪魔するようなことはしないほうがいい――この場合の神とはほかでもない、世俗的な激怒している神の代理者、教皇シクストゥス四世と、その腹心の部下であるウルビーノ公フェデリーコ・ダ・モンテフェルトロのことだ。

だが、この手紙を受け取った頃には、フェデリーコがこの陰謀に関係していたに違いないことにロレンツォはすでに気づいていた。フィレンツェにいるミラノ公使は、「ウルビーノ公の息子」、つまりシエーナ軍の司令官である庶子アントーニオに関する気がかりな報告をチッコに伝えた(157)。どうやら彼は、フィレンツェと戦うためにシエーナに呼ばれたらしい。そして、一人を除いて全員がウルビーノの軍服を着た兵士八名が、フィレンツェの郊外で捕らえられ、その場で吊るし首にされたこともわかっていた。

この友好的な書簡を読み終えると、フェデリーコがあの襲撃を支援し、ことによると計画を企んだのも彼だったのでは、というロレンツォの疑いは確信に変わった。今や彼は、この無礼な書簡にいかに返答するかという困難な仕事に直面していた。この書簡は彼の政治力を脅かすとともに、個人的なプライドも傷つけるものだった。イタリア全土で、ロレンツォが今も信頼できる人物は一人しかいなかった。唯一の真の味方、ミラノ公国の摂政チッコ・シモネッタだ。すでに五月三日には、フィレンツェにいるスフォルツァ家の大使が、「ウルビーノ公の雇用契約《コンドッタ》を巡る交渉の延期」を提案してきたチッコに対して、ロレンツォは「わたしも同じ意見だ」と返事をしていた。二人は彼の俸給、つまり傭兵隊長《コンドッティエーレ》の生活の道を奪うことで合意したのだ。

五月四日、処刑を前にした教皇軍の兵士でウルビーノ公のかつての臣下、モンテセッコ伯ジャン・バッティスタは、陰謀の計画に関する自白書を看守が見ている前で書き記し、手渡した。この文書は教皇とその一味を告発するもので、そこにはフェデリーコも含まれていた。ところがフィレンツェの大使館事務局が夏にモンテセッコの自白を公表したとき、ウルビーノ公に関する文章は注意深く削除されていた。有罪の証拠となる文書の改竄《ざん》版は、フェデリーコが面目を失わずに寝返ることができる余地を残しておくという目的にかなうものだった。

フィレンツェでは、ウルビーノ公が陰謀に直接関係していたことを公言する勇気のある者は誰一人いなかった。しかしながら、ある噂話が慎重にではあるが広まっていた。匿名のあるフィレンツェの詩人は、陰謀に関わっていたのは「高いご身分の別の方々で、／それでも名前は口にしないほうがいい／おのおの生まれは卑しいけれど、／その正体が誰にでも見当がつくくらいに」と綴った。[158] この詩が、フェデリーコが私生児（ナポリ王であるアラゴンのフェッランテもそうなのだが）だという事実に言及したものであることは、当時のイタリアでは誰の目にも明らかだった。別の詩はルイージ・プルチの作品とされるもので、ジュリアーノの信心深い母親ルクレツィア・トルナブオーニに宛てて書かれ、ローマ・カトリック教会のことを黄泉《よみ》の国の神プルートーの「新たな妻」、有害なるバビロン、「教会分裂を企てるユダヤ教礼拝堂《シナゴーグ》」として非難している。シクストゥス四世の名前をわざわざ記す必要はなかった。

モンテセッコの自白が一般に知られるようになると、フェデリーコは公然と責められることになるだろうかと不安になり、圧力を感じ始めた。五月八日、彼はチッコにくだくだしい書簡を認《したた》めることにした。その内容は中途半端な告白と警告に満ちており、二人の間に差し迫った決裂を防ごうとするものだった。この書簡は政治的な偽装と真実を並外れた手腕で混ぜ合わせたもので、モンテフェルトロが陰謀にどれほど深く関わっていたかを証明している。

フィレンツェにおけるこの状況は貴殿もご存じのとおりだが、わたしは多くの理由から非常に不快に感じ、今なおそう感じている。それについては、信書を書き送ってきた偉大なるロレンツォ・デ・メディチにも伝えた。そしてもちろん、あの事件がいかにおぞましいものであろうとも、そこまでの危険を冒す羽目に他人を追いやるような無礼のすさまじさという観点から考えるべきで、パッツィ家の連中はそのような羽目に追いやられたのだ。彼らは死や一族の滅亡を、考えてもいなければ恐れてもいない。公平を期して言うならば、場合によってはロレンツォ・デ・メディチも、理屈に合わないことをパッツィ家のみならず教皇聖下に対しても行なっているのだから、すでに起きてしまったことをとやかく言うべきではない。だがわたしは、すべては聖下のうかがい知らぬところで起きたものと確信している。つまり、誰かが殺されることをご存知なく、ご承諾なさってもいなかったということだ。しかしながらしばらく前からは、たとえご存知でも聖下は気になさらなかったのかもしれないとわかってきた。それどころかフィレンツェの体制の変革に感謝し、大いにお気に召したのではないか。[159]

今までのところ、驚くほど正直かつ率直な内容に見える。書き手は、自分が信頼できるということを証明したがっているのだ。教皇がロレンツォの振る舞いについて不満を述べるのには十分な根拠があったはずだ、とフェデリーコは主張し、ロレンツォがチッタ・ディ・カステッロとモントーネの両方において、教会と都市国家との問題に干渉したことが原因だとしている。彼は自分が陰謀に関与していたことをあやうく白状しそうになっているほどだ。

この陰謀についてもし聞き及んでいたとしても、誰にも口外せず秘密にしておくしかなかったはずだ。なぜならわたしは主として教皇聖下およびナポリ王に仕える軍人で、お二人から俸給を受け取る身であるため、忠誠かつ従順であるべきだからだ。違う考えを持つ者がいるはずもない。もしわたしが支援者から内々に伝えられた話を広めたら、悪者になってしまうのだから。このような話をするのは、わが軍の歩兵の一部がカステッロからロレンツォ・ジュスティーニに同行しているからであり、わたしは彼の街で起きた問題に対処するためにという要求に応じてこれを派遣したもので、要請があれば彼からの書簡を見せることも可能である。起きてしまったことに対しては非常に気の毒に思うが、今言わせていただくならば、もし勢力の均衡を簡単に回復する方法が見つからなければ、間もなく事態は手の施しようがないほど悪化して、イタリア全土が戦争へと導かれるかもしれない。そのような状況は一般に望ましくなく、わたしとしてもまっぴらだ。現状の適切な改善策をご提案したのだから、貴殿は、神の思《おぼ》し召《め》しがあれば、それを処理する権力と手段を手に入れたことになる。

フェデリーコは、襲撃が失敗した場合に用いるつもりだった弁明について熟考を重ねたようだ。だが、彼の中途半端な否定は、陰謀を知っていたことをもはっきりと物語っている。彼は、実は何も起こっていないように見せかけることによって失われた勢力の均衡を取り戻すことが自分の願いだと主張している。実のところ、彼の実際的かつ軍人らしい口調はあてにならない。その行間で「たとえ原因が何であろうと、結果に対処しよう」と言っているのだ。

ロレンツォ・ジュスティーニが自分の街チッタ・ディ・カステッロでの「問題」を片づけるために軍勢を要求してきたとするフェデリーコの言及は、彼の不誠実さをいささか暴露している。フェデリーコは悪事から逃れるために、「要請があれば」見せることのできるような書簡をわざわざジュスティーニに依頼していたのだ。だが、それは言い訳にはならなかった。ジュスティーニはローマ・カトリック教会の信頼厚い一員で、二月には教皇の使者との取引を固めるためにフェデリーコの息子グイドバルドに贈られた、金の首飾りを届けた張本人だった。ジュスティーニは実際に、ウルビーノから提供された六百名の軍勢の指揮を執っている。また、ジュリアーノを暗殺したベルナルド・バンディーニが即座に捕らえられるのを防ぎ、東へ逃げるのに手を貸していたのだ。

この書簡が示す、フェデリーコに不利な間接的証拠は、歴史の法廷において結審するのに十分なものだったかもしれない。だが、この後に続く話はそれよりはるかに興味深い。フェデリーコの書記がチッコの息子ジャン・ジャーコモにそれほどあからさまには攻撃的でない書簡を送っており、その中でウルビーノ公がある計画（死ではなく体制の変革を目的とするもの）を知っていたことが、より微妙なニュアンスで伝えられているのだ。(160) フェデリーコは、書記の言葉によれば、「しばらく前、つまり軍隊とともにモントーネに滞在していたときからこれらすべてを知っていたということを、まったく否定して」いなかったという。フェデリーコは自分に不利なモンテセッコの申し立てに関する懸念を慎重に口にしていたとされている。また、政治家としての「良心」と軍人としての「世俗的名誉」を吟味したと言われ、これらの言葉は彼に俸給を支払う支援者二人との複雑な関係を暗示している。フェデリーコの書記は次のように書き記している。

わが主君の話によると、当初は王と教皇に邪悪かつ恥ずべき性質のこのような行ないを思いとどまらせようとなさったそうです。しかしそれが快く受け入れられず、すでに水が下流に流れ始めていると知ると、口をつぐんで目を閉じ、同盟国との雇用契約《コンドッタ》の締結によって一部の人々の怒りが和らぎ、この獣《けだもの》のごとき行為を忘れて顧みずにいてくれることを願い信じておられたのです。主な理由は、彼らがその件にあまりにも熱中しているように見えたからでありました。ご存知のように、実際には正反対のことが起こりました。彼らはこの契約を商業的な取引に変えてしまい、その旗印の下でこの悪事を行ない、彼［公爵］を獣のように見せ、その面目を潰しました。彼は王に対してご自分の行為をより強く弁明なさるために教皇をあてにしていらしたのですが、聖下は彼を辱めるという実に素晴らしき名誉をお与えになったのです。

計画の失敗に対するフェデリーコのいらだちに同情したくなるところだが、この書記はロレンツォへの悔やみ状に非難すべきことや悪意は含まれていないときっぱりと述べている。この件に関するチッコの非難に次のように応じているのだ。

ウルビーノ公が偉大なるロレンツォ殿にお出しになった書簡に、悪く解釈されうるような結びまたは結論が含まれていたという知らせをフィレンツェから受け取ったとのお言葉に、ウルビーノ公は大いに驚嘆したとおっしゃっています。なぜならば、ロレンツォ殿に対しては適切なことしか書いていらっしゃらず、おっしゃるような内容は手紙のどこにも記されていないからです。

五月一日付の悔やみ状の本当の意味を抜け目ないロレンツォは見落としていなかったわけで、それが油断ならない性質のメッセージであることは、今やあまりにも明白なものとなっている。メディチ家を脅して黙らせることに失敗したフェデリーコは、続いて自分の軍隊がフィレンツェの外で見かけられた可能性を否定した。この点で、フェデリーコの恥知らずぶりはまさに並外れている。彼は書記からジャン・ジャーコモに宛てた書簡で、さらに次のように書かせたのだ。

その返答としては、わが軍の制服を着た誰かの姿が見かけられたのではないかと申し上げます。なぜなら、それを着ている多くの者はわが主君の臣下でもなければ雇い兵でもないことは明らかで、それでも同郷の者の中には、わが軍の兵士であろうとなかろうと、わが主君のために戦う者がいたはずでありましょう。わが主君はこれは事実ではないとおっしゃっており、前述の事件に何らかの形で関わっていたなどと発覚することはあり得ないという話ですので、ご安心ください。

一四七八年五月十三日、ウルビーノにて

追伸：この事件当時にフィレンツェに居合わせた当地の商人その他が戻ってきており、彼らの報告によれば、誰かがウルビーノ公の軍の制服を着ていたとフィレンツェで噂されているのは事実ですが、その後調査してみたところウルビーノ公の軍の制服ではないと判明しました。これが真実なのです。

＊

フェデリーコは本当に信じてもらえると思っていたのだろうか？　それとも、現代において裁判にかけられる多くのギャングと同じように、事実の証拠を認めるのを拒否していただけなのか？　真実という言葉を用いるレトリックは常習的詐欺師が最も頻繁に使う手口である。フェデリーコはモンテフェルトロの二重の暗号を使っており、チッコはこのウルビーノの狐と付き合ってきたこれまでの三十五年間でそれを理解できるようになっていた。

チッコは、偽善的に憤慨してみせることよりも迅速な行動が必要な状況であることを悟った。チッコは今、困難な外交上の問題に直面しており、それは彼のマキアヴェッリ的な「最も優れた[161]」頭脳にふさわしいものだった。フェデリーコとの長年の友情においてもはや後には引けぬ段階だという事実から目をそらすことなく、いつものように、速やかにひそかに行動した。五月九日付の書簡の中でチッコはすでに、たとえ公けの噂の種になるかもしれなくても、ロレンツォに対して厳重に身を守るよう懇願していた。次にチッコは、「恐ろしい行為」のさまざまな「立案者」および「煽動者」の一人として、名前を挙げずにフェデリーコのことをほのめかした[162]。これらの人々が「裏切り」を受動的に知っていただけであろうと、積極的に関与していたのであろうと、いずれにせよ反撃する暁には、この行為における彼らの役割を「見て」もいなければ「理解」もしていないふりをして（最初の草稿でfingere《フィンジェレ》という動詞がチッコの手で付け加えられた）、「沈黙を守ったまま極秘裏にすべてを進める」のが最善策だ、と警告したのである。

時には、馬鹿者のふりをすることが最も賢明な政治工作となる。チッコはこの真実を肌で知っていた。人を操る達人フランチェスコ・スフォルツァに長年仕える中で苦労して学んだのだ。駆け引きにおける鉄則の一つは、決して真意を敵に悟らせないことだった。実のところ、チッコはすでに駆け引きを始めていて、五月八日付のフェデリーコの書簡が届く前に、最初の報告に基づいて行動していた。彼はフィレンツェに代わってフェデリーコ宛の書簡の見本を自分で書いてロレンツォに送り、ロレンツォはそれを「大いに」気に入って「一言一句」[163]そのまま書き写させると、フェデリーコの俸給を巡るすべての交渉を即座に中止させるためにローマとウルビーノに送付した。五月十二日付のロレンツォからチッコへの返事には、予想されたような自嘲気味の皮肉な表現がすべて記されていた[164]。

ミラノ公国の文書は……慈愛に満ちて賢明なものに思われ……貴殿の愛情、大いなる賢明さ、厳粛なる助言に感謝したい……わたしとしても、人を害する者の一般的な性質とわたしを害した者たち特有の状況の両方を考慮すれば、油断なく気を配る必要があり、無知のままでいるべきでないとよく承知している。なぜなら、もしそれが十分であったなら、あのようなことは起こらなかったはずなのだから。わたしは神に、今回は奇跡的にお救いくださった神に、わたしが神の憐《あわ》れみにふさわしい存在であるようにと願いたい。目的があったからこそ救っていただけたのだと。

父の名の下に

ロレンツォの自己憐憫と神への懇願は、まさに適切だった。パッツィ家の陰謀の後にただよう不快きわまる雰囲気の中では、黙ったままでいるのはほぼ不可能だった。ローマ駐在のフィレンツェの大使と商人は教皇から投獄または殺害をほのめかして脅された。これは国家間の協定を公然と無視するものだった。シクストゥスは、襲撃の直後に若き甥のラッファエーレ・リアーリオ枢機卿がフィレンツェで逮捕されたことに激怒していた。枢機卿はおよそ一カ月も捕らわれの身となっていたが、熱心に交渉を続けた結果、ようやく解放された。だが怒りに駆られた教皇はロレンツォを破門し、フィレンツェの市民および役人が、ロレンツォを襲撃したヴォルテッラ人の教皇秘書アントーニオ・マッフェイとピサ大司教を含む聖職者を絞首刑に処したことを口実に、フィレンツェ市全体を告発した。フィレンツェの人々の魂が救われるには神に背くメディチ家の当主を追放するしかない――少なくとも教皇はそう述べていた。

リアーリオ枢機卿が釈放されたのは六月七日のことだった。フィレンツェの執政官および多くの市民が、ヴェッキオ宮殿からアンヌンツィアータ教会へ歩く彼に同行した。彼は「民衆に殺されるのではないかと恐れていた」と、当時の日記作家ルーカ・ランドゥッチは記している。騒がしいことで有名なフィレンツェの怒れる民衆が教皇の若き甥に何と叫んだのかは、想像するしかない。彼は四十名の護衛に付き添われていたが、その日に味わった恐怖は死ぬまで忘れることはなかっただろう。伝説によると、彼は一生血の気を失ったままだったという。まさにその日に、ランドゥッチの記録によると、「教皇がわれわれを破門した」（つまり、フィレンツェ市民が破門された）。教皇の恥ずべき大勅書は、実際にはほぼ一週間前の六月一日に公布されていたのだが、そのひどい内容はすぐには人々に明かされなかった。

六月十二日、脱出の経路が確保されるとすぐ、ようやくリアーリオ枢機卿はフィレンツェを発った。最も影響力を持つ市民たちが、即時の緊急集会を要求した。ロレンツォはここが正念場だとわかっており、彼の政治的手腕と政体の団結力が最終的に試される場でもあった。ここでロレンツォが行なった忘れがたい演説は、ジョヴァンニ・ディ・カルロの『彼の時代の歴史』に報告されている。ジョヴァンニの記述は出席した市民の三団体の描写から始まる。会議の席上で、最も怒っている市民たちは教皇と司祭たちを非難し、陰謀の存在を知っていただけでなく関与していたに違いないと糾弾した。その他の人々は、ジョヴァンニによる者もいた。その時点でロレンツォが立ち上がり、聴衆が静まるのを待った。それから、独特の鼻にかかった声で次のように語った。(165)

と、悲しみを表す者もいれば、教皇とナポリ王に使者を送ることで戦争を防ぐという外交的解決を要求する

盟友たる長老の皆さん、この公《おおやけ》の場におきまして、もしわたくしが個人的な喪で心身ともに打ちのめされていなければ、あるいはもっと長々と話をして、皆さんとともに嘆き悲しみ、雄弁な演説者のように振る舞い、良き市民の役割を引き受けることができたかもしれません。しかしながら、あまりにも屈辱的かつ不信心な事件に、わたくしは苦しみ、動きがとれません。言葉が出てこず、舌を動かそうとしても歯が邪魔をするのです。

死を免れない人間は習慣的に、嫌な目にあったり害を為されたりしたとき、親戚や友人に慰めを求め、きわめて困窮している場合は聖職者や聖なる司祭にすがるもので、そのような人々はたとえ助けを与えることはできずとも、少なくとも言葉によって苦しみを軽くして悲しみを和らげてくれるものです。哲学者が言うように、われわれは自らのためだけに生まれてくるのではなく、祖国のため、同郷の人々のため、さらには隣人のため、できる限り彼らの力となって味方するために生まれてくるのです。それと同じ理由から、民間人であろうと軍人であろうと、あらゆる取引において婚姻や協定や契約が結ばれるのです。特に、これほどまでに問題や災いに満ちている時代には。

ロレンツォは、フィレンツェ市民たちが持つキリスト教徒としての、そして共同体の一員としての強い結束感に訴えていた。事実上生き残りのための演説で最も熱のこもった瞬間に、彼は亡き弟に向かって、人の

心を打つ低い声で語りかけた。

最愛の弟よ、わたしにはまだおまえの傷が目の前に見える。おまえの不当な死についてわたしはどのように語るべきなのか？　司祭や聖職者を探すべきなのだろうか？　あの恐怖の場に居合わせなかっただけでなく、それに関与していた連中を？　異教の古代ローマにおいて、神聖なる寺院は安全な逃げ場だったのに、神に捧げられた最高のキリスト教寺院の中で、弟は殺され、わたくしは打たれ、不信心な暗殺者の襲撃を間一髪で切り抜けたのです……

最近、わたくしは自分の状況について考え直して、弟のほうがわたくしよりもましな運命だったと思っています。わたくしは命を守りましたが、結果として皆さんとこの街に害を及ぼすことになってしまいました。

長老の皆さん、あなたがたはわたくしの友人です。何もかも皆さんのおかげです。すべての市民が個人の利益よりも公共の利益を優先せねばなりませんが、ほかの誰よりもわたくしは、皆さんと祖国からより価値ある利益をより多く受け取ってきた者としてそうあるべきなのです。ですから、わたくしの富を好きなように使ってください。わたくしは追放の身となろうと死ぬことになろうと、いつでも覚悟はできています。地の果ての島に行くこともこの世から完全に去ることも、覚悟しているのです。皆さんがわたくしを養い、育ててくれたのですから、すべてを奪っていただいてもかまいません。もし共和国の役に立つのであれば、皆さんの手でわたくしを殺してください。どのみち、わたくしの命は皆さんの手の中にあるのです。わが子ら、そしてわが妻の命も。もしお望みなら、彼らにもわたくしと同じ運命をたどらせて、真っ当な死を与えてください。人民とこの街の利益と安全のためにわれわれが追放または死の運命を与えられるなら、皆さんはその良識により永遠にほめたたえられることでしょう。国家と街と人々のためなら、皆さんの手によって死なせてもらうよりも神聖かつ耐えられる美徳はありません――わたくしの親であり、わたくしの市民であり、わたくしの友である皆さんの手によって。ですが、弟に罪はなく、それにもかかわらず人生の春の間に殺されてしまいました……彼らが偉大なる有名な教会の中で、神聖なる儀式が執り行なわれている最中に弟を襲ったのであれば、教皇のあまりにも世俗的な約束など、信用することができるでしょうか？……

そういうわけですから、わたくしとわたくしの子供たちについては、皆さんが共和国のために最善と思われるように決めてください。どのような決定であろうと、それが最善かつ最も安全なことだとわたくしは思うでしょう。

マキアヴェッリは著書『フィレンツェ史』の中で、集まった聴衆は涙を禁じ得なかったと伝えている。そのようなメロドラマ的な結末はジョヴァンニ・ディ・カルロの記録にはない。彼はその演説の場に居合わせて、わずか二、三年後にそれについて書き留めた。したがって、彼の記述は半世紀後にマキアヴェッリが創作したものよりはいささか信頼できる。そして、マキアヴェッリの記述では、この感情的な瞬間の後の政治的推論がロレンツォの演説の続きとして記されているのに対し、ジョヴァンニはそれを無名の市民に言わせている。とはいえ、マキアヴェッリの『フィレンツェ史』はジュリアーノ・デ・メディチの息子である教皇クレメンス七世の依頼で書かれたもので、ロレンツォが勇壮華麗な政治的ワンマンショーを繰り広げたと書くのは、メディチ家出身の教皇に対してはふさわしいことだったのだ。マキアヴェッリにとっては、権力のすべてに命すら捧げるいけにえの小羊として自らを仕立て上げたロレンツォは、抜け目のない政治家だった。

ロレンツォの本当の目的は、財産および影響力をまったく損なわずに自らの地位と家族を守ることにあったのである。

一方ジョヴァンニの記述では、フィレンツェの無名の演説者がロレンツォの演説の後に立ち上がり、迫り来る「ウルビーノの方陣《ファランクス》」つまりフェデリーコの軍勢が恐ろしいほど接近していることに触れ、次に眠れる街フィレンツェを目覚めさせるための呼びかけを始めた。「良い戦士だけが良い和平を手に入れる」「羊の中に狼を放つな」といった広く知られたことわざを立て続けに列挙した後で、彼は修辞疑問を口にした。「羊の皮をかぶった狼が狼以外の何かであり得るなどと、いったい誰が思うでしょう？」（シクストゥスのことを指しているのは明らかで、彼は羊というより、ついでに言えば羊飼いというより狼に近い本性をすでに見せていた）。そしてついに、演説の核心にたどり着く。

彼らはこの街全体を侵略したがっているのです。ロレンツォとその取り巻きを追っているのではなく、国家全体にくびきをかけたがっているのです。もしロレンツォだけを求めているのであれば、なぜあれほど多くの軍勢を動かして公共の建物を占拠するのでしょう？　……教皇が世俗的な軍隊を用いるというのは明らかに過激な手段です……わたしは自分が聖職者たちから憎まれていることを事実として知っていますが、彼らは信心も信仰も神への敬意も乏しく、強欲で堕落しているのです……この戦争を戦う資金を集めるため、地の果てまでも使者を送り、聖職者でもかまいませんから送りましょう。もし負けることがあっても、せめて臆病な女のように負けるのではなく、強い男らしく負けましょう……これほど並外れた状況においては、現状を尊重する必要はありません。

ロレンツォは対抗宣伝《カウンター・プロパガンダ》を巧みに活用した。シクストゥス四世と舌戦を闘わせるため、彼は法律家を大勢雇い、聖職者に対する犯罪は正当防衛で為《な》されたものだと主張させた。[166] ピサ大司教が武器を手にヴェッキオ宮殿を占拠しようとしたことを、教皇が忘れるはずがないではないか？　陰謀者が暗殺者に報酬を払って大聖堂でフィレンツェ市民を襲撃させたという事実を、誰が否定できるというのか？　フィレンツェを破門する唯一の論拠は、シクストゥスが誠意を持って行動しているという事実無根の想定だった。だがあの陰謀の後では、教皇が暴君でありペテン師であると主張するのは、はるかにたやすいことだったのだ。

血の聖書

教皇の脅しに対して、フィレンツェ市民はきわめて過激な小冊子を用いて応じた。メディチ家を長年にわたり支援してきたジェンティーレ・ベッキ――兄弟の家庭教師を務めた後でアレッツォの司教となった――が破門状への返答を担当した。彼は火を吐くような冒瀆的な著書『フィレンツェ司教会議《シノドス》』[167]の中で、トスカーナの全司教が集まって教皇のことを暗殺の主犯、「悪魔の代理人」、「教会のポン引き」と非難したと伝えた。この逆破門は、イタリアおよびアルプス山脈の端から端に至るまで、教皇庁の評判を台無しにするためのものだった。

シクストゥス四世はこのような中傷キャンペーンの危険性に気づき、ただちに非難文書の印刷を依頼して、ドイツやフランスなどの国々に配布した。『ローマ教皇とフィレンツェの間に生じた意見の相違』と題されたこの文書は、世界中でわずかしか現存せず、今までは研究の対象になったことがなかった。この匿名の筆者は、ロレンツォの弱点を暴露するために思いつく限りのいやらしい主張を弄《ろう》し、ナポリのフェッランテ王の軍事力に対抗することができないと馬鹿にして、ある時点で唐突に次の言葉を述べた。「神がわれわれの味方であるならば、誰がわれわれに敵対できよう？」（訳注・新約聖書「ローマの信徒への手紙」八章三十一節）パウロの言葉を利用するとは、信仰の正当なる擁護者からの対抗宣伝としては効果的だ。『意見の相違』はフィレンツェのあらゆる悪行を列挙し、「異端かつ男色的な『シノドス』」（著者であるアレッツォ司教ジェンティーレ・ベッキは同性愛者と噂されていた）の信憑性を貶《おとし》め、ジュリアーノに言及することを避け続けたあげく、突如として、彼は悲惨な人生ゆえに「神の思し召しによって」死んだのだと断言している。さらに、ロレンツォの経歴を歪曲し、若い頃から悪事と暴政のやり方を学んできたと述べているのだ。

　ジェンティーレ・ベッキには動機が山ほどあった。彼はウルビーノ生まれで、一家の財産はフェデリーコの意のままに没収されており、それと同時にフィレンツェの破門によってアレッツォ司教としての収入も失われつつあった。アレッツォはグッビオの南西にある街で、もしパッツィ家の計画がうまくいっていれば、おそらくフェデリーコに与えられていたはずだ。[168] ベッキは言葉を加減することなく、いかにも彼らしい辛辣な文体で、フェデリーコの書記に次のように書き送った。「貴殿はわたしに、平和な天使のようになるべきだとおっしゃる。戦争を行なっているのは貴殿らとわれわれのどちらで、教会内でばらばらにされたのは誰だったのか？　とほうもない軍勢の攻撃を受けて、われわれは罪の意識を感じなければならないほどだ。もしも貴殿が関係者の誰かに『われわれは貴殿に対して何をした？』と尋ねられたなら、貴殿は誠意を持ってどのように答えるだろう？[169]」

　この神学上の紛糾のまっただ中で、フェデリーコは個人的な、一見ささいな懸念に没頭していた。それまでの何年間かにわたり、彼は聖書の後半部分（ヨブ記からヨハネの黙示録まで）の豪華な彩色版の作成に数千フロリンを投じていた。それは彼が当時の最も有名な写本商ヴェスパシアーノ・ダ・ビスティッチに依頼

モンテフェルトロの聖書第2巻の最初のページ。フィレンツェで製作され、1478年6月12日に完成した。

したものだった。ヴェスパシアーノはフィレンツェ最大の書店の経営者で、彼自身文筆家でもあり、当時の著名人たちに関する一連の伝記を書き残している。当然のことながら、彼はフェデリーコの軍人および人文主義者としての長所と、豪華な装飾を施した本に対する贅沢な趣味を褒《ほ》めているだけだ。

その聖書はフェデリーコの豪勢なコレクションの中でも至宝となるはずで、フェデリーコとしてはこれをフィレンツェに取られるかもしれないと思うだけで耐えられなかった。その巨大な写本が完成したのは六月十二日で、ロレンツォが生き残りを賭けて行なった演説の当日だった。写本は「教会軍総司令官として、キリスト教信仰を守ると同時に引き立たせることに携わってきた人」に捧げられていた。シクストゥス四世の大勅書によれば「不正と破滅の息子」であるところのロレンツォは、この皮肉な状況を面白く思っていたに違いない。教皇軍の司令官は、教皇の破門した敵が史上最も高価な聖書を手放してくれることをあてにしているのだ。だがロレンツォは、その贅沢な書物を礼儀正しくフェデリーコに送らせた。

六月二十一日、フェデリーコはロレンツォの親切に礼を述べたが、[170]その頃までに戦争の計画はすでに進行中だった。ウルビーノにいるフィレンツェの代理人はロレンツォに、フェデリーコは戦いの準備をしていると伝えたが、十一月に負った脚の怪我は六月末の時点でもまだ癒《い》えていなかった。フェデリーコは「独創的な」乗馬用椅子を作らせて、怪我をした脚を馬の首に回して乗ることができるようにした。[171]フェデリーコには自分の軍隊を率いるという約束を守る意志があることを示すため、その馬は毎日ウルビーノの通りを歩かされた。だが、この代理人が密書でロレンツォに報告したところによると、ある日、フェデリーコは誇らしげに馬に乗っていたものの、馬から下りるとき、こらえきれずにくぐもった悲鳴を漏らしたという。弱みを見せた瞬間をロレンツォの部下に目撃され、フェデリーコは怒り狂ったと伝えられている。

ジョヴァンニ・サンティが書いた宮廷詩によると、ウルビーノにいたこの無名のフィレンツェ公使の使命は、フェデリーコは陰謀について黙っていたことでそれに加担していたのだと非公式に抗議し、彼の道徳的な高潔さに疑いをかけることにあったという。どうやらフェデリーコは、この公使の続けざまの質問に対して、チッコへの書簡で用いたのと同じ理屈で応じたらしい。つまり、（ロレンツォのような）敵に警告して良き支援者の気分を害するのは賢明なことではないので、もし何か知っていたとしても口をつぐんでいたはずだ、と。かつては彼の敵（今は亡き大敵シジスモンド・マラテスタなど）を目立たぬように始末してあげようという申し出が多数あったものだが、たとえ自分の足で立つことすらできなくても、彼としては〝汚らしい戦争[172]〟を戦いたかったのである。

　そうしている間に、フェデリーコの教皇との契約《コンドッタ》がようやく成立して俸給の全額が支払われたので、フェデリーコはフィレンツェとミラノからの支払いがなくてもどうにかしのげるようになった。重騎兵四百名と歩兵四百名を指揮した報酬は七万七千ドゥカートと破格だった。この現金は教皇のいつもの代理人ロレンツォ・ジュスティーニによってフェデリーコに届けられた。三時間にわたる密談の後で、公国軍の全員がただちに俸給を支払われるという噂がウルビーノ中に広まった[173]。騎兵には十五ドゥカート、歩兵には八ドゥカートだ。三百七十名の重騎兵《ウォーミニ・ダールメ》に気前よくただちに俸給が支払われたことで、フェデリーコの即応能力が証明された。軍隊を指揮することができるほどまで回復が進むかどうかについては、まだ意見が分かれていた。またフェデリーコは、徹底的な安全対策をとっていた。六月に宮殿を離れたのは二度だけで、そのたびに剣とボローニャの長刀《マチエーテ》のなたを携えた石弓兵に取り囲まれ、城門は誰もくぐることが許されないほど厳重に警戒されていた。暗殺に対する妄想と恐怖は職業軍人には珍しく、特にフェデリーコほどの傭兵隊長にはめったにない。そんな姿は見られたものではなかった。

　これらの詳細な情報を流したスパイはマッテーオ・コントゥージで、ヴォルテッラ出身の写本家である彼は、モンテフェルトロ家の有名な蔵書の中でも特に美しい写本を書き写すためにウルビーノに雇われていた。これは教養があって如才ないこの男から数多く届けられた愉快な報告書のほんの一例にすぎない。コントゥージはウルビーノの宮廷でも相当の地位にあった。コントゥージは公爵が略奪した街ヴォルテッラの出身であるため、ひそかな恨みを抱く十分な理由があったのだが、疑いをかけられる余地はまったくなかった。

コントゥージはさらに、フェデリーコがチッコから贈り物を受け取ったことを言い添えた。その贈り物は、誰の目にも留まらず盗まれないようにと、おそらくチーズのような形に包まれていた(174)。情報に通じたこのスパイが書き記したところによると、贈り物の中身は馬の頭に付ける豪華なカバーと美しい兜および剣だった。なぜチッコはわざわざこのような贈り物をしたのか、不思議に思う読者もいるかもしれない。どうやら彼は、まだ戦争を回避することができるだろうと思っていたようで、フェデリーコが計画を変更するのを期待していたのだ。

一四七八年七月の初旬、チッコはロレンツォに書簡を送り、フィレンツェとミラノは「乗り気な者と乗り《ウヌム・ウエレ》・気でない者の結びつき《エ・ウヌム・ノレ》」(175)なので一緒になることもあればばらばらになることもあるだろうと伝えた。ロレンツォがこの書簡を受け取ったとき(176)、破門されたにもかかわらずまだ信仰心の篤いフィレンツェの人々は聖ヨハネの祝日を遅まきながら祝っていて（本当は六月二十五日）、「まるで本当にその当日のようだった」という(177)。人々はいつもと同じ気晴らし《パッサテンピ》の中に安堵と娯楽をいくらかでも見いだそうとしていた。だが、そのわずか一週間後の七月十三日、街は厳しい現実に気づかされる。ナポリ王が教皇の最後通牒《つうちょう》を携《たずさ》えた使者を送ったのだ。フィレンツェの最も影響力を持つ市民たちは、ロレンツォを街から追放しても問題の解決にはならないということで意見が一致した。そして、パッツィ戦争が始まった。

8 生命の危機

ルネサンス期イタリアの戦争は、勇敢さよりも抜け目のなさの問題であることが多かった。交戦のルールは衝突を避けて戦略的引き延ばしをいろいろ試してみることで――野蛮な暴力に訴えることが必要になるまでそれが続いた。フェデリーコは暴力に頼ることをためらわなかった。彼は不動の指揮官であり、軍事技術の専門家でもあった。部下の技術者や設計者は、イタリアで最も優秀な人材ばかりだった。彼の戦術には、破壊的な砲撃装置の利用とともに要塞の建設も含まれていた。

若い頃のフェデリーコがその軍事的才能を披露したのは、夜間襲撃でサン・レーオ城を占領したときだった。サン・レーオ城は高く切り立った岩の上にある難攻不落も同然の要塞だ。フェデリーコは長い梯子を作らせて、兵士たちはその一番上まで登ることに成功した――彼らが途中でためらうと、フェデリーコは梯子を外すぞと脅したのだ。この向こう見ずな行動により、フェデリーコの大敵で隣接するリーミニの領主であるシジスモンド・マラテスタは、ウルビーノとの休戦協定を受け入れる気になったのだ。

マキアヴェッリは著書『フィレンツェ史』と同様、『戦術論』の中の対話において、十五世紀の最後の十年間の特徴となった、ほぼ無血の戦闘をあざけっている。(178) 大半が傭兵からなる軍隊にとって、戦いの主な目的は、実のところ勝利よりも略奪にあったのだ。そして例によって、最も高い代償を払うことになるのは一般市民だった。パッツィ戦争に関する以下の短い記述を読むにあたり、その点を心に留めておいていただきたい。この戦争は二年近く続いた——つまり二度の春と夏を経験し、一四七九年の秋に終わった。

　教皇シクストゥス四世とナポリのフェッランテ王の連合軍に対抗するためにフィレンツェとミラノに雇われた軍隊は、当初は強そうに見えたが、内輪もめにより力をそがれた。戦争開始以来、ロレンツォとチッコは金のかかる傭兵隊長《コンドッティエーレ》を二人雇っていた。フェッラーラ公エルコーレ・デステと、若きマントヴァ侯爵ルドヴィーコ・ゴンザーガだ。だがこの二人が主導権を巡って争ったため、自分たちの軍事行動が減速してしまったのだ。しまいには二人は、互いの野営を略奪する始末だった。これは、ウルビーノ公のような容赦ない歴戦の強者にとって、願ってもない状況だった。彼は敵から差し出されるあらゆる機会を逃さず利用していたのだ。

　パッツィ戦争における戦闘はその軍勢のわりには比較的血を流さぬものだったが、この戦争は薬物砲弾を含む革新的な包囲攻撃用武器の実験場として今なお有名である。[179] フェデリーコは致死力を持つ新たな装置に特に熱を上げていた。彼はハンガリー王マティアス・コルヴィヌスに宛てた信書の中で、射石砲と呼ばれる野戦砲五門を自慢した。[180] これは〝残酷〟〝絶望〟〝勝利〟〝破滅〟〝さっさと黙れ〟というような驚くべき呼び名によって区別されていた。特に大型の物は、それぞれ重量が一万四千ポンドと一万千ポンドもある二つの部分から構成されていた。射出される石弾の重さは三百七十ポンドから三百八十ポンドまでさまざまだった。フェデリーコはそれが稼働する様子を見たくてたまらなかった。

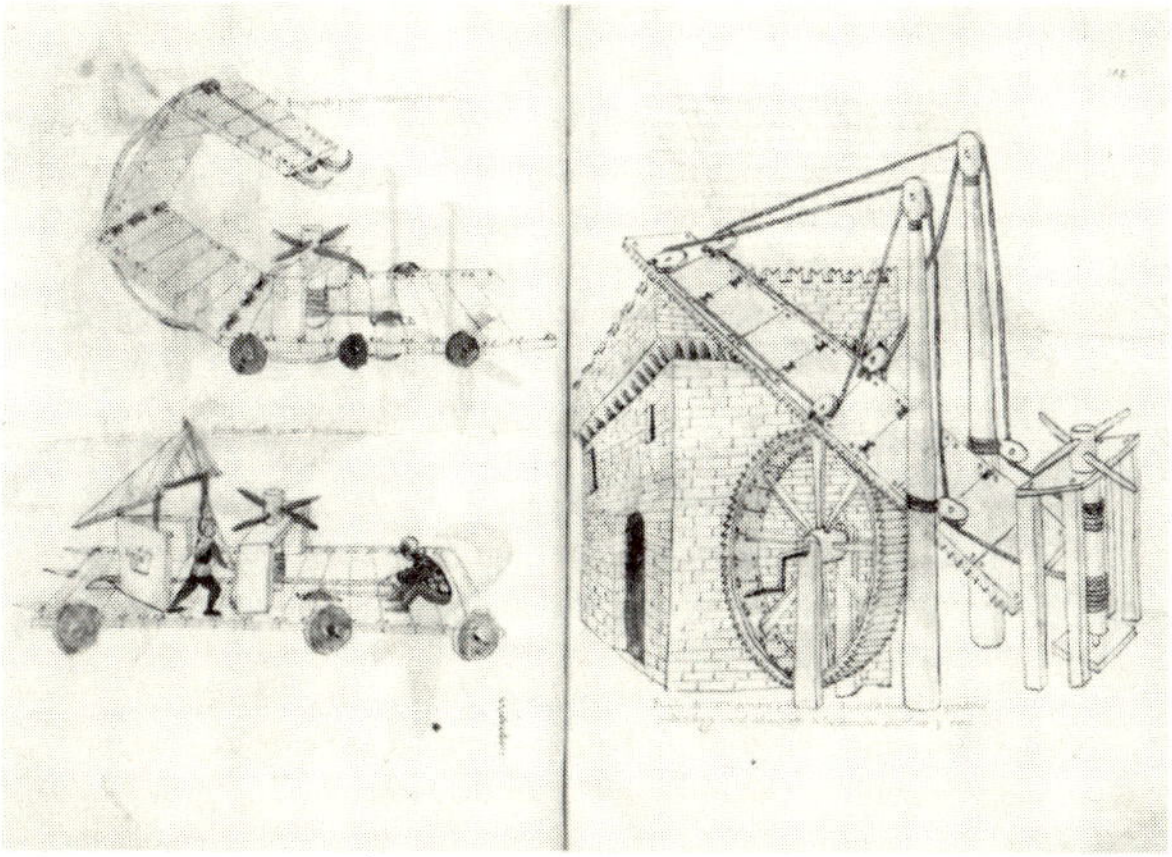

ロベルト・ヴァルトゥリオの著書『王の軍事技術について《デ・レ・ミリターリ》』より戦争機械。この絵はフェデリーコ・ダ・モンテフェルトロの敵であるリーミニ領主シジスモンド・マラテスタのために描かれた。フェデリーコは敵の軍事技術を熱心に研究した。

七月二十五日、立腹しつつも不安な教皇シクストゥス四世は、フェデリーコに自筆の信書を認《したた》めた。[181] 半分はぎこちないラテン語で、残りの半分は俗語であるイタリア語で綴られた。

われわれは神が、その名誉と栄光がかかっているゆえに、貴殿に全面的な勝利をお与えになると信じている。とりわけ、われわれの意図は正直かつ正当なものなのだから。われわれが戦う相手は、ほかならぬあの恩知らずの破門された異端者ロレンツォ・デ・メディチなのであるから、彼の恥ずべき行ないを罰してくださるよう神に祈り、貴殿には神のしもべとして、彼が神と教会に対して不当かついわれなく犯した罪に報復することをゆだねたい。彼はあまりにも恩知らずであるがため、無限の愛の泉も涸れてしまったのだ。

ウルビーノ公としては、敵意に満ちたその企てにおいて教皇の祝福に励まされる必要などほとんどなかった。交戦開始の前に、フェデリーコは——まだ脚の怪我は完治していなかったが——兵士に対する演説の中で、トスカーナの金持ちの財産を略奪したくてうずうずしている連中に向かって、不遜なフィレンツェ市民は三年以内に骨と皮になるであろうと予言した。詩人ジョヴァンニ・サンティはフェデリーコの成功をたたえるために書いた詩の中で、彼の演説を真似て次のように綴った。「彼らは情けを請いに来て、裸でひざまずき、古来の自由（いまだにそのように呼ぶことができるのかどうか、わたしにはわからないが）を気取る高慢さを取り下げるだろう。彼らは長きにわたってひざまずく羽目になり、古来の栄光も望みも失い、喪服をまとうこととなろう！[182]」

戦争に関する散文はこのように陰鬱《うつ》な韻文による予言よりもさらに不快なものだ。一四七八年の夏に疫病がトスカーナで猛威をふるった際、フェデリーコは次のように言ったと伝えられている。彼が戦争によって可能になるとはまだ思っていなかったこと、つまり、敵方の男という男をほぼ根絶やしにするという大業を、この疫病は成し遂げてくれた、と。フェデリーコの盟友であるアラゴン家のアルフォンソはナポリ軍を率いており、戦場における獰猛さで有名だった。フィレンツェのある役人は、カステッリーナのキャンティの谷でアルフォンソの包囲に抵抗しようとしている最中に、毒の塗られた矢が打ち込まれてきたという苦情のメッセージをアルフォンソに伝え、もしこれが続いたらトスカーナの大砲にも毒物を付けるぞと警告したという[183]。

だが、今や年老いて体の自由がきかなくなったフェデリーコと、年下で直情的なアルフォンソとの関係は、それほど順調なものではなかった。あの意地の悪い写本家上がりのスパイ、コントゥージは、同盟国ナポリの軍隊はウルビーノ公をカインというあだ名で呼んでいたと伝えている[184]（訳注・カインは旧約聖書の創世記に登場する、アダムとイブの長男。弟のアベルを殺したことが、ここではフェデリーコが義弟の暗殺に関わっていたという噂に重ねられている)。フェデリーコが義弟オッダントニオ暗殺の陰で暗躍していたという噂は、彼がモンテフェルトロ地方の政権を握ってから三十四年が経った今もまだ十分に健在だった。ある意味では、兵士たちがそう言うのももっともだった。この何十年にもわたり、フェデリーコは政治家としてのみならず野戦指揮官としても情け容赦なくあり続けてきたので、パッツィ戦争は軍人としての技能を誇示する良い機会を彼に与えてくれたのだ。

真の軍人は、いつ武力を使うべきでいつ詐欺行為に頼るべきかを知っている——つまり、いつ獅子になるべきで、いつ狐になるべきかということだ。そして、フェデリーコは真の軍人だった。彼が直面した最初の深刻な戦略的難題は、シエーナからそう遠くない場所にある、フィレンツェ軍のほぼ難攻不落のサンサヴィーノ城を包囲攻撃することだった。[185] ある地点で野営設備が泥の中で浮き上がり、軍隊の士気がくじかれたとき、彼は兵士を奮い立たせる演説を行なって戦力を取り戻した。サンティによると、彼は籠城軍をおびえさせるためだけの理由で、「千頭以上の馬」[186] と有名な射石砲を城壁の前で行進させた。その後、包括的な停戦を手に入れてフィレンツェ・ミラノ合同軍の最高司令官エルコーレ・デステに承認されたが、それを求めていなかったふりをした。八日間の停戦期間中、フェデリーコのもとに、ローマからは資金と弾薬が、ウルビーノからは石弓兵が送られてきた。交戦が再開されそうになったとたん、彼は武力をこれみよがしに誇示したので、サンサヴィーノ城にそれを行使せずに済んだ。城の司令官はあっさりとあきらめ、城の鍵を差し出したのである。「司令官は獅子になるべきときもあれば、狐になるべきときもある」[187] ——サンティは彼をたたえる詩の中で本人にそう言わせ、さらに次のように付け加えた。「一つしかない目は、十万の目よりも多くの物を見てきたのだ!」フェデリーコは、目先の利くフィレンツェの人々が、自分たちをも上回る抜け目のなさにだまされたと嘆く様《さま》を面白がった。この汚い戦争は、フィレンツェ軍とその親しい同盟国ミラノを急速に疲弊させ始めていた。

チッコの戦争

ロレンツォだけがパッツィ戦争の標的だったわけではない。ロベルト・ダ・サンセヴェリーノと追放されたスフォルツァ兄弟、つまりスフォルツァ・マリーアおよびルドヴィーコは、当然のこととしてフィレンツェの敵側についていたので、彼らにとってチッコはいまだに最大の敵だった。チッコは年をとりつつあり、ピウス二世やピエーロ・デ・メディチなど、痛風病みでベッドの上で国を治めることもしばしばあった有力者たちに似てきていた。無能な公爵夫人ボーナと幼い公爵ジャン・ガレアッツォには統治はまったく不可能だったので、チッコが健康状態に不安を抱えるようになると、ミラノは著しく無防備になった。

一四七七年五月に追放されて以来、かんしゃく持ちの傭兵隊長、ロベルト・ダ・サンセヴェリーノはミラノに復讐しに戻るという目的を絶えず追い求めていた。彼は外国からの支援を求めてフランス王を訪ね、次にミラノの摂政政府を弱体化させることを狙いとした騒動を大胆にも起こした。たとえば、一四七八年八月初めにはジェノヴァのミラノに対する二度目の反乱に手を貸し、初めての大勝利を収めた。[188] ミラノはいずれにしても不利な立場にあった。スフォルツァ兄弟とそのいとこが一四七七年三月にジェノヴァに対して実施した討伐とは違い、今回は軍事面における強い統率力が存在しなかったのだ。摂政政府が送り込んだ大勢の公国軍に対し、かつてその軍を率いたが今は敵となったロベルトは、ジェノヴァの防衛拠点を最も抜け目なく活用した。そこはかつて彼自身が攻撃した場所だ。彼は苦もなくミラノ軍に恥辱を味わわせ、その多くを半裸のまま武器と鎧をつかんで逃げ出させた。この大失策によって、ミラノの摂政政府の威信は大打撃を受けた。

ロレンツォとチッコの孤立が深まるにつれて、同盟国の間の緊張が増していった。一四七八年十二月二十九日、チッコはロレンツォに宛てて切実な書簡を認め、われわれを二人とも排除すれば完全な成功だと敵は明らかに信じていると述べた。チッコの書斎には宗教と関係のない人文主義的な書物ばかりが並んでいたが、公文書では宗教的な文言にたよることがしばしばあり、特にマタイによる福音書をよく引用していた。自分の敵が募らせる憎悪を、キリスト糾弾の主導者に血が降りかかるという予言になぞらえ、キリストが水の上を歩いたときにペテロに言った返答――「おお、信仰の薄い者よ……」――を引用しているが、これは彼が差し迫った危険に気づいていたことを示している。自分の経歴において最も悲劇的なこの瞬間に、チッコは自らをキリストの前例に倣《なら》う者と考え、その中で、ロレンツォにはペテロの役を割り振ったのだ(189)。

教皇シクストゥス四世は政敵が宗教的なことに言及しているのを知って面白がったことだろう。教皇とナポリ王は、ロレンツォが破綻せずにいられるのはミラノの資金とその軍隊のおかげだという事実を十分に認識していたので、スフォルツァ公国の国境地帯でできるだけ面倒な事態を引き起こそうと決心した。彼らはプロスペロ・メディチ（ロレンツォとの血縁関係はない）という、チッコを憎んでいる煽動工作員を派遣し、スイスの傭兵を買収してチッコに対して決起させた。この荒々しく貪欲な軍勢はアルプスを越えてミラノ公国に侵入し、山地の農場を襲撃した。そのすさまじさは、チッコの息子ジャン・ジャーコモ・シモネッタが一四七九年一月九日付の書簡でロレンツォに伝えた言葉を借りれば、「トルコ軍よりも恐ろしい(190)」（トルコ軍は常にイタリア半島を攻撃する寸前の状況にあり、実際に一四八一年にその南端を侵略することになる）ほどだったという。スフォルツァ家の兵士の一部が報復の目的で急遽派遣されたが、待ち伏せされてむごたらしく襲われ、完敗するという屈辱を受けた。これによりスイス兵たちは名声を博し、ついには教皇の正式な護衛を務めることとなった（ユリウス二世の時代の一五〇六年から）。

フィレンツェとミラノは財政的にも弱体化しつつあった。フィレンツェではロレンツォが市民から税金を取り立てるのに苦労しており、警邏《ら》隊を民家に遣《や》って徴収しなければならないほどだった。ミラノでは、政権を揺るがす戦争が国家の財源をすべて吸い上げてしまった。ジャン・ジャーコモ・シモネッタがロレンツォ・デ・メディチに一月二十二日付の書簡で伝えたところによると、ガレアッツォが死んで以来、ミラノ公国は安全保障と戦争のために百六十万ドゥカートという度肝を抜くような金額をすでに費やしたという。

公国の国庫には二百万ドゥカートを超える資金があったが、それを利用できるのは公爵夫人だけだった。したがって総督たちは毎日、金貸しから高利で借金をせざるを得ず、返済を保証するために現在と将来の税収入をすべて犠牲にしなければならなかった。破産を防ぐため、チッコは和平プロセスに向けた交渉を急ぐしかなかった。彼はおそらく、それが実行可能だとあまりにも強く信じていたのだろう。確かに一四七九年六月にはフィレンツェ、ミラノ、ナポリの間の協定の草案がどうにか出来上がったが、そのときにはもう遅すぎたのだ。(191)

一四七八年の夏にフェッランテ王は、ボーナと若き公爵ジャン・ガレアッツォ・スフォルツァに宛てて、摂政チッコを罵倒する悪意に満ちた長文の書簡を送っていた。彼によるとチッコは「運命および自分の立場を忘れ」た「あなたがたの書簡の口述者」(192)だという。フェッランテは実際にはチッコの名を記さず、その代わりにミラノの〝口述者《ディクテイター》〟と呼んだ。辛辣で悪意ある二重の意味は、もしかするとわかりにくすぎたかもしれない（訳注・dictatorには〝独裁者〟の意味もある）。だが、一四七九年一月十二日付の書簡では、フェッランテはチッコに対する憎悪をはっきりと表現し、彼のことを「地面から這い出てきた虫けら」(193)（カラブリア出身のチッコはアラゴン王の臣民として生まれていた）と呼んだ。このような発言の目的は公爵夫人ボーナと摂政チッコの仲を裂くことで、チッコは信頼できない人物だと夫人に納得させるためだった。

＊

スフォルツァ・マリーアとルドヴィーコは、一四七七年五月のクーデターが未遂に終わった後にチッコによって国外追放されていた。それ以来、この二人の厄介者――ガレアッツォ公暗殺の陰で糸を引いていたとも疑われていた――は、これ以上厄介を起こしたら手当てを支払わないという公爵夫人の脅しによって、比較的おとなしくしていた。バーリ公スフォルツァ・マリーアが最初に追放された先は、イタリアの南東端にあるプーリアのへんぴな公爵領だった。次にどうにかそこからナポリへ移り、アラゴン家のフェッランテ王の庇護を受けた。そして一四七九年一月に、フェッランテ王から進んで提供された数隻のガリオン船でナポリを発ち、苦労しつつもついにミラノに帰ってきたのだ。

ルドヴィーコ・スフォルツァはピサで監禁されており、ロレンツォとは当たり障りのない関係をなんとか保っていた。やがてトスカーナ北部の海岸で兄と落ち合い、兄弟はジェノヴァのはずれで落ち着きのないロベルト・ダ・サンセヴェリーノと再会した。ロベルトはミラノ政府に対して軍事的騒乱を絶えず引き起こしており、潜在的な暴徒に味方したり、軍隊を率いてロンバルディア地方を襲撃したりしていた。この三人の国外追放者の目的は、公爵夫人の信任を不当に奪った者としてチッコの評判を落とすことだった。

有力な味方であるアラゴン家の後ろ盾を得て、ロベルトとスフォルツァ兄弟は摂政政府に何度か攻撃を仕掛けた。ロベルトはミラノに向けて行軍を開始したが、驚いたことに途中で抵抗らしい抵抗に遭《あ》うことは一度もなかった。公国の街の多くは、邪悪な統治者チッコのせいで遠ざけられてきた正統のスフォルツァ家という名目にひれ伏したのだ。だが、ロベルトとは違ってスフォルツァ兄弟は、軍隊生活の辛苦に耐える訓練を受けていなかった。スフォルツァ・マリーアは一四七九年の夏に病に倒れ、「信じがたいほどの肥満により」[194]七月末に死んだ。だが、残る唯一の正統のスフォルツァ家の人間であるルドヴィーコ、別名イル・モーロ（イル・モーロとはムーア人という意味で、色黒だったせいでそう呼ばれていた）は、自らの生存本能の強さを示した。

「この新国家はガラスか蜘蛛の巣のようだ……」

ガレアッツォの陽気な未亡人である公爵夫人ボーナは、愛人の若き美男子アントーニオ・タッシーノにたぶらかされ、国事においてますます役立たずになっていた。アントーニオはチッコの権力に嫉妬し、追放された義弟ルドヴィーコの再入国を許すべきだと夫人を説き伏せた。彼はスパイの妨害をまったく受けることなく、ルドヴィーコと秘密裏にやり取りをしていたのだ。それはチッコが統率力を失いつつあることのしるしだった。一四七九年九月七日の夜、ルドヴィーコはミラノのスフォルツァ城の裏手にある大きな公園を経由して、ひそかに城内に入り込んだ。彼は公爵夫人ボーナの歓迎を受け、美しい部屋を寝室として提供された。夫人は自ら認めているように、「何の心配もなく生きること《ヴィーヴェレ・アッレグラメンテ》[195]」しか望んでいなかった。実に甘い希望だった。夫人とルドヴィーコは、彼とロベルト・ダ・サンセヴェリーノを平和的に再入国させることで折り合いをつけた。

何が起こっているのかに気づくやいなや、チッコはボーナに会いに行き、彼女が人生最悪の過ちを犯したことを教えてやった。「奥様《マドンナ》、間もなくしてわたくしはこの首を失い、あなたはご自分の国を失うことになりましょう」[196]この言葉はのちに多くの歴史家によって伝えられるのだが、事実そのとおりとなる。城の数多くの秘密部屋は、長年この書記官の安全な避難所となってきたけれども、そこに隠れても無駄なことだった。チッコは自分の運命が決せられるのを辛抱強く待った。九月十日の夜、チッコと弟ジョヴァンニは公国の護衛兵に捕らえられ、馬車の中に隠されて百名の騎兵隊によって護送された。そしてミラノ近郊のパヴィーア城の地下牢に投獄された。彼らの邸宅は、田舎にあるものも街中にあるものも人々に略奪されるがままとなった。これ以上の騒乱を防ぐため、大勢の兵士が街に派遣されなければならなかった。

チッコの敵対者たちは大喜びだった。ローマのシクストゥス四世とジローラモ・リアーリオも、ナポリのフェッランテ王も、逮捕の知らせを受けて満足の意を表した。今やミラノは「強奪者による暴政」から解放されたのだから、フィレンツェも間もなくそれに続くことだろう。しかしながらフェデリーコは、ボーナにいかなる祝い状も送らなかった。わずか二年前の一四七七年の夏、彼自身があの書記官に「危険の中の危険」の深みにはまらぬようにと警告していた。それが現実となったからといって興奮するわけではない。結局のところ、敵だったわけではないのだから。さらに彼は、新たな摂政たちがかなりあてにならないことにも気づいていた。「スフォルツァ家のこの後継者たちは」――マントヴァ大使ザッカリーア・サッジもこう記している――「謎めいた存在であるふりをするのに必死だ」伝統的にミラノと同盟関係にある諸国も、やがてこの事実にあっけなく気づくことになる。

チッコ投獄の知らせを受けたロレンツォは、ただちにルドヴィーコ・スフォルツァに信書を送り、長年の友情に訴えた。[197]チッコの名前にはまったく触れずに、彼自身はルドヴィーコに不利になるようなことは今まで一度もせず、実のところルドヴィーコがピサに追放されていた時期に彼の力になっていたことを強調した。だが、イル・モーロの返事はこの上なく曖昧なものだった。正式には権力も称号も奪われたままなのに、ルドヴィーコはすでに将来の公爵として振る舞い、彼の書記官に書かせた信書を格式ばった、かつ空虚な言葉で飾り立てていた。彼はすぐさま、自分をほめたたえ喜ばせてくれるような取り巻きの一団を作った。シモネッタ兄弟がパヴィーアの地下牢でやつれつつある一方で、彼はジョヴァンニ・シモネッタの『フランチェスコ・スフォルツァの生涯』を一章ずつ朗読させて聞くことができるよう手配した。(198) 優雅なラテン語で書かれたこの伝記はルドヴィーコの父の偉業をたたえたもので、この野心的な息子にとって、父は到達し得ない美徳の鑑《かがみ》であり続けた。ザッカリーア・サッジはミラノで進展しつつある「新たな事態」に仰天し、次のように評した。「この新国家はガラスか蜘蛛の巣のようだ……」

ロレンツォは、ミラノの庇護を失った自分がどれほど危険なまでに無防備かを痛感した。彼はフィレンツェの詩人ルイージ・プルチをミラノのロベルト・ダ・サンセヴェリーノのもとへ至急派遣した。一四七七年二月にとった行動と同じだが、状況はあのときとはまったく違っていた。ロベルトは公爵夫人に、国外追放になる前に遂行した任務に対する報酬を支払うことと、それ以降に自分が失った財産の返還を要求していた。また、今度こそ自分の俸給は、フェデリーコ・ダ・モンテフェルトロと同じでなくそれ以上にすべきだとも要求した。しかしながら、ミラノでのプルチの使命はそのような経済的な詳細とは無関係だった。トスカーナに対する攻撃の計画が進行中で、プルチは貪欲な傭兵隊長ロベルトをその話から遠ざけなくてはならなかったのだ。

フィレンツェの街は恐怖におびえた――おびえるのも当然の状況だったことは、部分的に暗号で書かれた一連の書簡が最近発見されたことによってはっきりしている。リアーリオ伯はミラノに公使ジャン・フランチェスコ・ダ・トレンティーノを送り込んでいた。トレンティーノは、未遂に終わったパッツィ家の陰謀の後でフィレンツェを攻め落とすために徴募された教皇軍の指揮を執っていた司令官だ。彼が一四七九年十月にミラノで書いた暗号混じりの書簡に衝撃的な情報が含まれている。トレンティーノがサディスティックな喜びとともに伝えているところによると、チッコが今にも拷問にかけられようとしているという（それまでは高齢と体調の悪化という理由で拷問が差し控えられていただけだったのだ。彼の軍事顧問オルフェーオ・ダ・リカーヴォは、それほど幸運ではなかった）。次に彼は、いつもの情報源であるロレンツォ・ジュスティーニから、ウルビーノ公は今こそロレンツォの首に縄をかけるときだと考えていると伝えられた、と付け加えた。トレンティーノはさらに、ムジェッロの谷にあるトスカーナの豪華なヴィッラを襲撃する計画をリアーリオに説明した。

> われわれはそれらの館をすべて略奪してフィレンツェに脅威をもたらすつもりです……本当ですとも、閣下！　自分の地所の中で手出しを受けることの恐怖こそが、本当の意味でその人々をめちゃくちゃにするのです！　この件に関してはウルビーノ公に相談し、できるだけ早くわたくしにお知らせください。これらの軍勢をまとめ次第、わたくしはイーモラに行って仕事を片づけることにいたします[199]……［傍点部分は原文では暗号になっている］

失敗に終わったパッツィ家の陰謀に参加した傭兵たちは、華々しいまでに暴力的な手柄を立てて名誉を回復することをまだ望んでいた。性急なロベルト・ダ・サンセヴェリーノを仲間に加えることさえできれば、彼らの計画はついに成就する。常におどけ者のプルチは、どうにかロベルトを説得し、これほど危険な時点にあるミラノを離れることを思いとどまらせた。今まさにルドヴィーコが勢いを得つつあるのだから。プルチはロベルトに、自作の騎士物語詩「モルガンテ」の求愛者ガーノが、カール大帝《シャルルマーニュ》の十二勇士の中で最も勇敢な偉大なるオルランド[200]の不在の間に多くの裏切りを行なった話をして、注意を促したのかもしれない。

機会を逃さず

その一方で、別の雄々しい軍人が勝利の成果を味わっていた。容赦なく抜け目のない戦略をとったおかげで、フェデリーコはフィレンツェの主要な要塞をすべて奪取していた。つまり、カステル・サンサヴィーノ、ポッジョ・インペリアーレ、そしてコッレ・ヴァル・デルサだ（この最後の砦は何週間にもわたって砲火を浴びた結果、十一月十三日に陥落した）。今やトスカーナ地方を制圧したのだから、繁栄を極める首都を攻め落とすのは十分にたやすく思えたはずだ。ところが意外にも、彼はそうしないことに決めた。フェデリーコの伝記を著したある作家は、彼がアラゴン家のアルフォンソと軍隊に向かってフィレンツェを攻撃すべきでないと進言した雄弁な演説を次のように伝えている。

ああ、もしこの体がまだ不自由でなければ、わたくしは皆さんに助言する人々の意見に喜んで同意したでしょう。その助言は至極《しごく》もっともであり賢明で、物事の発端と結末が考慮されているのですから——これほどものすごい好機を無視すべきだと言う者は黙らせておいて、勝利を楽しむことこそ正しいと、すぐ判断できないほど頭の鈍い人などおりません。全速力で進軍し、全軍で街に攻め込み、戦いを終え、大いに話題にされてきたものを速やかに手に入れるのは、この上なくたやすいことでしょう。これはまさに、戦争の理想的な結末です。ですが、好ましくない面もどうか考えてみてください。手にしたばかりの勝利に肉欲をかき立てられ、本性としても習慣上も餌食に飢えている兵士たちが、あの魅力あふれる田園を略奪し、強奪し、滅ぼしてしまうのを、どうすれば止めることができるでしょう？　命令や号令に耳を貸すでしょうか？　それに、たとえ彼らが従順で、命令に従ったとしても、その次は？　フィレンツェに雇われているあの若く気の荒い司令官ロベルト・マラテスタが、それほど遠からぬ場所にいるのですよ？　彼は我が軍を手こずらせるのに十分な軍勢を持っているのではありませんか？　自らの勝利を二倍にして、フィレンツェの解放者および擁護者という称号を手に入れる機会が少しでも生じるのを、彼は待ち構えているのではありませんか？

しかし、たとえ我が軍が街をどうにか統制し、義務を怠る者が誰もいなかったとしても、外国でこれほど多くの敵の砦に囲まれるとなると、すべてが危険と疑惑に満ちた状況になってしまうのでは？　背後にいる敵が眠ってくれれば、我が軍は安心して日々を送り、戦うことができますが、そんなことがあるでしょうか？　我が軍は四方八方から囲まれて、こちらが包囲しているものと思いきや、包囲されてしまうのです。敵はわれわれをあざけって笑い、侮辱し、われわれは剣や敵の武力よりも苦悩や飢えによって運命を定められてしまうのです。急げば無駄が生じるものですから、もしわたくしの考え違いでなければ、これほど重大かつ危険な決心を急ぐ前に本件について慎重に考えるのは、良いことずくめでありましょう。(201)

この感動的な語り口の演説は、サービス精神の旺盛な伝記作家がすべてでっち上げたものかもしれない。だがたとえ歴史的真実がそこにないとしても、この演説には非友好的な他国を占領することに関する戦略上の分別が含まれていて、それは今日でも有効だ。また、フェデリーコがメディチ家に対する陰謀に与《くみ》することに同意した際、陰謀者側への大衆の支持をあてにしていたのがわかる。大衆の支持があれば、彼の軍隊はさほど血を流すこともなく街を鎮圧することができたはずだった。ある意味では、彼はフィレンツェの救世主となる覚悟を決めていた。だが、事態は予想とはまったく違うものになったのだ。今ここで街を攻撃する新たな機会が生じて、もしフェデリーコがそれを拒むとしたら、フィレンツェを第二のヴォルテッラにしたくないという理由からかもしれない。もちろん、フィレンツェを略奪すれば人文学《ストゥディア・フマニタティス》の愛好者としての彼の遺産は永遠に汚されることになったはずだ——そのことには気づいていたに違いない。もしかすると、パッツィ家の陰謀の際に彼がロレンツォに敵対する軍隊を送り込むことに同意したのは、自分が支配したい美しい街の強奪と、大切に思うすべての物の破壊を防ぐためだったのだろうか？

モンテフェルトロの伝記を著した別の作家は、パッツィ戦争の間に「フェデリーコがメディチ家に対して用いた戦略[202]」について次のように書いている。「メディチ家が国家にとって疑わしい存在に見えるよう、彼は最も厳しい処罰の下で一家の全財産が保護されるようにと命じた。市民はこの規定に反することは何もできなかったが、メディチ家は非常に強大なので、フィレンツェの支配者一家はあまりにも自然に疑いを起こさせるこの街で疑いの目を向けられた。それで、フェデリーコの死後にロレンツォがこの優秀な司令官を非難したのは当然のことだった」

結局、フェデリーコは戦略的思想家で、チェス盤の両側で駒を指すことのできる人物だった。彼は、占領軍が住民から侵略者というより解放者と見なされるようになれば、体制の変革をうまく実行できると知っていた。そのためには、暴力と攻撃ではなく、抑止力と脅しが役に立った。さらにフェデリーコは、ロレンツォをフィレンツェから追い出すという最終目的を達成するためには、街を占領するのではなく——侵攻には一度失敗している——ロレンツォの権威を外から力ずくでひそかに傷つけるべきだとわかっていた。フェデリーコはロレンツォをじわじわと死に近づくように殺しつつあり、それはある意味では彼の弟よりも苦しい死に方かもしれない。あるいは、フェデリーコが何もしないことが、ロレンツォにとっては新たな不吉な遠回しのメッセージとなったのかもしれない。政治は、今という機会を逃さないことがすべてである。新たな機会の到来は、マキアヴェッリストに新たなシナリオを与えてくれるのだ。

＊

フェデリーコが計画を変更したことの証拠は、投獄された人文主義者コーラ・モンターノ——ミラノ公の暗殺者を洗脳した〝悪の教師〟——の自白からもたらされている。[203] ミラノの事件から何年も経ってからまた新たな陰謀をロレンツォに対して企んでいる最中に捕らえられると——フィレンツェ当局によって素早く裁判にかけられて一四八二年三月に反逆罪で絞首刑に処せられた——彼はパッツィ戦争に関与していたことについて洗いざらい白状し、同時に戦士たちの間の重要な会話の一部も思い出したのだ。

一四七八年七月にフェデリーコとともにウルビーノを発ったモンターノは、トスカーナ出征の初期段階の間は同行していた。ピストイア（フィレンツェの北西にあり主な防衛拠点の一つとして機能していた街）が降伏する覚悟でいることを彼がフェデリーコに知らせると、フェデリーコは、これで戦争が終わり、フィレンツェの権力は消滅するだろうと言ったと伝えられている。モンターノによれば、フェデリーコはこれほど迅速な勝利にも熱狂しなかった。それは彼がフィレンツェに「完全な壊滅ではなく、規模の縮小を」望んでいたからだという。

リアーリオ伯とロレンツォ・ジュスティーニはどちらも、アレッツォ（フィレンツェ国家の南東にある要塞だが、モンテフェルトロ公国への南西側の入り口でもある）も易々とフェデリーコの手に入るかもしれないとモンターノに伝えてきたが、モンターノ曰く、「ウルビーノ公はあまりにも慎重な人なので、結果が確実以上ではない企てには決して手を出そうとしなかった」。すると、モンターノとの密室協議でリアーリオは次のように口走ったという。「ロレンツォをまだ始末することができずにいるとは驚きではないか?」モンターノはこう答えた。「多くの人々はウルビーノ公はロレンツォの敵だと思っていますが、そうではありません」彼らはこの問題を熱心に議論し、とうとうリアーリオがこう言った。「コーラ、貴殿に命じる。ウルビーノ公はわたしと同じく、ロレンツォの敵だと信じたまえ! そして、もし同意しないのなら、貴殿は生まれながらに反抗的な役立たずということだ!」

このやり取りの文書記録はこれ以外には存在しない。リアーリオは、たとえ暗号でも自分に書簡を送ることをモンターノに禁じたからだ。実は、コーラが捕らえられたとき、ほかの大物との間で用いるための暗号文を所持していたのを見つかっているのだが、リアーリオと使う暗号文は持っていなかった。もしかすると、モンターノは自分の命を守るために、フェデリーコがロレンツォの明確な敵だというリアーリオの意見に転向しなかったのかもしれない。だが、そのわずか数カ月後にはリアーリオ自身が、ロレンツォ・デ・メディチへのフェデリーコの曖昧な姿勢に対する考え方を変えることになったかもしれなかったのだ。

9　南行き

ルネサンス期イタリアの都市風景画で全体図が描かれている唯一の街は、フィレンツェでもローマでもミラノでもなく、ナポリである。ナポリ湾から眺めた海港を空を背景にとらえた美しいスナップショットは、ストロッツィ家の羽目板として見ることができる。これはフィレンツェでジュリアーノ・ダ・マイアーノの工房によって作成されたもので、発注主は商人として成功したストロッツィ家だった。防備を固めたナポリの海岸の背景には大アンジュー城《マスキオ・アンジョイーノ》が高くそびえ立ち、見おろす港は活気にあふれ、船団が列を成《な》して入港しつつある。

アラゴン王朝によるナポリの支配が始まったのは一四四四年。フェデリーコ・ダ・モンテフェルトロがウルビーノの領主となった同じ年だ。初代の王アルフォンソ〝高潔王〟は、アンジュー城を再建して自分の住む王宮にした。アルフォンソが一四五八年に死ぬと、庶子フェッランテは、ミラノ公フランチェスコ・スフォルツァの助けを借りて相当な苦労を経て王の座を獲得した。彼はついには宿敵であるフランスのアンジュー家を倒すことに成功し、城の堂々たるブロンズ製の門の上に立って勝利を祝った。

ストロッツィ家の羽目板の左端にはカステル・デローヴォも描かれており、これは牢獄として使われてい

ストロッツィ家の羽目板。

た要塞だ。街の丘の頂上に立つカステル・サンテルモは、数々の宮殿や教会を見守っている。ナポリは王国の首都で、王国の領土はイタリア半島南部全体にわたり、シチリア島も含まれていた。強大なフェッランテは父と同様、フェデリーコ・ダ・モンテフェルトロを自分の軍隊の指揮官の一人として雇っていて、十五世紀後期のイタリアにおいて陰であらゆる人間の生殺与奪の権を握る人物だった。そしてロレンツォ・デ・メディチはそのことを十分知っていた。

困難な決断

フェデリーコ・ダ・モンテフェルトロとアラゴン家のアルフォンソが連合軍の軍事力を実に効果的に使ってフィレンツェを圧倒する前から、ロレンツォは自分にはもう味方が残されていないとわかっていた。チッコが失脚してから二週間後の一四七九年九月二十五日、ロレンツォはミラノにいるフィレンツェ大使に書簡を送り、アルフォンソの助言に従って「ナポリ王アラゴン家のフェッランテに身を任せて、これがこの街とわたし自身を救うことのできる唯一の手段であることを示す」(204)覚悟ができたと告げた。ロレンツォはナポリに赴《おもむ》いて王の足元にひざまずき、自らの言い分を訴えようと決意したのだ。

何カ月もの間、ロレンツォは外敵からの圧力だけでなくフィレンツェ国内の非難の高まりも感じていた。一四七九年の初めには、ウルビーノのスパイが、フィレンツェ共和国が徴税に難儀していることについて——さらに、強制的に取り立てるために任命された役人の介入について——フェデリーコに報告していた。(205)国内の自由は奪われつつあった。政府の批判を口にすることは、たとえ街中であろうと今や処罰に値する。不平を言った者は伝統的な〝縄〟の拷問を受けることになるのだ。

ロレンツォがナポリへの旅の手配を始める前に、フィレンツェの著名な市民の一人が、彼に向けて公然と短い嘲笑的な演説を行なった。そこには大衆の不安が表現されていた。ジョヴァンニ・ディ・カルロが記録に残している。[206]「貴殿の祖父は貴族と有力者に打ち勝ち、貴殿の父は賢き学者を味方に引き入れ、貴殿はパッツィ［〝狂人〟を意味する同じ発音の単語にかけた洒落］を打ち破ったが、今や怒れる者たちを相手にしなければならぬ！……コージモとピエーロ――貴殿がこの戦争に費やした金の半分があれば――彼らであれば、貴殿が失った金額をはるかに上回るほど稼いでいたはずだ」

フィレンツェ市民の間ではメディチ家の当主に対する反感が高まりつつあった。そんな悩み多きときに、ロレンツォはかつての味方で今や不倶戴天の敵となった男に救いを求めようと決心した。ウルビーノ公である。パッツィ戦争の初期にフェデリーコはフィレンツェについて予想を立てており、交戦の一年目は勇ましいだろうが、二年目は弱気になり、三年目には瀕死の状態に陥るだろうと公言していた。[207]交戦開始から二年目の時点で、この予想は見事に的中していた。教皇、王、公爵の連合軍はフィレンツェを屈服させつつあったのだ。一四七九年秋のあるときに、ロレンツォは慈悲を請うためウルビーノに密使を送った。宮廷詩人ジョヴァンニ・サンティはいかにも満足そうに、「［放蕩］息子が父のもとに帰るのと同様」、フィレンツェの支配者もようやく正気に戻ったのだと主張した。使者はフェデリーコの「予言」と「率直な助言」に従わなかったことに対するロレンツォの後悔を伝え、ロレンツォはこの窮地を脱するためなら何でもする覚悟だと明言した。フェデリーコは「感動して大いに同情し」、トスカーナに希望をもたらす唯一の手だてはロレンツォが「傲慢さを敵の足元に埋める」ことだ、と使者に返事をした。フェデリーコは思いやりを込めて、もしフィレンツェが自由を失えばイタリアは片目を失うことになると付け足した。[208]これは、フェデリーコ自身が片目であることを考えると、二様に解釈できるたとえだった。

フェデリーコのメッセージは、突然の心変わりまたは長く熟慮した決断のいずれかを言明するまわりくどいやり方だったのだ。この時点で、フェデリーコにとっては、これまで以上に傲慢なジローラモ・リアーリオ伯よりは、謙虚になったロレンツォと付き合うほうがましだった。リアーリオ伯は自らを、イタリアで最も影響力のある男としてアピールしたくてたまらなかったのだ。ウルビーノ公は、もしフィレンツェが――聖務停止命令が出されたままのこの街が――すべての権力を失えば、半島の中央部全体が教皇にとって自由に狙える獲物となり、次の標的としてリストに載っているのはウルビーノそのものかもしれないと知っていた。モンテフェルトロ王朝の存続は教皇に正統性を認められるかどうかにかかっており、撤回される可能性も常にある。勢力の微妙な均衡はまたしても変化しつつあった。

一四七九年十二月四日、アラゴン家のアルフォンソは「誰からも愛される親愛なるロレンツォ[209]」に書簡を送り、ガレー船二隻の準備ができたのでいつでもナポリに向けて出港可能だと伝えた。十二月六日、ロレンツォはアルフォンソとフェデリーコに返事を認《したた》め――二人同時に宛てて――「ご命令に従って[210]」フィレンツェを発ってピサに向かい、そこからは海を渡って「国王陛下の足元へ」赴くと述べた。さらに次のように付け加えた。「当地の秩序はきわめて良好に保たれておりますので、帰国時もこのままであるよう望んでおります」

翌日、涙を見せることなく家族に別れを告げると、ロレンツォは馬に乗って目立たぬようフィレンツェを発った。知恵を絞って計算ずくの書簡をシニョリーアに宛てて綴ったのはすでにトスカーナの海岸に向かう途中で、格式ばったドラマチックな語調を心がけた。

> 最も高名なる閣下へ。ほかのどの努力も実を結んでいないことを考え、街を災いにさらすよりは自ら危

険を冒すことを決心いたしました。われらが敵に最も憎まれ迫害される身として、わたくしはこの手段によって街の平和を取り戻すことができるかもしれません……ことによると主なる神は、弟とわたくしの流血で始まったこの戦争を、わたくしの手で終わらせるべきだと望んでおられるのかもしれません。今はただ、わたくしの生であろうと死であろうと、わたくしの不幸であろうと幸福であろうと、わが国のために捧げられることを願っております。(211)

ロレンツォがナポリに向かっている間に、ジュリアーノの暗殺者ベルナルド・バンディーニがはるか彼方のオスマン帝国の首都コンスタンティノープルでスルタンによって捕らえられ、トルコの取引相手であるロレンツォおよびフィレンツェ商人への個人的な献上物として、フィレンツェに送り返されてきた。ベルナルドは一四七九年十二月二十九日に、あざ笑いをさそうためにトルコ人の服装で絞首刑に処せられた。まだ比較的無名だった若き芸術家レオナルド・ダ・ヴィンチは、威厳に欠けるポーズの彼をスケッチし、この裏切り者を主題としたもっと大きな絵の制作を依頼されることを期待した。

ロレンツォは弟を殺したベルナルドが絞首刑になることは知っていたが、その処刑を目撃することはできなかった。彼は処刑を心待ちにしていたに違いない。この気味の悪い演出は、危険な任務に赴いているロレンツォの留守中に反逆を考えるかもしれない人々へ向けた警告だった。

地獄への旅

ロレンツォのナポリ訪問には歴史上の前例がいくつかあった。(212) 一四三五年にナポリ王はミラノ公に捕らえ

レオナルド・ダ・ヴィンチによる、処刑されたベルナルド・バンディーニのスケッチ。1479年。レオナルドはベルナルドの服の色を余白に書き留め、大規模のフレスコ画で再現できるようにしていた。

られていた（この顛末はシェイクスピアの『テンペスト』の原案となった）。マキアヴェッリは王が敵に殺されなかった理由を次のように説明している。賞賛に値すべき寛大さからではなく、イタリア半島全体の勢力の均衡を保つために救われたというのだ。より最近の話では、一四六五年にヤーコポ・ピッチニーノという野心的な傭兵隊長《コンドッティエーレ》にかかわるエピソードがある。彼は都市国家の君主――フェデリーコ・ダ・モンテフェルトロやフランチェスコ・スフォルツァのような――になるという大志を隠そうともしなかった。フェッランテからナポリ宮廷に招かれたピッチニーノは、数週間にわたり貴賓としてもてなされた。だが、彼の野心はナポリでは歓迎されなかった。豪勢な宴会の最中に、彼の護衛が王の家来によって殺され、はらわたを抜かれた。ピッチニーノ自身は、ナポリ王国とミラノ公国に対する秘密の計画を心に抱いていたことを非難され、カステル・デローヴォの牢獄に放り込まれた。結局、ピッチニーノは港に飛び込んだが、むしろ港に助けられたのだろう。彼の描いた栄華の夢も海のもくずと消えたのだ。

　ロレンツォが初めてナポリを訪れたのは一四六六年三月のことで、ピッチニーノの醜聞の記憶はまだ生々しかった。あの〝不死身の〟フランチェスコ・スフォルツァが死んだ直後だった。[213] ロレンツォの父ピエーロは強大な味方を失ったことを深く悲しみ、憂慮して、ロレンツォをナポリに遣《や》っており、息子に向かって「実年齢よりも大人に」[214]なって一族の代表としてナポリ宮廷から哀悼の意を受けなければならないと言った。十七歳の息子が公国のエリートにふさわしく振る舞ったと聞き、ピエーロはロレンツォのことを誇りに思った。

　それから十三年後、状況はかなり違っていた。真冬の寒い雨のある日、ロレンツォは揺れるガレー船の船上で幾晩も吐き気に苦しんだ後にナポリ湾に到着した。アラゴン家の貴族たちに護衛されながらの船旅だったので、ピサからナポリに向かう途中でローマおよび教皇を避けることができた。ナポリの街はストロッツィ家の羽目板の絵に描かれているような鮮やかな色ではなく、歓迎しているようには見えなかった。それでも、絵と同じように、アンジュー城が空を背景にそびえ立っていた。王は、威嚇するようなその塔から街の隅々まで支配することができると自慢するのが大好きだった（さらに民間伝説によると、王は敵の死体に防腐処置を施してこの城の地下に保管していたという）。わずか数マイル南には、眠れる巨人の不気味な黒いシルエットが浮かび上がっている。ヴェスヴィオ山は誰もが認める湾の支配者で、人間の支配者と同じくらい、何をしでかすか予測がつかなかった。ロレンツォが震える足でようやく地面に降り立ったとき、ヴェスヴィオ山はこれから何が起こるかわからないという警告として屹立《きつりつ》していたのだ。

フェッランテ王は王室の賓客ロレンツォを豪奢《ごうしゃ》な男爵の広間《サーラ・ディ・バローニ》で迎えた。ロレンツォはフェッランテの足元にひざまずき、それから挨拶を始めた。おそらくこれまで傲慢で挑発的な振る舞いをとってきたことに対して謝罪したのだろう。フェッランテはいささか印象的な人物で、がっしりした体格と堂々たる顎《あご》を持ち、見せかけとそらとぼけの技術に熟達していることで有名で、感情をあらわにすることは決してなかった。だが、マキアヴェッリがのちに書いているように、彼はロレンツォの大胆さと真剣さに感じ入った。このフィレンツェの支配者はパッツィ戦争を事実上独力で生き延びることができたのであり、そして「彼の敵の偉大さによって、彼自身の偉大さも増すばかりだった」[215]。

ナポリでのロレンツォは、ただちに監視をつけられ保護された。城には泊めてもらえなかったが、おそらくカラーファ宮殿《パラッツォ・カラーファ》に泊まったのだろう。王の臣下にとってはここのほうが、監視するのに便利だったのだ。腹黒いコーラ・モンターノは当時ナポリにいたのだが、その後の自白の中で、フィレンツェ出身の亡命者と話をしたと主張している。彼によればその男は、ピエディグロッタの女子修道院に祈りを捧げに出かけたロレンツォを殺そうと計画していたという[216]。王の秘書が「それが実行されますように！」と述べたと伝えられてはいるものの、この噂はおそらく事実無根だろう。王自身が承認していないことがナポリ国内で実施されることはなかったのだ。

ピッチニーノのように始末されるのではというロレンツォの恐怖は徐々に薄らぎ、純然たる不安に取って代わられた。今や彼は、戦争の続行に関して王が決断を下すまでの長い待ち時間を耐え抜かなければならず、フィレンツェ市民の不穏な動きがますます心配になっていた。市民たちは彼が不在の間にクーデターを計画しかねない。同時代にメディチ家の伝記を著した作者が伝えるところによると、ロレンツォはナポリ滞在中にあまりにも多くの金を使い、実際の金額を報告する勇気がなかったほどだという。彼はカラブリアおよびプーリア出身の女たちの結婚持参金を支給し、高価な贈り物を求める者には誰にでも気前よく与えた。この優雅なトスカーナの紳士であるロレンツォがこうした開放的な南部のやり方をどれだけ嫌っていたかは想像するしかないが、彼としては現地の高位の人々に調子を合わせなければならなかった。ナポリでのロレンツォには二つの顔があったと伝えられている。聞くところによれば、「昼の間は陽気だが夜は自暴自棄になっていた」という。

ロレンツォにとっての余暇は、おそらくカステル・カプアーノの中を散歩することだけだっただろう。別名ヴィッラ・ドゥケスカと呼ばれたこの城には、カラブリア公爵夫人イッポーリタ・スフォルツァのために豪勢な庭園が造られていた。(217) ロレンツォがナポリに到着したとき、イッポーリタは彼を寛大に迎え入れ、高名なフランチェスコ公の娘にふさわしい振る舞いを示した。彼女は洗練された女性で、ルネサンス期の婦人としては初めて自分専用の書庫と私用の小書斎《ストゥディオーロ》を作らせていた。ロレンツォとイッポーリタは、お気に入りの詩人であるペトラルカ、ポリツィアーノ、プルチについて気楽に語り合うことができたのかもしれない。彼女の趣味は、野卑な夫アルフォンソ、つまりフェッランテの息子である傭兵隊長の趣味とはかなり違っていた。

イッポーリタの義父フェッランテ王も学のある男ではなかった。フェデリーコと同様、彼は非常に迷信深く、天からのお告げに常に気を配っていた。一四八〇年二月、そのようなお告げが、フィレンツェの哲学者フィチーノから送られた占星術に関する曖昧な散文という形で現われた。『フェッランテ王に宛てたアルフォンソ王の予言、最初は天使の言葉として生じたものをフィレンツェのマルシーリオ・フィチーノが人間の言葉へと翻訳』(218)と題されたこの文章は「神聖な作者」の声として書かれていて、「天上の方々にとって和平がどれだけ心地よいものか」ということと、「神への献身と人への慈悲」は、フェッランテの父である〝高潔王〟アルフォンソがそうであったように、威厳ある支配者にとって重要な美徳だということが強調されていた。だが、こうした浮世離れした懸念以上に、フェッランテは現実を非常にしっかりと把握しており、彼の戦略上の主な懸念は海軍の勢力だった。ロレンツォとの継続中の交渉の結果、和平への第一歩として、アラゴン艦隊が一四八〇年にフィレンツェに雇われることになった。これはフィレンツェにとっては非常に高くつく取引で、しかもこれだけではなかったのだ。

交渉は何週間も続いた。ロレンツォがナポリ滞在中に直面した外交上の障害の中でとりわけ最悪だったのは、カステッロの領主ジュスティーニとの対面だった。パッツィ家の陰謀が実行された血の日曜日に、フィレンツェの城門の外でフェデリーコの軍隊とともに待機していた男だ。流血の惨事の直後、ジュスティーニは不在中に死刑を宣告されており、それゆえにロレンツォに対して激しい敵意を抱いていた。だが今ここナポリに教皇の公使として滞在中の彼は、このメディチ家の生き残りに対する個人的な反感をこそこそと隠そうしていた。ロレンツォはジュスティーニに我慢するしかなかった。彼は教皇が自分を潰そうとしているのを知っていたので、王が自分を生かしておくことに政治的利点を見いだしてくれるよう願うしかなかった。

アラゴン家のフェッランテ王のブロンズ製胸像。オコジョの首飾り章を身につけているが、同じ物を1474年にフェデリーコ・ダ・モンテフェルトロにも与えている。

一四八〇年二月二十八日、ロレンツォは突然、ナポリを発つことを決めた。合意事項はまだ一つも文書化されていない。ジュスティーニは近くのガエータの港までロレンツォに同行し、王のもとに戻って和平交渉を締結するべきだと説得しようとした。だがロレンツォは、商人の家に生まれたので、良い取引をまとめるには商品に対する興味をあまり見せるべきではないことを知っていた。まさにこれが、彼が発つ理由だった。欲しいものを手に入れるにはこの方法しかなかったのだ。

彼の戦略は実を結んだ。三月六日、ジュスティーニはアラゴン家の代表としてのイッポーリタと、ロレンツォの忠実な書記で、彼の代わりにナポリにとどまったニッコロ・ミケロッツィの間で交わされた法的合意書を書いた。取り決めは三月十三日に書き上げられた。フィレンツェの譲歩には、ジュスティーニ自身の死刑宣告の取り消しも含まれていた。ジュスティーニを許すことで、ロレンツォは自分の身の安全を守ったのだ。だがローマでは、シクストゥス四世とジローラモ・リアーリオが腹心の部下に裏切られたように感じていた。教会にとって不利な和平を成立させられてしまったからだ。

自由の代償

ロレンツォがフィレンツェに戻った直後の三月十五日の夜、少人数の支持者が騒々しく宴会をした。だが、不平分子による噂が街中に広まった。この和平はあまりにも高くつくらしい。ジョヴァンニ・ディ・カルロは、ナポリで結ばれた秘密主義の夜間協定に対する街の反応を、自ら見聞きした情報に基づいて記している。(219)交渉に同席した立会人はもぐらと蝙蝠《こうもり》だけだった、と彼はせせら笑うように述べた。

フィレンツェ人は常に自分の金——あるいは税金——については大変な締まり屋なので、和平の代価を心

イッポーリタ・スフォルツァの大理石の胸像。フランチェスコ・ラウラーナ作。この女性の正体は学者の間で議論になっており、イッポーリタの娘でやがて従兄ジャン・ガレアッツォ・スフォルツァの妻となるイザベッラがモデルだという説もある。

配し、おそらくロレンツォの交渉能力を軽視したがったただろう。実際、和平は値のはるものだった。ロレンツォに課せられた条件の一つは、カラブリア公アルフォンソに大金を支払うことだった。総額は公表されなかったが、少なくとも六万ドゥカートにのぼった。人々の怒りを招くばかりのもう一つの条項は、ヴォルテッラの地下牢に監禁されているパッツィ家の生き残りを釈放することだった。だが、フィレンツェ市民を何よりも激怒させたのは、ナポリ王との約束を履行するためにロレンツォが共和国の手綱を引き締めなければならないという事実だったのだ。

フィレンツェは今や政治的地獄と化していた。ロレンツォは、自分が押しつけている厳しい統制を和らげるために偽善的な手段を使うことをやめた。四月十日、メディチ家に対する忠誠心が証明されたことで選ばれたメンバーのみからなる七十人評議会の創設により、専制政治が誕生した。ロレンツォは政治的に生き残るために、国の資金に頼らざるを得なかった。銀行にはもう金がなかったのだ。経済はきわめて悪い状態にあり、税金の額ははねあがった。そして、ナポリ王に支払うべき正確な金額はまだ公表されていなかったのだ。

このように困難な何カ月かの間に、ロレンツォはチッコ・シモネッタの妻エリザベッタ・ヴィスコンティから長い書簡を受け取った。

最も神に忠実なる偉大なロレンツォ殿。もしわたくしが閣下以外のことについて書かねばならなければ、お心を傾けていただくため、礼儀にかなう言葉と凝った比喩でお手紙を書き出していたかもしれません。けれども、今は閣下ご自身のことについて書いておりますので、それは不必要かつ無益なことでしょう。とりわけ、わたくしが呼びかけているお相手は、非常に賢明で恩を知るお方なのですから。閣下はわたくしたちがどのような目にあい、わたくしたちの財産とわたくしたち自身がどう扱われているかご存知でしょう。また、このようなことが起こっているのはわたくしたちが友人に対して忠誠を欠いたからではなく、信頼しすぎていたからだということもご存知でしょう……閣下に申し上げるべきことはあまり残っておりませんが、念のためにご忠告するならば、ご友人の言葉ではなく行ないを覚えておかれることです。閣下を愛するがゆえに彼らが行なったことと、これから行なうはずのことを。なぜなら実のところわたくしは、かのダモンとピュティアスの友情も、閣下とチッコおよび息子たちの友情ほど親密で変わらぬものであったのだろうかと訝っているのですから（訳注・ダモンとピュティアスはギリシア神話に登場する無二の親友）。特にジャン・ジャーコモは……フィレンツェのサンタ・アンヌンツィアータの奇跡のおかげか、牢獄から逃げ出すことができました。

手紙はさらに続き、エリザベッタは、投獄されたチッコとナポリ王の間に存在する表面的な「さび」をきれいにしてくれないかとロレンツォに懇願し、アルメニア王ティグラネスに対するポンペイウスの寛容さを思い出させようとした。「彼が施しを請うことを許されなかったのは、［ポンペイウスが］勝者として王たちに王冠を返してやることは立派な行ないだと考えたからです」最後に「懸念と不安で頭がいっぱいの妻であり母親[220]」と自らを称することで手紙を締めくくり、次のように署名した。「閣下の娘のごときしもべ、不幸なイザベッタ・シモネッタ・ヴィスコンティより」

チッコの妻エリザベッタは夫の投獄に苦悩するあまり気が狂ったと言われているので、この明快な懇願を綴ったのは彼女ではなく教養ある息子ジャン・ジャーコモだった可能性もある。実のところ、衒学的《げんがくてき》な語り口は確かにいささか怪しい。だが、この教養ある書簡も役に立たなかった。ロレンツォは返事を書かなかったのだ。昔の友情に訴えたエリザベッタ・ヴィスコンティの声は無視された。もしかすると、ロレンツォはあまりにも気まずくて返事ができなかったのかもしれない。いずれにしても、彼にできることはほとんどなかった——とはいえ、フィレンツェのオルフェーオ・ダ・リカーヴォのためには行動しているのだが。ルネサンス期の政治は冷酷だ。忠誠心は好機の二の次となり、権力を失うよりも友情を失うほうがましだとされた。ロレンツォはそもそもチッコの真の友人ではなかったのかもしれない。なにしろ、一四七七年七月にフェデリーコはチッコにロレンツォが彼に与える「危険の中の危険」(221)を警告しているのだ。これは当時、利己的な発言のように思えた。今となると、まったく先見の明ある言葉だと思われる。

＊

ローマでは、サンタ・マリーア・デル・ポーポロ教会のシスティーナ礼拝堂で和平が発表されたが、意気揚々とした発表とは程遠かった。和平の条件はナポリで揉《も》まれ、論じられ、調印されたが、教会の利益は最小限しか配慮されていなかったのだ。ウルビーノの詩人ジョヴァンニ・サンティは、ナポリ王の歓喜の度合いは教皇の激怒の度合いと釣り合いがとれていたと指摘し、次のような修辞疑問を綴った。(222)「もしロレンツォが王に接吻しに行ったのなら、なぜそれよりはるかに偉大なペテロの後継者（訳注・ローマ教皇のこと）を信じなかったのか？　これは心からの信仰が欠けているという明らかなしるしではないか？」サンティはさらに、ロレンツォが「聖職者の手中に落ちたくなかった」のは事実で、もちろん「傲慢な伯爵」リアーリオの手中に落ちるのも嫌だったと付け加えた。今や二つの大きな「同盟国」——ローマとナポリ——の間に深刻な不和が生じていた。と言うのも教皇は、王から平手打ちを顔にくらったように感じ、復讐しようと目論んでいたのだ。

この新たな勢力の均衡の中で、フェデリーコは突然、仲たがいをしている二人の主人に仕えるという筋の通らない立場に自身がいることに気づいた。一四八〇年五月、スパイのコントゥージは、教皇軍の司令官である歴戦のフェデリーコとシクストゥス四世が互いに疑心暗鬼に陥っていると報告した。(223) シクストゥスは、筋の通らぬ話ではないのだが、フェデリーコのことを和平の合意をぶち壊した狡猾な黒幕と見ていた。なぜなら、ロレンツォのナポリ行きを支援したのは彼だったからだ。不吉な警告がローマからヴィテルボに届いていた。ヴィテルボはローマの北に位置する教皇領の街で、当時フェデリーコが駐在していた。コントゥージが書き記したところによると、フェデリーコに対する脅しは、ある「聖職者」が教皇に明かしたように「毒物または短剣」の利用を含んでいた。このいずれの「行き過ぎた手段」も防ぐため、用心深い護衛が手配された。だが、有力な情報提供者でさえ、ウルビーノ公が教会と手を切ることはないだろうと考えていた。彼は自分が「イタリアに普遍的な平和が存在する理由となるであろう」と主張していたのだ。

五月二十二日、コントゥージは常に芝居がかった演説者であるフェデリーコがヴィテルボの群衆の前で行なった、計算高い独白を報告した。彼は聴衆に警告について説明し、次に自分自身に向かって次のように抗弁したのだ。「おおフェデリーコ、おまえは暗殺されるに値するようなどんなことをしでかしたのだ？　裏切りか、それとも殺人か？」彼は大いに涙を流してから絶叫した。「おお神よ、罪なきわたしを救いたまえ！」誰もがすすり泣きを始め、「まるで聖金曜日（訳注・復活祭前の金曜日でキリストの受難記念日）の夜のようだった」という。すると彼は急に泣きやみ、こう言ったのだ。「皆さん、泣かないでください！　この脅しは嘘かもしれません！」群衆は喝采した。

スケープゴートの裁判

その間に、そこまで芝居がかったやり方ではないが、チッコはパヴィーアで厳しい裁判を受けていた。彼はスフォルツァ家の新たな支配者たちから逃げ道を持ちかけられていた。もし彼がスフォルツァ家に仕えてきた三十年間に貯えた金を残らず差し出すなら、安全に国外に出ることが許される。彼は断った——いつもそうであったように、簡潔に。実に多くの書簡を書き、何千通も口述筆記し、のちに自らさらに何千通も口述させて、何百通も暗号に変え、暗号を解読してきた彼は、言葉の節約についてよく知っていたのだ。ジャン・ガレアッツォ公への呼びかけすらなく——チッコは彼がルドヴィーコの操り人形だと知っていた——次のように綴った。

わたくしは不当に投獄され、強奪され、辱《はずかし》められました。なぜなら絶えずミラノの国家のために働き、忠実に尽くしてきたからです。わたくしの報酬と代償は何なのでしょう？　もしわたくしが過ちを犯したというなら、罰を与えればよろしい。わたくしは自分の金を、あれほど多くの労働によって稼いだ金を、子供たちのものにしておきたいのです。わたくしは神の多大な恩恵によりすでに長く生きました。死など怖くありません。今はこの命を奪われること以外は何も望みません。ごきげんよう。(224)

そして裁判が始まった。(225) 裁判官と陪審員はすべてミラノの貴族で、過去三十年間にわたってこの書記官チッコの権力によって軽んじられてきたと感じていた人々だった。ルドヴィーコ・スフォルツァとロベルト・ダ・サンセヴェリーノが自ら選んだ顔ぶれで、二人ともチッコには単なる恨み以上のものを抱いていた。列挙された罪名は四十二にも及んだ。前書記官は彼のせいだとされるありとあらゆる罪、不行跡、不正行為を行なったとして有罪の判決を下された。裁判記録によれば、彼は拷問を受けてそれらの罪を認めたという。

彼は暗殺者、偽造者、異端者、男色者と呼ばれた。「悪魔のような魂と如才なさに導かれ」、堂々たる権力を自らの手中に納めた。彼はドナート・デル・コンテの投獄および暗殺の首謀者だった。この傭兵隊長は、一四七七年五月に彼と公爵夫人ボーナを打倒しようとしたスフォルツァ家の企てに関与していた人物だ。「前述の所業だけでは飽き足らず」、スフォルツァ兄弟とロベルト・ダ・サンセヴェリーノを国外追放した。彼は「暴君のごとき邪悪な性質《たち》」のため、アラゴンのフェッランテ王から提案された誠実な休戦の申し出を断り、イタリア全土を巻き込んだ戦争を引き起こした。ウルビーノ公に密書を送り、円滑な和平プロセスを妨害した。ローマに送り込んだ大使を使って教皇に教会分裂を引き起こすと脅させ、聖下に対する無礼を働いた。彼は「利口で強情で辛抱強い、悪魔のような邪悪さで」独力でパッツィ戦争を企《くわだ》て、ミラノにジェノヴァを失わせた。また、自らミラノ軍をそそのかしてスイス反乱軍を攻撃させ、悲惨な敗戦をわざと引き起こした。ウルビーノ公に和平を持ちかける使者としてチッコの息子ジャン・ジャーコモを送ったとき、チッコはそれを誰にも知らせなかった。なぜならその協定にはヴェネツィアが含まれていなかったからだ。彼は悪意のないミラノ市民数名を投獄した。その一人エットーレ・ヴィメルカーティは、彼を刺し殺そうとしたとして不当に告発された。「前述の所業だけでは飽き足らず」、彼はミラノにいるナポリ王の大使の感情を害し、王自身に対しても無礼かつ辛辣な言葉を吐いた。彼は不信と傲慢さから、スフォルツァ城の元司令官である「忠実な」アンブロジーノ・ディ・ロンギニャーナを解雇した。オッタヴィアーノ・スフォルツァの溺死の原因をつくり、ミラノのスフォルツァ・マリーアの屋敷の支配権も握った。書記局から書類挟み二十四冊分の書簡を盗み、それを燃やした。日記の多くの箇所でスフォルツァ家の後継者たちについて不当に、かつ偽って非難した文章を綴り、または口述した。ジャン・ガレアッツォ・スフォルツァの名前で書簡を認《したた》め、公爵の書状であるとした。公爵夫人ボーナに偽情報を伝えた。最後に、ほかの男と「自然に反した」性交を行ない、「男色は非常におぞましく憎むべき罪であるのに、それを楽しんだだけでなく、もしそれに携わらなければ誰も正直者を自称することはできないとすら言った。その罪により、彼はキリスト教にも大いに背《そむ》いた」。

要するに、チッコは過去三年間にミラノだけでなくイタリア全土で生じたあらゆる問題の責任を負わされたのだ。すべての人の罪を、政治的に犠牲にしてもよい一人の犯人の肩にゆだねるのは便利なことだった。罪名の大半は部分的な真実とゆがめられた事実を含んでいて、見世物的な有罪判決を確実にするために脚色されていた。チッコが書記局を悪用した(自ら創設した部署なのに)だの、公爵の書簡の多くを偽造した(それがまさに一四五〇年以降の彼の仕事だったのに、まるで違うかのようだ)だのと責めるのは、いささか滑稽だった。半島全土の平和の決裂を彼のせいにするのももちろん同じことだ——いずれにしても平和とは程遠い状態だったのだから。チッコは財政面および軍事面の砦となって、二年間にわたりロレンツォを延命させてきただけだ。それが彼を憎むのに十分な根拠となった。ああ、哀れなチッコ!

妻とたくさんの子供たちを愛していたとはいえ、彼が実際に男色を行なっていた可能性は確かにある。両性愛はルネサンス期の上流社会では珍しいことではなかった。ロレンツォと、プルチ、ポリツィアーノ、フィチーノを含む彼の仲間は同性愛的な行為に及んでいたと噂されていて、ガレアッツォ・スフォルツァにも同様の噂はあった(彼はもっと若い相手を好んだ)。当然ながら、裁判という状況において、この罪名はチッコの変態的な性癖を証明するうえで助けになった。歴史家たちが〝司法界の醜聞〟と見なしているこの裁判だが、全体を通じての言葉遣いは、その後の異端審問で繰り返し採用されたお決まりの言い回しと非常によく似ている。評決は死刑だった。だが驚いたことに、これほどの背信行為の罪であれば慣例上は絞首刑となるのに、チッコは絞首刑を宣告されず、パヴィーアの女子修道院での聖なる埋葬も拒絶されなかったのだ。

10 安らかに眠れ

パヴィーアはミラノの南西約四十マイルに位置している。洗練された街で、美しい宮殿《パラッツォ》とイタリア有数の古さを誇る中世の教会がある。ティチーノ川にかかる十分に防護された橋の隣にヨーロッパ最古の大学の一つが建っていて、十四世紀半ばにヴィスコンティ家がペトラルカの監督のもとで、大陸でも有数の規模の大学に建て直した。ヴィスコンティ家は広大な猟場のある城も建てている。スフォルツァ家の新たな公爵はこの資産を一四五〇年に引き継ぎ、自分たちの宮殿にした。ガレアッツォ・マリーア・スフォルツァはここでさまざまな余暇活動に多くの時間を費やしたのだ。

また、ここはチッコ・シモネッタが国家反逆罪で有罪判決を受けた後の一四八〇年に斬首された場所でもある。千年近く前、『哲学の慰め』の著者ボエティウスも同じ運命をたどった。彼はこの著書を、処刑を待つ間にパヴィーアの塔の中で書いたのだ（ボエティウスの遺骸は街の聖堂地下室に安置されており、聖アウグスティヌスの遺骸もそこにある）。チッコが処刑された公園があるほうの城壁にかけられていた門のある《リヴェッリ》橋《ーノ》は、もう存在しない。フランスが一五二五年にパヴィーアの戦いに敗れた後、自分たちに抵抗したミラノ市民を罰するために城壁全体を破壊したのだ。だが、城のそれ以外の部分はまだ残っていて、見事なヴィスコンティ＝スフォルツァ図書館、書記局、台所など、フレスコ画の描かれたいくつかの部屋が、ミラノの外のチッコの執務室の隣に適切に配されている。ここはまた、投獄される前の彼が三十年近くにわたり長時間働いていた場所だったのだ。

パヴィーア城

――一四八〇年十月三十日

堂々として丸々太ったチッコ・シモネッタは、パヴィーア城の中央塔の階段を上った。これほど早朝なので冷え冷えとして湿っぽかったが、平坦なポー川平原ではそういう気候になりがちなのだ。暗い地下牢で約一年一カ月を過ごした後だったので、風の冷たさに縮み上がりながらも、門のある城壁の向こうから射し込む夜明けの光を見て、なんとなくほっとした気分になったに違いない。監禁されている間に体重が増えていた。大好物の、サルティラーナ・ロメッリーナの自分の農場から送らせる、太った去勢鶏のローストはまったく口にしていないのに。ずっと苦しめられている痛風は、日に日に悪化していた。黒ずくめの服装のチッコは、自分は死に向かって歩んでいるのだとわかっていた。彼はこの上なく落ち着いており、足の痛みもまったく顔に出さなかった。ゆっくりだが確実に前に進む彼の後ろを、鎧を着た護衛が二人、おどおどとついてきた。彼はリヴェッリーノにたどり着いた。城の北側にある小さな橋の門で、古くからある、まだ無傷のままのヴィスコンティ家の庭園に面している。

チッコはそのとき、妻エリザベッタ・ヴィスコンティを思い出したに違いない。彼女は夫の投獄後に発狂したと伝えられていた。投獄されて以来、彼は妻に会う権利を与えられていなかった。だが、そのほうがよかったのだ。これほど衰弱した夫の姿を見たら、彼女は絶望のあまり死んでしまったことだろう。七人の息子と娘はすでに安全で、アルプスの山中かフィレンツェにいた。弟ジョヴァンニはまだ幽閉されていたが、何の罪も問われていないので、敵の復讐心が満たされれば釈放されそうだった。

歓声を上げるわずかな観衆の中に(死の光景は常に見世物としての価値があった)、彼は旧友の顔をちらりと目にしたかもしれない。それは詩人ボニーノ・モンブリツィオで、自分が編纂《さん》した『聖人たちの生涯』という本をチッコに捧げていた。(226) 一四七七年にこの信心深い人文主義者から分厚い第一巻を受け取ったチッコが、本書の印刷を可能にしてくれた「偉大なる権力者」に向けられた献辞を見たときは、自分自身が殉教者になるとはきっと思っていなかったはずだ。そして、彼は殉教者ではなかった。彼の波瀾に富んだ長い人生は、常にキリスト教信仰を重んじてきたとはいえ、戦争、殺人、裏切り、ささいな競争、そして教皇との個人的な闘争にあまりにも充ち満ちていたので、来世で特別な扱いを受けることは期待していなかった。塔の地下牢で過ごしている間中、彼が読むことにしたのはヨブ記だけだった。昨夜はアウグスティノ会の修道士に会い、この世で犯した罪をきわめて簡潔に懺悔《ざんげ》していた。

この書記官は多くの成功と喜びと惜しみないパトロン活動を楽しみ——たいてい、惜しみなく報われていた。抜け目ない政治活動に従事してきたのに、一人の弱い女が、長年にわたって彼が築き上げたものをすべて人にやってしまったのだ。チッコは同時代のあらゆる大物に会い、多くの場合その味方になるか敵に回って戦った。たとえば、フランチェスコ・スフォルツァ、コージモ・デ・メディチ、教皇ピウス二世、ナポリのアルフォンソ王およびフェッランテ王、ヴェネツィア総督、フランス王ルイ十一世、フェデリーコ・ダ・モンテフェルトロ、そして最後に、きわめて重要な人物である〝偉大なる〟ロレンツォ・デ・メディチ。だが、彼の経歴はもう終わったので、それらのつながりにほとんど価値はなかった。

チッコは高い断頭台にゆっくり歩み寄った。そこでは処刑人が彼を待っており、脇に下ろされた斧が輝いていた。多くの人々はチッコのゆっくりした動作は厳粛な気持ちの表れだと考えた。それは単に、痛風のせいで膝を曲げにくくなっていただけのことだった。だが、愚痴はまったくこぼさなかった。
首を斬られた亡骸《なきがら》は、聖アポリナリスに捧げられた近くの修道院に埋葬された。この聖人は奇跡を起こしたことで有名で、辛辣にも、特に痛風に効果があったという。墓石には、匿名の友人たちが書いたいくつかの墓碑銘が刻まれた。

わたしはミラノの民の君主に忠実で、その王位を守り
なのに敵に首のない墓を与えられた。
盲目だと言われたけれど［盲目を意味するラテン語Cecus《ケクス》とCicco《チッコ》をかけた洒落］、多くのことが先んじて見えていた。
信じてほしい、わたしを失った祖国は盲目のままとなるのだ。

わたしは祖国にも公爵にも忠実だったのに
多くの裏切り者の狡猾な策略によって殺された。
だが最大の賞賛によってたたえられるに値するのは
自分の命よりも信義を尊ぶ者なのだ。[22]

処刑の翌日、あるミラノの役人が大使全員に向かって、チッコに対するスフォルツァ家の振る舞いを恩知

らずだとか不当だとか思われぬように、弁明の演説を行なった。二日後、公爵夫人ボーナは、一時的なものだったはずの貪欲な愛人アントーニオ・タッシーノの国外追放が、もはや一時的ではなくなっていることに気づいた。アントーニオはルドヴィーコに多額の賄賂を渡され、故郷フェッラーラに帰らされていたのだ。自暴自棄になり、あるいはベルナルディーノ・コーリオの言葉を借りれば「発狂した」彼女は、「名誉も母としての務めもすべて忘れ」(228)、激高してミラノを飛び出し、少なくとも二年は帰らなかった。ボーナはそのときチッコの予言を思い出したかもしれない。彼は首を失い、彼女は自分の国を失ってしまったのだ。ミラノでは今やすべてがルドヴィーコ、別名〝イル・モーロ〟によって決められていて、彼はまたしても、政治的な分別の足りない従兄ロベルト・ダ・サンセヴェリーノをうまい具合に徐々に締め出していた。ジャン・ガレアッツォ公は若く内気で、叔父の単なる道具として操られるようになっていた。それから十五年後、〝ムーア人〟ルドヴィーコはジャン・ガレアッツォを毒殺し、長く切望していたミラノ公の称号を手に入れた。だが、それからわずか五年後、彼はフランス王にすべてを奪われた。

教皇の赦しと怒り

ミラノでチッコの死がスフォルツァ家の復讐心に燃えた欲望を鎮めていた頃、ローマでは教皇シクストゥスが、ロレンツォとナポリ王が自分に隠れて和平の合意に達したことをまだ怒っていた。街を教皇に破門されたことが、まだフィレンツェの商業にひどい影響を及ぼしていた。ロレンツォは、聖なる制裁を撤回させるには共和国として教皇に正式な謝罪を述べなくてはならないとわかっていた。名家の出身のフィレンツェ大使十二名がとうとうローマに派遣された。彼らは一四八〇年十一月二十五日に到着したが、ようやく教皇

1480年12月、シクストゥス4世がフィレンツェ大使を長い杖で打って罪の赦しを与えているところで、教皇聖歌隊はミゼレーレを詠唱している。20世紀のエッチング。

に迎えられたのは十二月三日のことだった。彼らはキリスト教徒としての不従順は、政治的な正当防衛だったと釈明し、自分たちの大聖堂や政庁で冒瀆され辱められたのだという点について教皇に念を押した。

シクストゥスは、使節団の団長による謝罪演説にすぐには応えなかった。彼は私室にこもったが、翌日になると使節団を呼び出し、くどくどと返事をした。「貴殿らが引き合いに出しているのはどのような愛国心なのか？ 祖国のために戦うとはどういう意味だ？」(229) そう尋ねてから、人は法律を守り宗教を尊ぶべきだと付け足した。その当時までの自由の定義で、最も説得力があるものとして今なお知られている定義をシクトゥスが述べたのは、このような文脈においてだったのだ。「おお、わが息子たちよ、フィレンツェの誰一人として『これは良い』『これが欲しい』『これが好きだ』『これはわたしに合う』と言うことができぬとしたら、それ以上の隷属があるだろうか？」言い換えれば教皇は、価値の相対主義による価値判断を取り入れたがるフィレンツェ人の傾向を嘲笑していたのだ。教会によって体現される絶対的な道徳模範を拒絶した彼らは、より自由にはなれず、かえって不自由になってしまったのである。

教皇の演説は長時間続いた。だが結局、シクストゥスは罪の赦しを与えた。そのための儀式で聖歌隊はミゼレーレを詠唱し、シクストゥスは――象徴的に――フィレンツェの使節団の長を長い杖で叩いた。

署名捺印した赦罪《しやざい》文は一四八一年三月二十一日にフィレンツェに送られた。四月十三日、教皇はフィレンツェにおける「罪と罰の大赦《たいしや》」を宣言した。これはつまり贖宥《しよくゆう》のことで、復活祭までに市民が六つの異なる教会で六つの礼拝に出席すれば手に入れることができる。これらの教会をキリスト受難週（訳注・復活祭前の一週間）の神聖なる三つの朝に訪れた者は誰でも、懺悔と告解の秘跡の後、対トルコ十字軍に寄付すれば、罪を清められるのだ。フィレンツェ共和国は、教会のために十五隻の高価なカタロニアのガレー船を借りて東方ので戦いに送り込むことに同意した。だが、教皇秘書からフィレンツェ大司教リナルド・オルシーニ

（ロレンツォの義兄）に送られた非公式書簡には、赦罪文とともに、トルコとの商品取引を続けることを許可する文面が記されていた（木材と鉄だけは認可された取引から除外された。兵器を作るために利用される可能性があまりに高いからだ）。

＊

パッツィ戦争の傷がまだ生々しく、シクストゥスがようやくフィレンツェを赦すつもりのように思われたとき、ウルビーノ公の名が教皇のブラックリストに新たに登録された。一四八一年の夏までに、ロレンツォとフェデリーコの関係は再び危険なほど友好的なものに戻っていた。彼らはまず暗号書簡を交換し、次に美しい馬と貴重な象徴的な贈り物を交わして、十一月下旬にロレンツォがフェデリーコをひそかに訪問する際の準備をした――だが、あまりにも慎重だったので、この訪問は後世の歴史家たちからも見過ごされるところだった。

この訪問を記録しているのは情報に通じたスパイのマッテーオ・コントゥージだけだが、非常に詳細に記されているので、実際に起こったのはほぼ間違いない。十一月二十八日に彼は次のように記している。「さらに、自分の立場を強化するため、ロレンツォはあらゆる無礼を忘れたふりをして、すべてを脇に置いて、この領主の手中に身をゆだねるために話をしにやって来たのです。この状況では公爵が彼に危害を加えたはずがないのは明らかです……ウルビーノでは、領主が気づいていたかどうかにかかわらず、パッツィ家の陰謀の最中に彼がロレンツォ・ジュスティーニにカステッロから騎兵三十名と石弓兵五百名を送ったことが知られています。とはいえ、彼はそれについて何も知らないと公言しているのですが。ロレンツォはこれを信じているふりをしています。彼は執念深い男ではないのです[230]……」

ロレンツォはフェデリーコをそのかそうと決心していた。忘れることは赦すための最善策である。弟が殺されたときに何が起きていたかをフェデリーコが承知していたどころではないのは、彼にもよくわかっていたが、あえて気にしていないふりをした。そしてウルビーノ公はこの優雅な宮廷風の態度に満足しているようだった。彼自身がロレンツォに書いた十一月二十九日付の書簡の中で、フェデリーコはかつての敵に最も友好的な語調で呼びかけようと非常な努力を払っている。「わたくしの働きに対して閣下がおっしゃった信頼が、決して無駄にならないのは間違いありません……わたくしの財産は、ご自分のもののように自由にご利用いただいて結構です[231]」ロレンツォのひそかな申し入れはうまくいったのだ。

しかしながらコントゥージは、フェデリーコの保証をそう簡単には納得しなかった[232]。十二月十三日、フェデリーコに言及する中で、彼はダンテの引用すら行なった。

Et quando l'argumento de la mente
S'aggiunge al mal volere et ha la possa
Nessun riparo ci può far la giente.

思考の力が
悪意および公然たる暴力に加わると
人間には逃れようがないのだ。

このせりふは、適切にも、地獄の穴の中にいる裏切り者たちの発言だ。同じ書簡の中でコントゥージは次のように主張している。「わたしがフェデリーコの部屋にいたとき、彼は自分の意見として――偽りなのか本気なのか――戦争は起こらないと述べましたが、彼は時折、本心とは正反対のことを言うのです」

ウルビーノ公がどれほどあてにならないように見えようとも、彼のフィレンツェとの和解には代償があり、それはシクストゥス四世の喜ぶところではなかった。フェデリーコとシクストゥスの間の反感は高まるばかりだった。教皇の甥ジローラモ・リアーリオ伯は、これまで以上に野心を燃やしつつあった。フィレンツェを手に入れることに失敗した彼は、今度はフェッラーラの街に狙いを定めた。ヴェネツィアは、ロレンツォが突然ナポリ王およびウルビーノ公との間で結んだ協約から締め出されたことに教皇に劣らず動揺していたが、そのヴェネツィアの協力を得てフェッラーラ公エルコーレ・デステに猛攻撃を仕掛けられるだろう、とリアーリオは期待していた。フェッラーラ公は教会の司教代理なので、教皇の権力の支配下にあった。イタリアの政治ゲームのカードが、またしても劇的に切り直されようとしていたのだ。

一四八二年三月六日、ローマにいるナポリ公使が、フェデリーコは再びシクストゥスとヴェネツィアに忠誠を誓ってナポリ王と敵対するつもりらしい、という噂に対する教皇の反応を報告した。シクストゥスはこう答えたという。「それは嘘だ！　ウルビーノ公がこのわたしに支配されたがることはない。むしろ彼は、教皇も王も、ほかの誰をも支配したがっているのだ！」(233) それは容赦のない、明らかに心からの叫びだった。

数日後、教皇はそれを後悔したのかもしれない。なぜなら、伝えられるところによると今は、「サンタ・マリーア・デル・ポーポロ教会に行くのを恐れているだけでなく、自分の庭を歩くことも怖がっていた」(234) からだ。この教会は彼自身が再建したもので、毎週土曜日にはミサを聞きに行っていた。公爵が教皇のためにさやかな「事故」を企てているかもしれないという恐れは、もはや取り越し苦労ではなかった。

檻の中の狐

ウルビーノでは、ゴンザーガのスパイであるコントゥージが機密情報を集め続けていた。フェデリーコはフィレンツェに、みずみずしいことで評判のウルビーノ産イチジクを二頭のラバの背中にどっさり積んで送り、人々に配ってもらえるようにした。[235] そのお返しに、ロレンツォは素晴らしい馬を一頭送ってきた。フェデリーコの手持ちのどの馬よりも素晴らしく、彼はありがたく受け取った。これらの贈り物は、ウルビーノとローマの間に高まりつつある緊張をさらに明白なものにするばかりだった。リアーリオ伯とフェデリーコの間の敵対感情は頂点に達していた。リアーリオは今では公然とフェデリーコを罵っており、フェデリーコは自分とロベルト・マラテスタの両方をこきおろそうとしたと主張した。マラテスタはリーミニの領主で、将来の教会軍総司令官となる人物だった。一方でフォルリの街も手に入れていたリアーリオ伯は、フェデリーコを挑発するように次のようにからかったという。イタリアにもようやく彼と同じか、あるいはそれ以上に優美な指揮官たちが出てきたのだから、教会は彼の優柔不断な屁理屈にもう頼らずに済むだろう、と。

教皇庁お抱えの歴史家シジスモンド・デ・コンティによると、フェデリーコは多くの機会において非常に慎重だったのに、このときは自分のはまり込んだ状況の判断を誤った。[236] ローマでは、彼は自分自身の私利私欲に基づいて振る舞い、聖なる教会に逆らっていると噂されていた。彼の老練の大使ピエーロ・フェリーチは、以前は教皇からも公爵からも、その機知と感じの良い振る舞いと陽気な性格でかわいがられていたが、今はどちらの館からも永遠に締め出されていた。パッツィ家の陰謀をたくらむために手を組んだ張本人たちが、今や互いに不倶戴天の敵同士となっていた。憎悪と強欲がかつて彼らを一つにまとめていたのだが、今やその憎悪と強欲が彼らを決裂させたのだった。

一四八二年三月七日、ウルビーノ公フェデリーコの教皇との契約が切れた。更新されることはなかった。フェデリーコの経歴は終わりに近づいていたが、外交的な交渉の才能はピークにあり、顧客に自分を雇う必要があると説得するためにはどんな駆け引きもためらわなかった。フェデリーコの売り込みのテクニックには、自分の宮殿内を連れ回っている外国の公使たちに大声で叫ぶことも含まれていた。「わたしは和平を結ぼうとしてきたのだが……今や誰もが『戦争だ』と叫んでいる！　だから、戦争を始めよう。神の名において！」フェデリーコはやがて、フェッラーラの街をヴェネツィアと教皇軍から守るために雇われた。[237]

ロレンツォは、ミラノ公とナポリ王とともに、フェデリーコに申し分のない取引を提示した。彼の俸給は平時には六万五千ドゥカート、戦時においては十一万九千百六十六ドゥカートまで跳ね上がる。ミラノとナポリはそれぞれ平時に二万五千、戦時には四万五千八百三十三ずつ支払った。フィレンツェからは一万五千ドゥカートと二万七千五百ドゥカートを受け取ることになっていた。この途方もない俸給のために、ウルビーノ公は戦時中に重騎兵六百名と歩兵六百名を維持することを承諾した（注目すべきことに、パッツィ家の陰謀の際にはフィレンツェに対して約六百名の兵を送っている）。フェデリーコはあらゆる金と人間を投じて活動していた。また、占星術師にも頼った。ウルビーノ駐在のフィレンツェ大使はロレンツォに、フェデリーコの出発日は四月二十三日に設定されたが、その理由は二十日以降に星の巡り合わせが良くなるからだと報告している。

フェデリーコはまず、この実入りの良い雇用契約《コンドッタ》を締結するために意気揚々とフィレンツェを通過した。フィレンツェ市民は非常に豪勢な歓迎を準備した。彼が到着したのは日曜日で、パッツィ家の陰謀からほぼ四年が経過していた。彼はトルナブオーニ宮殿に迎えられ、裕福なフィレンツェ市民数名とロレンツォと夕食をともにした。翌日、サンティッシマ・アンヌンツィアータ教会を信心家ぶって訪れた後で、フェデリーコは街を出発した。彼はカファッジュオーロにあるロレンツォの壮大なヴィッラに一泊して、それから北に向かった。

フェッラーラの郊外にある野営陣地に着く前に、フェデリーコはエルコーレ・デステ公爵と協議を行なうため街に入ることにした。公爵の「最大の不安」は、教皇とヴェネツィアの猛攻撃から街を守るためには、軍勢があまりにも少なすぎるという点だった。ヴェネツィアは強大な軍隊を率いる総司令官としてロベルト・ダ・サンセヴェリーノを雇っており、彼の俸給は初めてウルビーノ公に匹敵する大金となった。この短気な傭兵隊長はようやくここまで成り上がったわけで——今度はあの偉大な老人フェデリーコを倒すことができるのを証明したくてたまらなかった。彼は檻に入った狐をフェデリーコに送り、どれだけ狡猾であろうと結局はとらわれの身になるだろうということを、あまりにもあからさまに伝えた。それは安っぽいあざけりで、老兵はにやりと笑っただけだった。

だがすぐに、血みどろの包囲攻撃に苦戦するうちにフェデリーコはいらだち始め、一四八二年五月四日にロレンツォに次のような書簡を送った。「この危険な情勢でわたくしが考えつく最善策は、閣下ができるだけ多くの歩兵をフェッラーラ公に送ってくださることです……お手間をとらせたくはありませんが、ひとたびこの重要性にお気づきになれば、慎重な閣下と言えども必要な供給を遅らせることはないはずと信じております」[238] フェッラーラ人は自暴自棄になり、フェッラーラ公爵夫人エレオノーラ・アラゴン・デステは馬鹿馬鹿しいことにフェデリーコに修道士を送りつけてきて、ポー川の向こうの敵軍に説教させようとした。説教に対するフェデリーコの返事は次のとおりだった。[239]「いやはや神父様、ヴェネツィア人は悪魔に取り憑かれているわけではありませんよ！ 公爵夫人には、彼らを倒すために必要なのはお金と弾薬と兵士だとお伝えください」――悪魔払いではないのだ。

実のところ、戦略的状況は非常に深刻だった。フェデリーコは、フェッラーラへの経路として重要な拠点となるフィカローロの街をどうにか包囲攻撃から救い出した。だが、ロベルト・ダ・サンセヴェリーノは手強い宿敵だった。彼はフェッラーラに奇襲を仕掛けるため、ポー川をまたいで道路を造ったのだ。道路の長さは五マイル以上あったが建設は突貫工事で進められ、二日二晩でフェッランテの防御のど真ん中に突入することができるようになった。フェデリーコは苦労して川を氾濫させ、道路を押し流してロベルトの進撃を食い止めた。だが戦闘は続いた。暑い夏の間じゅうだらだらと続いた。フェデリーコの軍隊はじめじめした湿地に四方を囲まれたが、今やそこには、別の、そしてはるかに恐ろしい敵が群がりつつあった。マラリアである。

フェッラーラの沼地
――一四八二年九月十日

フェッラーラで息絶えたその日、ウルビーノ公フェデリーコ・ダ・モンテフェルトロは六十歳だった。同日のローマでは数時間後、教会軍の新たな総司令官ロベルト・マラテスタがやはり息を引き取った。まだ四十五歳の若さだった。彼の妻はフェデリーコの娘の一人だった。フィレンツェの日記作家ルーカ・ランドゥッチは辛辣に評している。「これら二人の司令官は、栄華を極めたと勝手に思い込んだちょうどその時に命を落とした。この世界は何という過ちを犯してしまったのか！　人は互いを倒し殺し合うために実に多くの危険をこうむり、この世のつかの間の名声を手にするため、人を殺すことの意味も、自分自身がどれだけ早く死んでその生涯の申し開きをしなければならなくなるかも考えない」[240]

ルネサンス期のいかなる基準から見ても、フェデリーコの軍人としての経歴は驚くほど輝かしいものだった。だが、あのべたべたした蒸し暑い夏に沼地の真ん中で死んだのは、輝かしさからは程遠い。年老いているがまだたくましい筋肉は痛々しいほどこわばって冷たくなり、腹はマラリア熱のせいで膨らんでいた。恐ろしい震えと高熱にひどく苦しめられたのだ。そして彼は、気性の荒い義理の息子ロベルト・マラテスタが赤痢と消耗で命を落としたことを知らなかった。フェデリーコは、十歳になる息子グイドバルドのもろい将来と――そして自分自身の死後の名声に懊悩《おうのう》しながら亡くなった。

自分がどのような条件によって人々に記憶されるのか、彼には知ることはできなかった――軍事力か、人文主義者としての才能か、殺してきた相手によってなのか、作成を依頼した本によってなのか。生涯の「申し開きをする」相手は誰になるのだろう？ もしも神ではないとしたら、この世における神の代理人、教皇シクストゥス四世なのか？ フェデリーコはこの短気な教皇に十年近く仕えてきた。生涯最後の、決定的な数カ月にシクストゥスと別れたばかりだったが、この決裂は彼にとって高くついた。

フェデリーコはこの最後の戦争に、全面的に賛成していたわけではなかった。彼は心ならずも、教皇自身にとっても不利益な戦いを始めたのだ。彼を雇ってこの戦いに誘い出したロレンツォ・デ・メディチは彼より十年も長く生き、その間に〝偉大なる〟という最上級の形容辞を後世に遺した。ロレンツォが芸術のパトロンとしての不朽の名声を確立するのは、その十年の間だったのだ。一四八二年までであれば、フェデリーコは間違いなくロレンツォに劣らぬだけのことを成し遂げていた。驚くべきウルビーノ宮殿を建て、この宮殿には当時最大の個人蔵書が収められていた。フェデリーコの鷲に似た横顔の肖像画は一四〇〇年代半ばで最高の腕を持った画家、ピエーロ・デッラ・フランチェスカによって描かれ、彼の人格の陰の側面は隠された。それでも、〝イタリアの光〟[241]は今や悲しげに薄れつつあり、その一方で彼の賢い宿敵は冷ややかな復讐を楽しみ始めている。のちの伝記作家によると、ロレンツォは次のような皮肉を言ったという。「フェッラーラでの企ての最中に死んだのはフェデリーコにとって良いことだった。なぜなら、もし生きていれば、彼自身の過去の輝かしい行動すべてに影を落とすことになってしまったはずだから」

フェデリーコは死の床で、魂と体をフランシスコ会の修道士にゆだねてほしいと頼んだ。亡骸はウルビーノのはずれにあるサン・ベルナルディーノ教会に埋葬された。防腐処理を施した彼の亡骸は、少なくとも二世紀は主祭壇の下に見えていた。木の人形に似ており、肉が落ちて白い肌に覆われていた。深紅と緋色のサテンの優雅なローブに身を包み、横に剣が添えられている[242]。

実に多くの戦いを経て、彼はようやく安らかな眠りについたのだ。

第Ⅲ部

システィーナ礼拝堂とボッティチェッリの《春》

謀略とひそかな手段
そのすべてを知り尽くし、その術にあまりにも長けていたので
わたしの名声は地の果てまで鳴り響いていた。

——ダンテ『地獄篇』

11　不吉な終焉

ボッティチェッリの暗号

十五世紀後期のフィレンツェで繰り広げられた出来事の重要な証人は、アレッサンドロ・フィリペーピ――かの有名なサンドロ・ボッティチェッリである。一四四五年に生まれ、フィリッポ・リッピ修道士とアントーニオ・ポッライウオーロの下で絵画を学び、一四七〇年代に自分の工房を開く。そしてすぐに、フィレンツェで最も賞賛される芸術家の一人となった。一四七八年七月二十五日、ボッティチェッリはパッツィ一族の死者およびフィレンツェ共和国に対する反逆者全員の絵をフィレンツェのヴェッキオ宮殿の壁に描き、報酬として政庁《シニョリーア》から五十フロリンを受け取った。彼らの恥辱を不朽のものとするため、ボッティチェッリは上部の窓からぶら下がったままの死体のスケッチを描き、等身大のフレスコ画に再現した。そうすれば、シニョリーア広場《ピアッツァ・デッラ・シニョリーア》を通り過ぎる人は誰でも、この不吉な光景を見落とすはずがなかったからだ。

ボッティチェッリは長年にわたりメディチ家に仕えてきた。パッツィ家の陰謀によるジュリアーノの死後、一六〇ページに掲載されている彼の肖像画も描いている。その絵の親しみのこもった性質――個人のために描かれた作品だった――には、芸術家とその題材との間の親密な絆が表れている。だが、死んだ陰謀者たちを描いた公開用のフレスコ画は、どぎついまでに真に迫っていたため、教皇はそれを破棄するよう繰り返し命じていた。聖職者（この場合はピサ大司教フランチェスコ・サルヴィアーティ）の絞首刑の肖像を描くことは、異端的な行為と見なされたのだ。実のところ、一四八一年春に教皇の罪の赦しが与えられる一年前に、大司教の姿は陰謀者たちのフレスコ画から削り取られた[243]（それでもこのフレスコ画は一四九四年にメディチ家が街から追放されるまでそのまま残されていた）。

シクストゥス四世が厳粛に赦しを与えてからわずか数カ月後、ボッティチェッリは当時同じように有名だったフィレンツェの画家ドメーニコ・ギルランダイヨとコージモ・ロッセッリとともにローマに呼び出され、システィーナ礼拝堂の内部の壁を装飾するようにとの依頼を受けた。この礼拝堂は一四七七年に教皇がヴァチカンで建設を開始した。ボッティチェッリのような繊細な芸術家がこのような使命を与えられたときにどのような心理的障害に直面するかは、想像するしかない。彼のパトロンのジュリアーノが殺された血なまぐさい陰謀の後ろ盾となっていた教皇その人、二年もの長い間にわたって彼の故郷フィレンツェの街を破門し、市民に対して壊滅的な宗教的および軍事的戦争を仕掛けた張本人――その教皇が今、彼をローマに呼び出し、自分の名に由来する名を持つ遺産となる礼拝堂に絵を描けと言うのだ。

この名誉ある仕事のために画家が選ばれた経緯を記録した証拠文書は見つかっていない。[244]ボッティチェッリを選ぶのにロレンツォが関わっていた可能性はある。これは教皇に対する善意の意思表示にすぎなかったのかもしれない。しかしながら、ボッティチェッリが自発的にローマに赴いた可能性もある。なぜなら、無理やり和平が結ばれてからのフィレンツェの経済状況は悲惨で、これほど著名な芸術家でも、手がける価値のある製作依頼を見つけるのに苦労していたのだ。

文書の裏付けがあるのは、ボッティチェッリが一四八一年十月から一四八二年四月までの少なくとも六カ月間はローマに滞在していたということだ。この期間に彼は、礼拝堂の壁に十六枚あるフレスコ画のうち三枚も描いた。フレスコ画はテーマ別に二つの左右対照となった連作に分かれている。南の壁はモーセの生涯、北の壁はキリストの生涯だ。もともとあったラテン語の銘《ティトゥーリ》は一九九〇年代後期に修復された際に復元されており、モーセ伝では成文法（旧約聖書）が、キリスト伝では福音法（福音書）が繰り返し引用されている。

聖書から選ばれた場面は、モーセと燃え尽きない柴やシナイ山上のモーセなどのよく知られたエピソードとあまり知られていない話が組み合わせられていて、それに対する教皇の神学上の博識がおそらく思いつきを生んだのだ。最初の現存するフレスコ画は《モーセの息子の割礼》で、ペルジーノの作品とされている（また、絵の周囲の優雅な帯状装飾も彼の作とされ、教皇の生家デッラ・ローヴェレ家の紋章である金色のオークの装飾になっている）。二番目の《モーセの試練》はボッティチェッリの作とされ、五番目の《コラの懲罰》もそうである。これはモーセの歴史の中でも最もぞっとするほど権威主義的なエピソードの一つだ。歴史家の一部は、《コラ》のフレスコ画は、異端者のカルニオラ大司教アンドレアス・ザモメティックを指していると考えている。[245] この大司教は公会議で教皇の退位を要請しているが――この要請をロレンツォがひそかに支援していた――それは実のところ、この連作が完成した直後の一四八二年夏の出来事だったのだ。[246] だが、そのときにはもう、ボッティチェッリはフィレンツェの家に帰っていた。

それよりも説得力のある仮説は、この古代の出来事の描写はフィレンツェとの最近の激しい戦争をあから

サンドロ・ボッティチェッリ《コラの懲罰》。1482年頃。

《コラの懲罰》（部分）。フィレンツェの長旗を掲げた船が見える。

さまに指しているのでは、というものだった。メディチ家に最も深く関わっていた画家がこのような議論を呼ぶテーマを描くために選ばれたのは、単なる偶然の一致だったのだろうか？ システィーナ礼拝堂のフレスコ画は何世紀にもわたって賞賛され研究の対象となってきたが、驚いたことに、その制作に先立つ同時代の痛ましい歴史を考慮して注目してみた者は、今までほとんど誰もいなかったのだ。

《コラの懲罰》の背景はコンスタンティヌスの凱旋門で占められていて、そこには神聖な権威に反抗する者に向けられた警告が記されている。「名誉を我が物にするのは、アロンのように神に呼ばれし者のみなり」

モーセとアロンは政治と宗教の領域においてユダヤ人を支配していた兄弟だが、髭を生やした彼らの横顔は、第四章で説明して八六ページですでに載せた、メロッツォ・ダ・フォルリ作の有名な家族肖像画に描かれた髭のないシクストゥス四世の横顔と、まさに一致している。聖書における反逆者に対する神の怒りの復讐者として自分を描いてもらいたい、と教皇が望んでいたことは、ほぼ疑いようがない。聖なる炎に焼き尽くされたコラと彼の信奉者たちの運命は、ボッティチェッリにより度を

左：ボッティチェッリ《コラの懲罰》（部分）。モーセとアロンの横顔が示されている。右：メロッツォ・ダ・フォルリ《シクストゥス4世》（部分）。

超した激しさで描写されている。そして、至高の権威に対するこの反逆者たちとはいったい誰なのか？ そのヒントは、背景の門の隣に描かれた停泊中の船のマストにはためくフィレンツェの長旗だ。きわめて小さな細部で、下からはほとんど見えないが、画家の視点から見れば間違いようがない。

この絵のラテン語の題名《コントゥルバティオ》、つまり《聖書の革命または動乱》は、福音書の中のコントゥルバティオに面した壁画と一致している。それは《聖ペテロへの天国の鍵の授与》で、教会の成立そのものに関する内容なので、すべてのエピソードの中で最も論議を呼びそうなものだ。

この絵を描いたのはペルジーノで、唯一のフィレンツェ人以外の巨匠《マエストロ》であり、システィーナ礼拝堂の作業において議論の余地のないリーダーである。彼は《キリストの洗礼》と、主題《テーマ》的にキリスト伝の中で最も意味深長な前述のフレスコ画を描いたのだ。《コラの懲罰》の真向かいにある《授与》には、コンスタンティヌスの凱旋門をモデルとしたアーチ形の門が二つあり、礼拝堂の建造者であるシクストゥスを記念して建てられている。片方の門からもう片方の門へと続けて刻まれた銘文は大胆な内容で、自らをほめたたえる教皇にふさわしいものだった。

ソロモンはシクストゥスよりも賢くはない

いかに賢いと主張しようとも、シクストゥスはボッティチェッリに絵の報酬の支払いを拒んだ。ボッティチェッリは一四八二年の四月より前にローマを発ったようで、フェッラーラの戦争の勃発によりこの不親切な街で足止めを食らわずに済んだ。しかし、のちに彼は、傲慢でけちな教皇に報酬の要求を申し立てるため、親戚を一人送り込まざるを得ない状況に陥った。

ピエートロ・ペルジーノ《聖ペテロへの天国の鍵の授与》。1482年頃。

ジュリアーノの復活

フィレンツェに戻るとすぐ、ボッティチェッリは未完成の仕事を片づけなければならなかった。それはメディチ家の結婚を祝うための絵だった。結婚式は一四八二年の五月から七月十九日に延期されており、おそらく絵を完成させる時間をつくるためだったのだろう。結婚式に選ばれたのは金曜日、イタリア語で言えばヴェネルディなので、絵の中央にヴィーナスを描いて祝福するのがふさわしかった。愛の女神はわずかに物悲しそうに描かれることになる。なぜならこの絵は、多くの死と破壊の後の生を祝うものだったからだ。《春《ラ・プリマヴェーラ》》、または《春の寓意》はほぼ間違いなく、芸術史の中で最も多く論じられてきた作品の一つである。[247] そのとらえどころのない本質の解釈は何世紀にもわたり常に難問となっており、今日に至るまで変わらない。《春》についてはあらゆることと、あらゆることの反対が語られており、新しい解釈が出るたびに、別の学者から解釈のための要素を要求しなければならないのだ。

二つの重要な植物学的要素が、この絵を読み取る際の政治的背景を解く鍵となる。この場面の一番上に浮かんでいるオレンジの実（キトルス・メディカ）はメディチ家を指しており（メディチ家の紋章には金色の玉が配されている）、一方のヘレボルスは、毒のある根が憂鬱《ゆううつ》や狂気（イタリア語ではパッツィーア）を治すために使われる植物なので、実に辛辣にもパッツィ家を指している。ヘレボルスはヴィーナスの足のすぐ下にあり、その一方で花の付いた装いで伝統的に〝春〟と解釈されている寓意的な主役は、同じヘレボルスとミオソティスで作った結婚式の花冠をつけている。ミオソティスの俗称は「勿忘草《わすれなぐさ》」だ。

この絵が祝福した結婚はほろ苦いものだった。あいにく、パッツィ家の陰謀の直前、ジュリアーノ・デ・

サンドロ・ボッティチェッリ《春》、または《春の寓意》。

メディチはセミラーミデ・アッピアーニ・アラゴーナとの結婚を交渉していた。フィレンツェの南西にある海辺の戦略的拠点ピオンビーノの領主の娘だ（モンテセッコの自白によると、ジュリアーノがピオンビーノに向かう途中を捕らえて暗殺する計画もあったという）。ジュリアーノが暗殺される直前に婚約していた女性とジュリアーノの従弟ロレンツォ・ディ・ピエルフランチェスコ・デ・メディチとの間の新たな結婚契約が、一四八一年八月に結ばれた。ボッティチェッリがローマに発つ数週間前のことだった。

　ボッティチェッリがフィレンツェに帰ってきたとき、彼の頭はシスティーナ礼拝堂のフレスコ画のイメージでいっぱいだったので、いたずらっぽい思いつきが心をよぎっていたかもしれない。この絵の一番右端にいるいささか浅黒い肌の人物は、《コラ》のフレスコ画に描かれた反乱の首謀者たちの一人と驚くほど顔が似ている。この人物は通常はゼピュロスと見なされていて、ボッティチェッリの別の作品《ヴィーナスの誕生》で海の中から生まれたヴィーナスに命を吹き込む西風の神だ。だが、ここで疑問が生じる。息を吹く顔という図像学的特徴の繰り返しは、単なる様式上の工夫にすぎないのか、それともこの絵の寓意的重要性により大きく貢献しているのだろうか。

　最近の非常に説得力のある《春》の解釈では、別々に研究してきた二人のイタリア人学者が、初期キリスト教のテクスト『文献学とメルクリウスの結婚《デ・ヌプティイス・フィロロギエ・エ・メルクリイ》』を考慮して全体の寓意を解釈し直している。作者マルティアヌス・カペッラはアフリカ生まれのローマ人文筆家で、西暦四一〇年のヴァンダル人のローマ略奪の後にこれを書いた。この複雑なテクストはかの画家だけでなくメディチ家のパトロンたちの洗練された衒学《げんがく》的な趣味にも合っていただろうが、この中に、絵に登場している人物が一人残らず見つかるのだ。左側から、メルクリウス（花婿ロレンツォ・ディ・ピエルフランチェスコ・デ・メディチの肖像画かもしれない。彼はのちにボッティチェッリの最大のパトロンになる）、〝美〟の三女神（ボッティチェッリ流の典型的美女で、彼

左：《コラの懲罰》（部分）。コラが息を吹く顔。右：《春》（部分）。ゼピュロス／アタナシア。

の描く女性の大半と同様、彼の魅惑的な恋人の影響が出ている)、〝愛〟の女神ヴィーナス、そして〝春〟だが、これは実のところ花の守護神フローラだ。彼女の隣にいるフィロロジー(花嫁セミラーミデ・アッピアーニの肖像画かもしれないが、美の三女神の中央が彼女だとする意見もある)の口からは、書物の代わりに英知の花がこぼれ出ている。

カペッラのテクストを考慮すると、一番右端の人物はゼピュロスではなくてアタナシア、つまり〝不滅〟の化身として見ることもできる。もしそれが実際にボッティチェッリの考えだとすると、システィーナ礼拝堂のフレスコ画は、反乱者の殺到の描写というより、実はその反対を意味していることになる。モーセの(つまりシクストゥスの)怒りに屈する代わりに、フィレンツェの反乱者は教皇への服従に抵抗し、不滅を見い出そうとしている。この破壊的な新解釈に関する内輪のジョークは、さらに一歩踏み込んでいる。《春》では、不滅の秘蔵っ子である妊娠中のフローラは、フロレンティア(フィレンツェ)とフィオレッタの両方の寓意なのだ。彼女はフィレンツェの街であり、希望と未来を予言としてはらんでいる。しかも亡きジュリアーノの最後の愛人フィオレッタ・ゴリーニ、つまりジューリオ・デ・メディチの母親を表していて――ミオソティスとヘレボルスを首に巻いているのだから――パッツィ家が子供の父親を殺したのだということは忘れない。一方、〝愛〟の女神は同じ毒を持つパッツィ家の草(今や文字どおり地に堕ちた)を踏もうとしている。このすべてが、メディチ家の別の跡取りロレンツォ・ディ・ピエルフランチェスコ・デ・メディチが彼の暗殺された親戚に嫁ぐはずだった女性と結婚するという状況の中にある。支配者一族によるフィレンツェの典型的な復讐として、これ以上の例は想像しにくい。システィーナ礼拝堂という舞台立ての深遠な意味とメディチ家の結婚式の絵との関係を知るという名状しがたい喜びは、さぞ爽快なものだったに違いない。

＊

システィーナ礼拝堂の壁画は、今なお謎めいた意味を数多く含んでいる。メディチのオレンジの木がモーセと神とが話をしている横に配置され、一方デッラ・ローヴェレのオークの木は、モーセが優雅な服装のエジプト人を短剣の先で刺し殺して逃げようとしている横に描かれているのは、おそらく偶然の一致ではないだろう。これもまた、人殺し教皇を指す別の暗号なのだろうか？　いたずらのセンスとひねくれたユーモアで知られるボッティチェッリのこと、[248]教皇本人にいたずらを仕掛ける気になるのもあり得ないことではない。

シクストゥス四世はおそらく、彼が伝えるよう指示したメッセージをボッティチェッリがこっそりとひっくり返していたことに気づかなかっただろう。シクストゥスがフィレンツェの画家たちの技巧を本当の意味でわかっていたのかどうかは、きわめて怪しいものだ。彼はそれよりも、システィーナ礼拝堂の作業チームで最も才能のないコージモ・ロッセッリがこれ見よがしに塗る金色のけばけばしさに心を奪われがちだった。ロッセッリの金色の使い方に感嘆するあまり、ほかの芸術家たちも彼の例にならってきらきら光らせるようにと命令したほどだった。

このフランシスコ会の神学者ロッセッリは、視覚芸術の教育をほとんど受けていなかった。彼の好みの基準は非常に低俗かつ原始的で、システィーナ礼拝堂のわずか二、三年前に彼が依頼されたサント・スピーリト病院のフレスコ画の連作を見れば、その推測はつくだろう。だが、今回の題材は教義上大胆不敵なものだった――彼は自らを、揺りかごから出てきたばかりの教皇候補者に仕立て上げたのだ。

今や教皇がフィレンツェの激しい競争心をかき立てていた。シニョリーアは、システィーナ礼拝堂に対する公式な回答を出すためのプロジェクトを提示した。一四八二年十月五日、ペルジーノ、ギルランダイヨ、ボッティチェッリはフィレンツェのヴェッキオ宮殿内の百合《サーラ・デイ・ジーリ》の間の絵を描く依頼を受けた。十二月三十一日、ペルジーノへの依頼は取り消され、フィリッピーノ・リッピが代わりに依頼された。噂によると、ペルジーノはほかのトスカーナ人の巨匠たちと気が合わなかったという。これはフィレンツェ人との確執が続いていたことの間接的な証拠かもしれない。

その後、一四八四年のある時点で、ロレンツォはボッティチェッリ、ギルランダイヨ、ペルジーノおよびフィリッピーノ・リッピに、ヴォルテッラ近郊のスペダレットにあるヴィッラのフレスコ画の連作を依頼した。今は無きそのフレスコ画の主題は、厳密には異教的な内容だった。ギルランダイヨはウルカヌスの鍛冶場を描いている。ボッティチェッリの主題が何だったのかは不明だが、今回は報復として、カトリック的ではない流儀でメディチ家を賛美しようというロレンツォのもくろみを成し遂げてくれるフレスコ画だったのではないだろうか。それらの絵が完成する頃には、教皇はすでにこの世を去っていた。

モンテフェルトロの遺産

同時代の多くの証言によると、教皇シクストゥス四世は一四八四年八月にバニョーロの和議――これをもってフェッラーラの戦争が終わった――が調印されたことを知ると、苦々しさのあまり七十歳で死んだ。戦争によって富み栄えてきた者として、自分の同意なしに和平が結ばれると思うだけで耐えられなかったのだ。同時代の目撃証人は彼の遺体について「黒く、変形し、喉はふくれて、眠っている悪魔のようだ」と描写している。シクストゥスの荘厳な墓所は今はサン・ピエトロ大聖堂にあり、ボッティチェッリの師であるアントーニオ・ポッライウオーロの手による、目を見張るようなブロンズ製の記念碑が死後その上に載せられた。

パッツィ家の陰謀に関わっていた人々の大半は、歴史の中で名誉ある人物として記念されることはなく、眠っている間に安らかに息を引き取った者はほとんどいなかった。リアーリオ伯は、全能のおじシクストゥス四世の庇護をひとたび奪われるやいなや、一四八八年四月十四日にフォルリで暗殺された。[249] ジュリアーノが刺殺されてからほぼ十年後の出来事だった。ロレンツォはこの暗殺に対する責任は主張しなかったが、のちに、彼がひそかにフォルリ市民をけしかけてリアーリオを始末させていたことが明らかになった。腹心の部下ジュスティーニも非業の死を遂げた。一四八七年十一月十三日、昔の敵《かたき》の息子であるパオロ・ヴィテッリ・ダ・カステッロに決闘を申し込まれて殺されたのだ。ジュスティーニは首を斬り落とされ、服を盗まれて、首のない裸の死体は地面に放置されたまま腐っていった。この上ない軽蔑の証である。

フェデリーコ・ダ・モンテフェルトロがマラリアで死んだのはずいぶん昔のことだった。だが、彼の人生最期の数カ月におけるこれまで知られていなかったエピソードから、陰謀者たちの運命がさらに見えてくる。一四八二年三月七日、ウルビーノ大使フェリーチはシクストゥスおよびジローラモ・リアーリオ伯の邸宅から追い出された。ローマで面目をつぶされ、動揺したフェリーチは、屈辱を受けたことをパトロンであるフェデリーコに伝えた。スパイのコントゥージは、いつもは冷淡なフェデリーコがその知らせを読んだとたん怒りを爆発させた様子を報告している。[250]

> 今やなんと、われわれは突如として、ジローラモ伯の最大の敵となってしまったのか！　聖なる教皇が建てた非常に尊き殿堂に、すべての教皇の絵を描かせることにした際のあの一件が、伯には我慢ならなかったのだ。教皇は自分のために空けておいた空間に、巨大なゴンファローネ［教会軍総司令官の軍

旗」を持った肖像画を描かせることを望み、わたくしウルビーノ公もその絵に入り、まるで教皇からゴンファローネを受け取っているように描かれることになっていた。伯は画壇の巨匠たちに向かって、追って沙汰があるまで絵を描かぬように命じたのだ。

フェデリーコは「興奮した口ぶり」で、あの「非常に尊き殿堂」の運命を案じていた。不朽の名声を博することになる殿堂――つまり、システィーナ礼拝堂のことだ。一四八二年三月、キリスト伝とモーセ伝の壁画は、窓の高さに描かれた殉教した歴代教皇の肖像画とともにほぼ完成していたが、祭壇の壁にはまだ何も飾られていなかった。

教皇シクストゥス四世は、自分が依頼した肖像画を新しい礼拝堂の中央、祭壇の真上に飾って目立たせようと考えていた。フェデリーコは、ローマ・カトリック教会の最も神聖な場所に、教皇と並んで自らの肖像画が飾られることがあり得ると思い込んでいたのかもしれない。彼のような軍指揮官はそのような聖なる情景には場違いなはずなのだが。フェデリーコは激怒のあまり、自分が受けたと感じた不当な扱いがさらに不当なものに思えるように、ありもしないことまで想像してしまったのかもしれない。だが、少なくともそれが実現し得ることとして検討された可能性は除外できない。結局ペルジーノは祭壇画として、ひざまずくシクストゥス四世の肖像の上空に聖母被昇天を描いた。今日では、スケッチしか残されていない。

もしコントゥージの報告を信じるならば、リアーリオ伯は、教皇の館の最も聖なる場所にフェデリーコの姿を永遠にとどめるはずだった絵の依頼を取り消すことにより、公爵の最大の弱点、つまり彼のこの上ない虚栄心を傷つけたのである。フェデリーコは自分のイメージを非常に気にしていて、考え抜いたポーズでの肖像画を何枚か描かせているほどだった。特に有名な肖像画は、小書斎《ストゥディオーロ》に似た部屋で腰を下ろした彼が、

ピエートロ・ペルジーノによるシスティーナ礼拝堂の祭壇画《聖母被昇天》の模写。現物は破壊された。

鎧の上にオコジョの首飾り章とガーター勲章を付けた正装姿で、大型の写本を読んでいるというものだ。だが、絵の中の彼は何を読んでいるのだろう？[251] 分厚い本で、飾り棚にごくわずかに立て掛けられているだけだ。フェデリーコはそれを腕の長さの分だけ離して、苦もなく持っているように見える。その場の厳粛さから考えて、宗教書以外とはとても思えない。ジョヴァンニ・サンティが重要なヒントを与えてくれている。彼はモンテフェルトロの蔵書の構成を次のように説明しているのだ。

……一方では何はさておき
神聖なる聖職者たちによる数々の著作が、すべて飾り立てられ
驚くべき美しさで装丁されているのだ。[252]

フェデリーコの蔵書の装丁はあまりも素晴らしかったため、チェーザレ・ボルジアの軍隊が一五〇二年にウルビーノの街を略奪した際、特に豪華なものは残らず盗まれてしまった。それらは宝石や金で飾られていたのだ。そしてその中でも、「神聖なる聖職者たちによる数々の著作」がとりわけ見事だったはずなのは驚くにはあたらない。フェデリーコが膨大な蔵書の中から特別に一冊の本を選び、画家の前でそれを読むポーズをとった可能性は大いにあるだろう。実際におよそ一ダースの本が、この羽目板に丹念に描かれている本と同じく、豪勢な赤い絹の装丁を施され、銀の留め金が付いていた。これらの本はそれぞれ別の教父が著した作品だった。その中で、寸法がぴったり合うのは一冊しかない。フェデリーコが読んでいる本の著者は大聖グレゴリウス、またの名を教皇グレゴリウス一世（五九〇〜六〇四）――四大ラテン教父の一人だったのだ。この写本は、ヨブ記に関するグレゴリウスの名高い注解《モラリア》から構成されている。『ヨブ記注解』はキリス

ガンのユストゥスまたはペドロ・ベルグェーテ《フェデリーコ・ダ・モンテフェルトロと息子グイドバルドの肖像》。1475年頃。

ト教徒の生活の手引きで、道徳と宗教教育に関する書物として、中世に大変な影響を及ぼした。ルネサンス期において、グレゴリウスは闘争的な教皇と熱心な知識人という二つの顔を持った人物と見なされており、それはフェデリーコにとって、このような形で人々の記憶に残りたいと思う理想的な組み合わせだったのだ。

フェデリーコは高い腰掛けに座り、読書に没頭していて、それはおそらく、ある教皇が旧約聖書について書いた本で、特に議論の的となるような、神学的な興味をそそる書物かもしれない。ヨブは信仰の試練を耐える男の例としては最高だ（〝信仰〟はイタリア語でfede《フェーデ》というので、〝信仰豊かな〟男としてのフェデリーコの名前にちなんだ洒落がいくつもウルビーノ宮殿に刻まれている）。

これはまるで、ルネサンスの遠近法ゲームだ。ウルビーノのストゥディオーロで著名人の絵の間に掛けられているグレゴリウスの肖像画の背景には、優雅な柱頭が描かれ、その上に鷲がとまっていて、公爵のエンブレムであるモンテフェルトロ家の紋章を摑んでいる。そして、ガーター勲章がその同じ柱にさりげなく巻きつけられている。結局、肖像画とは、最も洗練され、最も秘められたたぐいの自己像《イメージ》を作り出すためのものなのだ。徹底的に写実的な絵画は、大いに時間に縛られていながら、時間を超越した権力のイコンとなるのだ。

メディチ家の復讐

ロレンツォ・デ・メディチは、わざわざそのような凝ったポーズで座ることはなかった。しかしながら、マキアヴェッリの言葉を借りれば、ロレンツォは「運命と神にこの上なく愛されており、そのため彼の企てはすべて順調に終わり、彼の敵の企てはすべて不運な結果に終わる」(253)。彼は芸術の偉大なパトロンおよび政

ガンのユストゥスまたはペドロ・ベルグェーテによる、ウルビーノのストゥディオーロにある大グレゴリウスの肖像。1475年頃。モンテフェルトロの鷲が柱頭にとまっていて、ガーター勲章がその柱に巻きつけてある。

治的均衡の決定者となることにより、死後に「偉大なる」という称号を手にしたのだ。彼自身の言葉では、美徳の例を次のように定めている。

君主が行なうことは大衆もすぐに行なう
彼らの目は常に君主に注がれているのだから[254]

ロレンツォは、教会と直接に対決すればどれだけ手強い敵になりうるかということを苦労して学んできた。彼は新教皇インノケンティウス八世の買収に徐々に着手し、メディチ家の変わらぬ味方になってもらおうとしていた。インノケンティウスのもとで、ロレンツォの息子ジョヴァンニが十七歳で枢機卿となった。ロレンツォが一四九二年三月にジョヴァンニに送った書簡は彼の政治的遺言と考えることができ、そこには慎重な偽善と権力を維持するための意志が混ざり合っている。

ロレンツォは、神の摂理に対する一族からの感謝の意を示している。[255]「われわれが今まで享受してきた中で最高の高位を、おまえにという形でわれわれに与えてくださったのだ。この恩義には、敬虔かつ貞節な模範的生活によって報いねばならない……昨年中に、おまえが足繁く自発的に聖体拝領および懺悔に行っていたことを知り、わたしは大いに満足している。天の恩寵を得るのにそれ以上良い方法など思いつかない……おまえはこれからローマに住むのだから、あの邪悪の街では、このような忠告によって身を処することの困難は増すだろう……自ら話をするよりも、ほかの枢機卿の話に耳を傾けなさい……そして、おまえの一族と生まれ故郷を大切にすることを決して忘れずに……いざさらば」

ロレンツォは一カ月後の一四九二年四月に息を引き取った。死因は老衰だった。ジョヴァンニは父の助言を一五一三年の教皇選挙会《コンクラーヴェ》のときに思い出し、そして教皇レオ十世となった。ウルビーノ公国の名は、メディチ家初の教皇の行動計画にすぐ登場した。なぜなら、王朝としての理由と戦略的理由の両方から、いち早くフィレンツェの貪欲の対象となったからだ。一五一六年、偉大なるロレンツォの孫ロレンツォが、シクストゥス四世の孫フランチェスコ・マリーア・デッラ・ローヴェレを襲撃した。フランチェスコはフェデリーコの娘ジョヴァンナ・ダ・モンテフェルトロの息子でもあり、一五〇八年以来ウルビーノを支配していた。若きロレンツォは速やかに彼に取って代わってウルビーノ公となり、一五一九年に急死するまでこの称号を保った。

だが、究極のメディチ家の復讐は、システィーナ礼拝堂の壁の中で、パッツィ家の陰謀から五十五年後にひっそりと行なわれた。一五三三年、メディチ家の二人目の教皇であるクレメンス七世は、五十八歳のミケランジェロに、システィーナ礼拝堂の祭壇の壁に《最後の審判》の絵を描くよう依頼した。ペルジーノの《聖母被昇天》に占領されていたあの同じ壁に。かつて一五一二年に、ミケランジェロは教皇ユリウス二世の依頼でシスティーナ礼拝堂の天井に装飾を施していた。ユリウス二世はシクストゥス四世の甥で、おじの肖像画が無傷のまま保たれるよう念を押していた。巨匠ミケランジェロは、祭壇の壁が礼拝堂で最も神聖な場所であることを誰よりもよく知っていた。一五三四年初め、黙示録のフレスコ画に取りかかるためにローマに移る前に準備のデッサンを描いた際、ミケランジェロは、ペルジーノの《被昇天》が占めているアーチ形の空間にあたる部分を空白のままにしておいた。すべての魂の裁き主として描かれた高くそびえるキリストの隣に、彼はひざまずく聖母マリアをスケッチして、ペルジーノの作品に登場した昇天するマリアにひざまずいて祈るシクストゥス四世の姿をそこに映し込んだ。彼は祭壇画の一番上に動的な人物画まで描き、前に描かれていた絵の静的なスタイルに対比させた。どうやら、この初期の計画はクレメンス七世に退けられたらしい。

一五三四年九月にミケランジェロがローマに到着してみると、それはクレメンス七世が死ぬわずか数日前のことだったのだが、祭壇の壁は——ペルジーノのフレスコ画もろとも——完全に消え失せていた。礼拝堂を建てた張本人の教皇が自ら描かせた祭壇画を外させる勇気のある芸術家など、誰もいなかったはずだ。その破壊を命じることができたのは、別の教皇だけだろう。そしてそれがまさにクレメンス七世の行なったことであり、彼のこの世での最後の行ないの一つとなった。

その時以来、クレメンス七世——ジューリオ・デ・メディチ——がジュリアーノ・メディチ、つまりシクストゥス四世が教唆《きょうさ》したパッツィ家の陰謀の、有名な犠牲者の死後に生まれた息子だという単純な事実に、誰も注意を払わなかった。このメディチ家の教皇は、父を殺した人物の姿を消し去ったのだ。この新たな観点から考えると、《最後の審判》は二重の意味で亡き教皇を地獄に送る手段となる。[256] これは、この物語の主《ヒー》役《ロー》と敵役《アンチヒーロー》の名声が「地の果てまで」鳴り響く一つの理由にすぎないのだ。

ミケランジェロ・ブオナッローティによる、システィーナ礼拝堂の祭壇の壁に描かれた《最後の審判》のスケッチ。1534年。

あとがき

わたしがアメリカ合衆国に来たことがイタリアでも有数の古く血なまぐさい謎の解決につながろうとは、夢にも思わなかった。一九九五年にイェール大学で博士号取得に向けて研究を始めたとき、わたしは古代の手書き文字の読み方を学ぶために古文書学の授業を取ることにした。担当教授のヴィンセント・イラルディはスフォルツァ家を研究している著名な歴史学者で、わたしが会いに行くとすぐ、祖先チッコ・シモネッタの伝記を書いたらどうかと勧めてくれた。チッコはミラノの支配者スフォルツァ家に長年仕えた書記官である。けれども、おおもとの情報源からこれほど離れた地で、はるか昔のこの無名の人物について、どうやって調査すればいいのだろう？

この疑問には間もなく、しかも驚くほど見事に解答を与えられることになった。イラルディ教授は実のところ、スフォルツァ時代（一四五〇～一五〇〇）の外交文書の膨大なマイクロフィルムコレクションを構築していたのだ。これはイラルディ・マイクロフィルム・コレクションと名づけられており、約二千リールのフィルムに記録されたおよそ二百万の文書から構成され、すべてスターリング記念図書館の地下二階に保管されている。この大規模な文書コレクションのおかげでわたしは、ルネサンス期イタリアの政治上の重要人物でありながら今まで見落とされてきた存在だった、祖先の日常生活に足を踏み入れることができたのだ。

一九九八年、ガレアッツォ・マリーア・スフォルツァ公が一四七六年に暗殺された後のチッコ・シモネッタとウルビーノ公フェデリーコ・ダ・モンテフェルトロの政治的関係を調査している最中に、フェデリーコが書いた数通の謎めいた書簡に出くわした。一四七八年のパッツィ家の陰謀の直後に書かれたものだ。これらの書簡を読んで好奇心をかき立てられたので、わたしはすぐさま、メディチ家の兄弟二人を狙ったあの悪名高き暗殺未遂にフェデリーコ本人が積極的に関与していたのではという興味深い可能性について調べ始めた。

一九七八年にヴァルテル・トンマゾーリが書いたフェデリーコの伝記に、ウルビーノの私設古文書館に公爵家の一四〇〇年代後期の手紙の一部が保管されているという記述があった。わたしはその古文書館を利用するために、三年近く努力を続けた。そこにはウバルディーニ家の書類が保管されていて、親戚であるモンテフェルトロ家からの文書もわずかながらあるのだが、館長はそのような書類は存在しないと言い張ったのだ。だが、その館長が退任した後の二〇〇一年六月にようやく、わたしは古文書館に入る許可をもらった。すると、一四七八年から一四八〇年までの保存状態の良い書簡の束が見つかった。一部はフェデリーコ・ダ・モンテフェルトロの異母弟オッタヴィアーノ・ウバルディーニに宛てられたものだったが、ある一通（一番長い手紙）はフェデリーコ自身がローマにいる大使に送ったオリジナルの文書だった。一四七八年二月十四日という日付を見て、これはわたしの探している決定的証拠かもしれないと思ったが、きわめて難解な暗号で書かれていたので、内容を知るすべはなかった。伯爵夫人ルイーザ・ウバルディーニの許可をもらってその書類をコピーしてから、そのコピーを持ってアメリカに戻った。

わたしは、チッコ・シモネッタの著した『見本のない暗号書簡を解読するためのルール』という暗号解読術に関する小論文を活用することにした。この存在を知ったのはアメリカに来てからで、もともとはチッコの『日記』の一部だったが、それが書かれた四ページがミラノから盗まれて、ナポレオン統治下のパリに運び込まれていたのだ。わたしはイラルディ・コレクションの中から『ルール』の自筆原稿を引き出し、第五章で説明したように、チッコのヒントに従うことにより暗号の解読作業を開始することができたのだ。数週間にわたる努力の末に、とうとう暗号解読を成し遂げた。それはまさに興奮の大発見だった。今まで集めてきた間接的証拠がすべて裏づけられて、パッツィ家の陰謀におけるフェデリーコ・ダ・モンテフェルトロの狡猾な関与が証明されたのだ。

わたしはそれ以外にも多くの書類を集め続けて、二〇〇三年にようやく、調査結果をまとめた論文を ***Archivio Storico Italiano***（一八八八年発刊のイタリア最古の学術誌）に発表した。驚いたことに、学者からの反応はすぐにはなかった。ところがそれ以上にびっくりしたのは、メディアが反応してきたことだ。二〇〇四年初めにロシアの『プラウダ』が、続いてイタリアの『ラ・レプッブリカ』が――ニューヨーク通信員アルベルト・フローレス・ダルカイスによる全面記事として――そしてその後も、多くの各国の新聞がこの発見を報じた。二〇〇五年二月には、ヒストリーチャンネルがこの暗号解読ストーリーを簡単にまとめた内容のドキュメンタリーを放映している。

わたしがこの本を書こうと決心したのは、パッツィ家の陰謀について自分の言葉で、より詳しく説明するためだった。最近刊行されたラウロ・マルティネス著 ***April Blood: Florence and the Plot Against the Medici*** (2004) とティム・パークス著 ***Medici Money: Banking, Metaphysics, and Art in Fifteenth-Century Florence*** (2005)（邦訳『メディチ・マネー』白水社）は取り扱っている歴史上の人物が本書と重なっているが、取り組み方と注目ポイントはまったく異なっている。前者はこの陰謀についてすでに知られていること、つまりパッツィ家の視点からの情報を集めているが、新しい証拠を通しては眺めていない。後者は、メディチ家の富の盛衰に関する物語を、形を変えて語り直したものだ。わたしの狙いは、新たな文書の発見と新たな解釈を付け加えて、今まで空白となっていた箇所を埋めることにあった。ルネサンス期のイタリア史における二つの連続した陰謀に関する秘められた歴史的真実を、できるだけ正確に再現しようとしたつもりだ。さらに、過去に一度も探求されたことのないシスティーナ礼拝堂とパッツィ家の陰謀のつながりについて仮説を立ててみた。

わたしは昔から、典型的なフィレンツェの芸術家だったサンドロ・ボッティチェッリが、当時メディチ家と最も激しく敵対していた教皇シクストゥス四世にローマに呼び出されたというのはおかしな話だと感じていた。ボッティチェッリはメディチ家の顧客で、ジュリアーノ・デ・メディチの死後に彼の肖像画を描き、パッツィ家の陰謀の共謀者たちの吊るされた死体の絵をヴェッキオ宮殿の壁に描いている。大切なパトロンを思いやることなく教皇の礼拝堂を装飾する仕事を引き受けるとは、どういうつもりだったのだろう？　本書の最終章は、その疑問に答えるための試みだ。

ボッティチェッリの作品に対するわたしの解釈に、誰もがあらゆる詳細まで賛成してくれるということはないだろう。文学者として、そして歴史学者として、わたしは文面《テクスト》と図像《イメージ》と、そして元の文脈《コンテクスト》を同時に眺めようとしている。もしこの終わりのない批判的思考がどこかでうまくいかなくなったとしても、次の発見で改善されると思えば慰められるのだ。

謝辞

まずは第一に、最初から外交の世界を学ぶことを勧めてくれたヴィンセント・イラルディと、ルネサンス期の権力と文学の複雑な相互作用へ誘い込んでくれたジュゼッペ・マッツォッタ――イェール大学時代以来のわたしのアドバイザー――に感謝したい。そして、次に挙げる友人、学生、同僚に感謝する。さまざまな機会にもらった情報が、本書の形と中身をより良いものにしてくれた。アン・アティク、キャサリン・ビンドマン、アルバ・ブランカ、ビル・コネル、ジョナサン・ケイガン、クリスティン・カーム、クラウディア・ラ・マルファ、ラウラ・マリンヴェルニ、トム・メイヤー、ピエートロ・モレッティ、トゥーリ・ムンテ、ピア・ペーラ、アイリーン・スミス、ウィル・ステンハウス、そして最後にきわめて重要な、カリン・ウェーバー。揺るぎない支えをありがとう。サラ・フリンには、プロとしての編集協力に特に感謝したい。

写真の入手に寛大かつ迅速に協力してくれた次の方々に感謝する。ファブリツィオ・フェヌッチ、ヴェルナー・ハナク、ナタリー・レトナー、エリザベッタ・パンチェーリ、ユート・ケイガン・ワルテンバーグ。

わたしの素晴らしいエージェントのエリザベス・シーンクマンは、たゆみなくありがたいほど効果的に努力して、素晴らしい出版元を探してくれた。それからロンドンのカーティス・ブラウン社での彼女の優しいアシスタント、フェリシティ・ブラントにもお世話になった。

ダブルデイ社で編集を担当してくれたのはクリスティン・プオポーロだ。原稿に迅速に対応してもらったおかげで無事刊行にこぎ着けたし、考え抜かれた修正と提案によって文体がとてつもなく改善された。

最後に、妻のノーガ・アリカに感謝したい。最も手ごわい編集者で、一番素敵な相棒として、執筆のあらゆる段階において愛情深く積極的に協力してくれた。

本書はわたしの母ネッラに捧げる。チッコ・シモネッタが長い生涯の最後に幽閉されていた城があるのは、母がわたしを産んでくれたパヴィーアの病院からわずか数ヤードの距離なのだ。

解説

成城大学文芸学部教授（イタリア美術史）
石鍋 真澄

ルネサンスというと、ボッティチェッリの名画、《春》や《ヴィーナスの誕生》を思い浮かべる人が多いに違いない。ルネサンスの優雅で明澄な美の世界だ。

しかし、そのボッティチェッリが「ピットゥーラ・インファマンテ」（名誉を汚す絵画）と呼ばれた、「見せしめ画」を描いたことは、あまり知られていない。「見せしめ画」というのは、謀反人や好ましくない人物を、見せしめのために公の場に描いたもので、十三世紀から北・中部イタリア各地で描かれた。フィレンツェ・ルネサンス絵画を代表する画家の一人、アンドレア・デル・カスターニョが処刑された謀反人を巧みに描いて、「縛り首のアンドレア」とあだ名されるようになったのは、有名な話だ。

こうした「見せしめ画」は、十六世紀には描かれなくなり、あったものもすべて破壊されてしまったので、今日ではまったく残っていない。若干の準備デッサンが現存するのみである。ようするに、ルネサンス画家は清らかな宗教画や優雅な神話画を描くだけでなく、時には生々しい現実に向き合い、ジャーナリスティックな役割を果たしたのである。

ボッティチェッリが描いたのは、本書に述べられているとおり、一四七八年の「パッツィ家の陰謀」と呼ばれる、メディチ家に対する反乱事件の首謀者八人の「見せしめ画」である。彼らの足もとには、ロレンツォ・デ・メディチ自らが書いた詩が添えられたと伝えられる。

ルネサンスには、名画の数々から受ける明るく人間的な印象とは裏腹な、中世以来の非合理的で暴力的な側面があった。ルネサンス文化の雄、フィレンツェの歴史にも、そうした血生臭い事件が記録されている。パッツィ家の陰謀事件は、その典型である。

メディチ家は新興の家柄だったが、「祖国の父」の称号を与えられたコジモ・デ・メディチの時代に政敵を駆逐し、一四三四年以降、四代六十年にわたってフィレンツェに君臨することになった。そのメディチ時代に、フィレンツェ・ルネサンスの芸術と文化が花開いたことはよく知られている。

中世やルネサンスの都市国家では、有力家系同士の勢力争いは日常茶飯事であった。メディチ家自体、十五世紀初頭のアルビッツィ家との苛烈な争いを経て、コジモが市の実権を握ったのである。コジモの後を継いだ、痛風病みのピエロが一四六九年に世を去ったとき、長男ロレンツォは二十歳の若者であった。だが、たちまち政治的手腕を発揮して政敵を排し、メディチ家を中心とする新たな寡頭政治体制を確立するのに成功する。反対派は窮地に追い詰められた。

こうした状況の中、メディチ家支配の転覆を謀ったのが、パッツィ一族であった。フィレンツェでは、十字軍で戦功を上げたパッツォ・デ・パッツィがエルサレムから持ち帰った石で、復活祭の「スコッピオ・デル・カッロ」（山車《だし》の花火）に火をつけるのが習わしだった。パッツィはまさに名門中の名門だったのである。この有名な祭は、パッツィ家の陰謀の後、中止されることになる。

時の教皇、デッラ・ローヴェレ家出身のシクストゥス四世のもとでさまざまな特権を与えられていたパッツィ一族は、教皇の後ろ盾を得て、若いメディチ家の当主ロレンツォと弟のジュリアーノを暗殺しようと企てた。銀行家・商人であったパッツィ家のヤコポとフランチェスコ、そしてピサ大司教フランチェスコ・サルヴィアーティを中心とする陰謀者たちは、一四七八年四月二十六日の日曜日に、大聖堂のミサに出席していた兄弟を襲い、弟のジュリアーノを殺害した。しかし、兄ロレンツォは軽いケガをしただけで聖具室に逃れた。市庁舎を占拠しようとした別働隊も見破られ、結局、市民の支持を得られなかったパッツィ家のクーデターは失敗に終わった。首謀者たちはメディチ家と市民たちの厳しい復讐にあってみな処刑され、一族は追放、財産は没収された。

これが一四七八年の「パッツィ家の陰謀」のあらましである。この事件は、フィレンツェ史では、しばしば中世以来の共和体制と、ルネサンスの君主制、専制政治との分岐点だと言われる。また、単にフィレンツェ共和国内における有力家系の覇権争いというだけでなく、イタリア全体に広がりをもつ陰謀だったとされる。

大難を逃れたロレンツォ・デ・メディチは「イル・マニフィコ」(偉大な)と称せられ、政治家、人文主義者、詩人、そして芸術のパトロンとして、フィレンツェに黄金時代を築くことになる。十六世紀になると、メディチ家は教皇を輩出し、最終的にトスカナを公爵(後に大公)として支配することになる。もしも、ロレンツォが暗殺されていたら、フィレンツェの歴史や文化、そしてイタリア全体の歴史は変わらざるをえなかったであろう。

こうしたわけで、イタリア・ルネサンスの歴史に血の跡を残すこの事件は、歴史家たちの強い関心を惹いてきた。本書でも言及されているが、最近も、ルネサンス史研究の重鎮の一人といっていい、ラウロ・マルティネスが『四月の血——フィレンツェとメディチ家に対する陰謀』(二〇〇三年)という本を出版して、話題になった。

本書は、アメリカの名門大学ウエスレイアン大学で教鞭をとる、一九六八年生まれの気鋭の学者マルチェッロ・シモネッタが、自ら発見した新しい史料に基づいて、パッツィ家の陰謀事件をノンフィクション風に描いた野心作である。

シモネッタが発見して二〇〇三年に発表したのは、ウルビーノのウバルディーニ家の古文書館に残っていたウルビーノ公フェデリーコ・ダ・モンテフェルトロの手紙である。その中に、暗号で書かれた手紙があった（重要な手紙は当時しばしば暗号で書かれた）。当時の暗号手引き書をたよりに解読すると、フェデリーコ・ダ・モンテフェルトロがパッツィ家の陰謀事件に積極的に関与したことを示す内容だったのである。この手紙に関する部分は、本書のハイライトだといえる。

こうした本書の特徴は、三つあるといえるだろう。

まず、ルネサンスの名君として名高いウルビーノ公フェデリーコ・ダ・モンテフェルトロがパッツィ家の陰謀に果たした役割を、新しい史料によって明らかにしている点である。本書の原題が「モンテフェルトロの陰謀――解読されたルネサンスの謎」となっているのには、重要な意味が込められている。パッツィ・コンスピラシー（パッツィ家の陰謀）ではなく、モンテフェルトロ・コンスピラシー（モンテフェルトロの陰謀）というわけだ。

ルネサンスを代表する画家、ピエロ・デッラ・フランチェスカのパトロンとしても知られる、ウルビーノ公フェデリーコ・ダ・モンテフェルトロは、当代最も有名な傭兵隊長であり、ウルビーノを重要なルネサンス文化の中心地にした立役者である。ブルクハルトも、最も優れたルネサンスの小君主・人文主義者として、『イタリア・ルネサンス文化』の主役の一人としている。たとえば、フェデリーコの蔵書は教皇庁、サン・

マルコ修道院（つまりメディチ家）、パヴィア大学、そしてオックスフォード大学のそれよりも充実していたと伝えられる。哲学を学んでものにした最初の君主であり、当時は唯一の君主だったと、伝記作者は伝えている（日本でも二〇〇八年春にイタリア文化会館で、筆者の監修による、復元されたグッビオのストゥディオーロ（小書斎）の展覧会が開かれ、フェデリーコに関するシンポジウムが開かれた）。マルチェッロ・シモネッタは、そのフェデリーコを徹底したマキャヴェッリ主義者、いわばマキャヴェッリ以前のマキャヴェッリ主義者として描いている。本書でしばしば引用されているダンテの言葉でいえば、フェデリーコは「獅子」ではなく「狐」だったというのだ。

もちろん、これまでもフェデリーコ・ダ・モンテフェルトロが、教皇シクストゥス四世とナポリ王フェッランテ・ダラゴーナとともに、事件の陰の推進者の一人であったことは知られていた。しかし、彼の事件への深い関与が鮮明になったのだ。ブルクハルト好みのルネサンスの名君のイメージは、少々異なるものになるかもしれない。

また、本書が今までのパッツィ家の陰謀事件を扱った書物と最も異なる点は、ミラノの宮廷で書記官を務め、事件があったときには重要な政治的役割を果たしていた、チッコ・シモネッタという人物が登場する点である。南イタリア出身のこの人物は、ミラノの南にある古都パヴィアに生まれ、ローマで育ったマルチェッロ・シモネッタ、つまり著者自身の先祖であるという。ローマ大学で文学・思想史を専攻して卒業した著者は、ドキュメンタリー制作に従事した後、イェール大学で六年間学び、チッコ・シモネッタ、そしてルネサンスの書記官の研究をしたのだ（彼はその研究で二〇〇一年に博士号を取り、二〇〇四年に『秘密のルネサンス――ペトラルカからマキャヴェッリにいたる書記官の世界』と題する本を出版している）。チッコ・シモネッタがどのような人物で、どのような役割を果たしたのかは、本書に詳しく書かれている。その中で最も注目すべきは、フェデリーコ・ダ・モンテフェルトロの手紙の暗号を解読するのに、チッコの残した暗号解読の手引きが役立ったという事実だ。チッコ・シモネッタに対する著者の思いには特別なものがあるようだ。

本書の三番目の特徴は、ミラノの君主、ガレアッツォ・マリーア・スフォルツァが一四七六年に暗殺された事件から書き起こし、一年四カ月後のパッツィ家の陰謀事件、そしてそれに続く、二年に及ぶ「パッツィ戦争」に至るイタリアの政治史を、一連のものとして記述している点である。ノンフィクション風に描かれた、ルネサンスの主役たちの権謀術数の数々を読むと、読者はルネサンスの陰の側面をいやというほど思い知らされるだろう。ピエロ・デッラ・フランチェスカやボッティチェッリの名画が伝える優雅で明澄な世界は、イタリア・ルネサンスのメダルの表面である。裏面には謎のような暗黒が広がっている。

最後の章で、著者はメダルの二つの面の関係、つまり美術の世界にも言及している。パッツィ家の陰謀の後ろ盾となった教皇シクストゥス四世が建てた礼拝堂、システィーナ礼拝堂の装飾と事件を関連づけようというのだ。教皇が描かせたボッティチェッリのモーセ伝の壁画と、パッツィ家の陰謀で暗殺されたジュリアーノの遺児であった、教皇クレメンス七世が描かせたミケランジェロの《最後の審判》についての著者の仮説は、なかなか興味深い。今後さまざまに議論されるかもしれない。

ロレンツォ・デ・メディチ暗殺《あんさつ》
中世イタリア史を覆す「モンテフェルトロの陰謀」

2009年2月20日　初版印刷
2009年2月25日　初版発行

著　者　マルチェロ・シモネッタ
訳　者　熊井《くまい》ひろ美《み》
発行者　早川　浩
発行所　株式会社　早川書房
東京都千代田区神田多町2-2
電話 03-3252-3111（大代表）
振替 00160-3-47799
http://www.hayakawa-online.co.jp
印刷所　三松堂印刷株式会社
製本所　大口製本印刷株式会社

乱丁・落丁本は小社制作部宛お送り下さい。送料小社負担にてお取りかえいたします。
ISBN978-4-15-209006-5 C0022　Printed and bound in Japan

Nesselrath, A., ed. *Gli affreschi dei Quattrocentisti nella Cappella Sirtina. Restauri Recenti dei Musei Vaticani*. Vatican City, 2004.

Parks, T. *Medici Money: Banking Metaphysics, and Art in Fifteenth-Century Florence*. New York-London, 2005.

Pecchiai, P. "Il cuoco di Cicco Simonetta." *Archivio storico lombardo* (1923): pp. 502-13.

Pellegrini, M. *Congiure di Romagna. Lorenzo de' Medici e il duplice tirannicidio a Forlì e a Faenza nel 1488*. Florence, 1999.

Pelling, N. *The Curse of the Voynich. The Secret History of the World's Most Mysterious Manuscript*. Surbiton, 2006.

Piazzoni, A. M., ed. *La Bibbia di Federico da Montefeltro. Commentario al codice*. 2 vols. Modena, 2005.

Poliziano, A. *The stanze of Angelo Poliziano*. Trans. D. Quint. Amherst, 1979.

Raggio, O. *The Gubbio Studiolo and Its Conservation*. Metropolitan Museum of Art, New York, 1999.

Roeck B. *Mörder, Maler and Mäzene: Piero della Francescas "Geisselung": eine kunsthistorische Kriminalgeschichte*. Munich, 2006.

Roeck, B. and A. Tönnesmann. *Nase Italiens: Federico da Montefeltro, Herzog von Urbino*. Berlin, 2005.

Roscoe,W. *Life of Lorenzo de' Medici, called the Magnificent*. Philadelphia,1803.

Rosmini,C. *Dell'istoria di Milano*. 4 vols. Milan, 1820.

——. *Dell'istoria intorno alle militari imprese e alla vita di Gian-Jacopo Trivulzio detto il Magno*. 2 vols. Milan, 1815.

Rubinstein, N. *The Government of Florence Under the Medici (1434-1494)*. Oxford, 1997.

——. "Lorenzo de' Medici. The Formation of his Statecraft." *Proceedings of the British Academy* 63 (1977): pp. 71-94.

Scatena, G. *Oddantonio da Montefeltro I Duca di Urbino*. Rome,1989.

Scrivano R. *Le biografie di Federico, in Federico di Montefeltro*. Vol. III. Pp. 373-92.

Shearman, J. La storia della cappella Sistina, in *Michelangelo e la Sistina*. Rome, 1990. Pp, 19-28.

Simonetta, M. *Federico da Montefeltro architetto della Congiura dei Pazzi e del Palazzo di Urbino, Atti del Convegno Internazionale di Studi "Francesco di Giorgio alla Corte di Federico da Montefeltro*. "Florence, 2004. Pp. 81-101.

——. "Federico da Montefeltro contro Firenze. Retroscena inediti della congiura dei Pazzi." *Arehivio storico italiano* CLXI (2003); pp. 261-84.

——. "Giustini, Lorenzo." In *Dizionario biografico degli Italiani*. Vol. 57. Rome, 2001. Pp. 203-8.

——. *Rinascimento segreto: il mondo del Segretario da Petrarca a Machiavelli*. Milan, 2004.

——. "Work Begins on the Sistine Chapel (1477-1482)." In *Great Events from History, 1454-1600*. Pasadena, 2005. Pp.104-6.

——, ed. *Carteggio degli oratori mantovani alla corte sforzesca (1450-1500)*. Vol. XI (1478-1479). Rome, 2001.

——, ed. *Federico da Montefeltro and His Library*. Pref. J. J. G. Alexander. Morgan Library and Museum, New York (exhibition catalogue), June 8-September 30, 2007. Milan, 2007.

Soranzo, G., in *Rerum gestarum Francisci Sfortiae Mediolanensis Ducis Commentarii, Rerum*

Italicarum Scriptores 2 XXI, 2. G. Simonetta ed. Bologna, 1932-59.
Strehlke, C. B. " 'Li magistri con li discepoli'; Thinking about art in Lombardy." In *Quattro pezzi lombardi (per Maria Teresa Biraghi)*. Brescia, 1998.
Tommasoli, W. *La vita di Federico da Montefeltro (1422-82)*. Urbino, 1978.
Uccelli, G. B. *Il Palazzo del Podestà*. Florence, 1865.
Vaglienti, F. M. "Anatomia di una congiura. Sulle tracce dell'assassinio del duca Galeazzo Maria Sforza tra storia e scienza." In *Rendiconti dell'Istituto Lombardo Accademia di scienze e lettere* CXXXVI/2 (2002).
Valentini, R. "Uno scritto ignorato del duca Federico." *Urbinum* (1914): pp. 11-14.
Villa, C. "Per una lettura della *Primavera*. Mercurio *retrogrado* e la Retorica nella bottega di Botticelli." *Strumenti critici* 86, XIII (1998): pp. 1-28.
Viti, P. "Lettere familiari di Federico da Montefeltro ai Medici." In *Federico di Montefeltro*. Vol. I. Pp. 471-86.
Welch, E. S. *Art and Authority in Renaissance Milan*. London-New Haven, 1995.
——. "Sight, Sound and Ceremony in the Chapel of Galeazzo Maria Sforza." *Early Music History* 12 (1993): pp.151-90.
Wright, A. "A Portrait of the Visit of Galeazzo Maria Sforza to Florence in 1471." In *Lorenzo the Magnificent, Culture and Politics*. M. Mallett and N. Mann eds. London, 1996. Pp, 65-90.
——. *The Pollaiuolo Brothers: The Arts of Florence and Rome*. New Haven, 2004.
Zimolo, G. C. "Le relazioni fra Milano e Napoli e la politica italiana in due lettere del 1478." *Archivo storico lombardo* (1937): pp. 403-34.

出典

出典に関する注記

大半の書類は原文を参照しているが、外交文書の多くはイェール大学の *Ilardi Microfilm Collection of Renaissance Diplomatic Documents (ca. 1450-1500)* (http://www.library.yale.edu/Ilardi/il-toc.htm) で読んだものである。

文書館および図書館の略語

ASFi Archivio di Stato di Firenze（フィレンツェ国立文書館）
ASMa Archivio Gonzaga, Archivio di Stato di Mantova（マントヴァ国立文書館所蔵ゴンザーガ家古文書）
ASMi Archivio Sforzesco, Archivio di Stato di Milano（ミラノ国立文書館所蔵スフォルツァ家古文書）
BAV Biblioteca Apostolica Vaticana, Vatican City（ヴァチカン市国　ヴァチカン図書館）
BE Biblioteca Estense, Modena（モーデナ　エステ家図書館）
Bein. Beinecke Library, New Haven（ニュー・ヘイヴン　バイネケー図書館）
BL British Library, London（ロンドン　英国図書館）
BNCF Biblioteca Nazionale Centrale, Florence（フィレンツェ国立中央図書館）
BNP Bibliothèque Nationale, Paris（パリ国立図書館）
MAP Archivio Mediceo avanti Principato, ASFi（フィレンツェ国立文書館所蔵君主国成立以前メディチ家古文書）
Marc. Biblioteca Nazioinale Marciana, Venice（ヴェネツィア　国立マルチャーナ図書館）
PE Potenze Estere, ASMi（ミラノ国立文書館所蔵スフォルツァ家古文書外国勢力部門）
PML Pierpont Morgan Library, New York（ニューヨーク　ピアポント・モーガン図書館）
Triv. Biblioteca Trivulziana, Milan（ミラノ　トリヴルツィオ図書館）
Ubaldini Ubaldini Family Private Archive, Urbino（ウルビーノ　ウバルディーニ家古文書館）

手稿の一次史料

Giovanni di Carlo-Giovanni di Carlo, *Libri de temporibus suis* (BAV, Vat. lat. 5878).
Montano *Confession*-Cola Montano (ASFi, Carte Strozziane, III Serie, n. 379); イタリア語訳は Lorenzi, *Studio storico*, pp. 47-88.
Montesecco *Confession*-Gian Battista Montesecco, 彼の自白書はさまざまな手稿の形で存在し、Roscoe, *Life of Lorenzo* および Capponi, *Storia* の中で公開されている。

印刷物の一次史料（大部分は引用）

Acta-Acta in Consilio Secreto in Castello Portae Jovis Mediolani, A. R. Natale ed. Milan. 3 vols, 1963-69.

Baldi-Bernardino Baldi, *Vita e Fatti di Federigo di Montefeltro Duca di Urbino*. 3 vols. Rome, 1824.

Carteggio-Carteggio degli oratori mantovani alla corte sforzesca (1450-1500), coord. and dir. F. Leverotti. 16 vols. Milan, 2001.

Corio-Bernardino Corio, *Storia di Milano*. Turin, 1978.

Corrispondenza-Corrispondenza dell'ambasciatore Giovanni Lanfredini, I (13 aprile 1484-9 maggio 1485) E. Scarton ed. Salerno, 2005.

Dennistoun-James Dennistoun, *Memoirs of the Dukes of Urbino, illustrating the arms, arts, and literature of Italy, from 1440 to 1630*. 3 vols. London, 1881.

Diari-Diari di Cicco Simonetta, A. R. Natale ed. Milan, 1962.

Federico di Montefeltro-Federico di Montefeltro. Lo stato. Le arti. La cultura, G. Cerboni Baiardi, G. Chittolini, P,Floriani eds. 3 vols. (I-III). Rome, 1986.

Ficino-*The Letters of Marsilio Ficino*. 7 vols. London,1994.

Landucci-Luca Landucci, *A Florentine Diary from 1450 to 1516 by Luca Landucci*. London-New York, 1927.（邦訳　『ランドゥッチの日記：ルネサンス一商人の覚え書』　近藤出版社）

Lettere-Lorenzo de' Medici, *Lettere*, R. Fubini ed., I (1460-1474); II (1474-1478); N. Rubinstein ed., III (1478-1479); IV (1470-1480); M, Mallett ed., V (1480-1481); VI (1481-1482); VII (1482-1484). Florence,1977-.

Lettere di Stato-Federico da Montefeltro, *Lettere di Stato e d'arte (1470-1480)*, P. Alatri ed. Rome, 1949.

Machiavelli, *Discourses*-Niccolò Machiavelli, *Discourses on Livy*, trans. and ed. J. Conaway and P. Bondanella. Oxford-New York, 1997 (*indicating chapters*).（邦訳　『ディスコルシ』　筑摩書房）

Machiavelli, *Florentine Histories*-Niccolò Machiavelli. *Florentine Histories: A New Translation* by L. F. Banfield and H. C. Mansfield, Jr. Princeton, 1988 (*chapters indicated*).（邦訳　『フィレンツェ史』　岩波文庫）

Machiavelli, *Prince-The Prince* by Niccolò Machiavelli *with Related Documents*. Trans., ed., and intro. W J. Connell, Boston-New York, 2005 (*chapters indicated*).（邦訳　『君主論』　中公文庫）

Morgante e Lettere-Luigi Pulci, *Morgante e Lettere*, D. De Robertis ed. Florence, 1984.

Paltroni-Pierantonio Paltroni, *Commentarii della vita et gesti dell'illustrissimo Federico Duca d'Urbino*, W. Tommasoli ed. Urbino, 1966.

Parenti-Piero Parenti, *Storia fiorentina 1476-78—1492-96*, A. Matucci ed. Florence, 1994.

Poliziano, *Congiura*-Angelo Poliziano, *Della congiura dei Pazzi* (*Coniurationis commentarium*), S. Perosa ed. Padova, 1958.

Santi-Giovanni Santi, *La vita e le gesta di Federico di Montefeltro duca d'Urbino*, L. Michelini Tocci ed. Vatican City, 1985.

Strozzi, *Ricordo*-Filippo Strozzi, *Ricordo*, in Capponi, *Storia della repubblica fiorentina*. Vol. II, pp. 520-23. Florence, 1875.

Valori-Niccolò Valori（息子 Filippo Valori の作とされている）, *Vita di Lorenzo de' Medici*, E. Niccolini ed. Vicenza, 1991.

Vespasiano-Vespasiano da Bisticci, *Commentario de la vita del signore Federico duca d'Urbino*, in

Vite, A. Greco ed. Florence, 1970. pp. 355-416.（邦訳　『ルネサンスを彩った人びと：ある書籍商の残した「列伝」』　臨川書店）

注

プロローグ

1: イタリア都市国家の概略を知るには、古典である Burckhardt, *The Civilization*（邦訳　『イタリア・ルネサンスの文化』　中公クラシックス他）を読むことが今も有益だ。
2: Dante, *Inferno*, XXVII, 73-78.（邦訳　『神曲・地獄篇』　集英社文庫）
3: Machiavelli, *The Prince*, chapter 17.

第I部　1476年冬〜1478年春

1　ミラノのMは殺人《マーダー》のM

4: ヴィスコンティ家のフィレンツェとの戦いに関しては、古典である Baron, *The Crisis* 参照。
5: Ilardi, "The Italian League" 参照。
6: ミラノ公ジョヴァンニ・マリーア・ヴィスコンティは1412年に殺されている。
7: Antonio Cornazzano, *Del modo di regere et di regnare* (PML M. 731) 参照。
8: 本章で語られている詳細の多くは、1503年初版の Bernardino Corio, *History of Milan*. pp. 1398-1410 より引用。マキアヴェッリも *Florentine Histories* でそれをドラマティックに書き直している。その他の主な目撃証言は、1477年1月1日付ミラノ発オルフェーオ・ダ・リカーヴォよりスフォルツァ・ベッティーニ宛書簡 (ASFi, Carte Strozziane I, filza XXXXV, cc. 96-97) で、Casanova, "L'uccisione" の中で公開されている。Belotti, *Il dramma* 参照。Ilardi, *The Assassination* も参照。
9: Corio, pp. 1398ff.
10: 1459年4月17日付フィレンツェ発ガレアッツォ・マリーア・スフォルツァよりフランチェスコ・スフォルツァ宛書簡 (Simonetta, *Rinascimento*, p. 118).ガレアッツォに関しては、Lubkin, *A Renaissance Court* が非常に参考になる。1471年の訪問については Wright, *A Portrait* および *The Pollaiuolo Brothers* 参照。
11: Machiavelli, *Florentine Histories*, VII, 28.
12: Strehlke, "*Li magistri*", p. 14 参照。
13: Casanova, "*L'uccisione*",p. 304.
14: ガレアッツォが息子たちに別れを告げるこの感動的な場面は Machiavelli, *Florentine Histories*, VII, 34. おそらくマキアヴェッリはフィレンツェ共和国の書記官だった時期に、1503年にフィレンツェを訪れたエルメス・スフォルツァからこの話を直接聞いたのだろう。
15: Casanova, "*L'uccisione*", p. 304.
16: Santi,"Sic transit gloria mundi!" p. 463.
17: Ibid.
18: Casanova, "*L'uccisione*",p. 305. Parenti, 3 その他の史料も参照のこと。
19: *Carteggio* で公開されたサッジの多数の書簡を参照。特にガレアッツォ殺害については、

1476年12月26日付ミラノ発ザッカリーア・サッジよりルドヴィーコ・ゴンザーガ宛書簡を参照のこと (Belotti, *Il dramma*, pp. 186-87). しかし D'Adda, "*La morte di Galeazzo*," p. 287 には別の目撃報告が引用されており、それによると「ザッカリーアは恐怖のあまり逃げ出した」という。

20: 1471年8月21日付クレモーナ発ザッカリーア・サッジよりルドヴィーコ・ゴンザーガ宛書簡 (*Carteggio*, VIII, p. 550). チッコに関しては Simonetta, *Rinascimento*, pp. 127 以降参照。

21: 1473年2月13日付ミラノ発チッコ・シモネッタよりジェラルド・チェッルーティ宛書簡 (ASMi PE Romagna 178; Simonetta, Rinascimento, p. 123 参照).

22: Casanova, "*L'uccisione*,"p. 306.

23: Corio, p.1407; D'Adda, "*La morte di Galeazzo*,"p. 286-87 参照 . オルジャーティとランプニャーニに関しては Belotti, *Il dramma* 参照。サルスティウスの影響に関しては P. J. Osmond, *Catiline and Catilinarism in the Italian Renaissance*（未刊行随筆。著者のご協力に感謝する)。

24: Corio, p. 1408.

25: ガレアッツォの強姦に関する申し立てはさらなる分析に値する。1468年6月14日付書簡でランプニャーニはチッコ・シモネッタに対し、外交上の任務でミラノからジェノヴァに転任になったが妻は同行しないときちんと伝えている。だがミラノの使節団が彼を残して出発したと聞いたランプニャーニは、何らかの不可解な理由により不本意ながら公爵の期待に背いたのであれば「身の潔白を証明する」機会を与えてほしいとチッコに頼んだ。この状況下では、臣下の妻と寝ようという主人の卑劣な計画をチッコが隠そうとした可能性もあるが、ランプニャーニが想像上の陵辱に関して少々被害妄想に陥っていたのかもしれない、という点も認めざるを得ない。この申し立ては状況証拠のみに基づくものだった（興味深いことに、イタリア語の動詞 sforzare には“強姦する”という意味もある)。

26: Casanova, "*L'uccisione*,"p. 307.

27: Machiavelli, *Florentine Histories*, VII, 34. Frazier, *Possible Lives*, p. 151 も参照。

28: Belotti, *Il dramma*, p.154, 穀物の公正価格を定めようとするチッコの1477年1月8日付書簡を参照。

29: ボーナの懇願に関しては Breisach, Caterina Sforza, p. 26 参照。1477年1月初旬ミラノ発ボーナ・ディ・サヴォイアよりチェルソ・マッフェイ宛書簡参照 (BNP It. 1592, 95-96 。神学上の議論 BNP It. 1592, 97 も参照のこと).

30: ガレアッツォの埋葬において彼女が果たしたとされる役割に関しては Vaglienti, "*Anatomia*" 参照。 Laura Malinverni のスリリングな歴史小説 *Una scoria del Quattrocento* も参照のこと。

31: Machiavelli, *Florentine Histories*, VIII, 18; Simonetta, *Rinascimento*, p. 161.

32: 1476年12月30日付ミラノ発ボーナ・ディ・サヴォイアより秘密評議会宛書簡 (ASMi 932; *Lettere*, II, pp. 249-50). Fubini, *Osservazioni e documenti*. Simonetta, *Rinascimento*, p. 157-58 も参照。ジャン・ジャーコモ・シモネッタに関しては同書 pp.135-36 参照。

33: Simonetta, *Rinascimento*, pp.197 以降、および参考文献参照。

34: 1477年1月31日付ミラノ発ザッカリーア・サッジよりルドヴィーコ・ゴンザーガ宛書簡 (ASMa b. 1626).

2　過度の用心

35: スフォルツァ城のために彼が行なった仕事に関してはWelch, *Art and Authority* 参照。

36: Pelling, *The Curse* は、Bein. Ms. 408は実のところフィラレテがチッコの暗号技術の助けを借りて書いたものだ、と主張している。

37: スフォルツァ家の大使たちの経歴およびチッコの暗号集に関してはCerioni, *La diplomazia*, およびチッコの*Diari* 参照。

38: Ilardi, "The First Permanent Embassy."

39: *Acta*, January 6, 1477.

40: 1479年1月12日付ナポリ発スフォルツァ・マリーア・スフォルツァよりフェデリーコ・ゴンザーガ宛書簡 (ASMa b. 1608).

41: Ibid.

42: 彼の裁判に関しては Fubini, *Osservazioni e documenti*, pp. 77 以降を参照。Magenta, *Visconti e Sforza*, II, pp. 390-92 も参照。シモネッタ家の規則に関しては Simonetta, *Rinascimento*, p. 130 参照。Pecchiai, "*Il cuoco di Cicco Simonetta*" も参照のこと。

43: 1477年2月9日付フィレンツェ発エルコーレ・デステよりニッコロ・ベンディディオ宛書簡 (*Lettere*, II, p.296).

44: 1476年12月29日付フィレンツェ発ロレンツォおよびジュリアーノ・デ・メディチよりボーナ・ディ・サヴォイア宛書簡。

45: 1477年1月6日付ミラノ発ボーナ・ディ・サヴォイアよりロレンツォ・デ・メディチ宛書簡 (*Lettere*, II, pp.247-50).

46: 1477年1月18日付フィレンツェ発ロレンツォ・デ・メディチよりボーナ・ディ・サヴォイア宛書簡 (*Lettere*, II, p.262). 贈り物の暗号的な意味はわたし自身の解釈である。

47: 1476年7月11日付ミラノ発ガレアッツォ・マリーア・スフォルツァよりロレンツォ・デ・メディチ宛書簡 (MAP XLVII 253; *Lettere*, II, pp.239-40). メディチ家の興隆に関してはRubinstein, *The Government*; Parks, *Medici Money*（邦訳『メディチ・マネー：ルネサンス芸術を生んだ金融ビジネス』白水社）参照。

48: ロレンツォの詩集より。 Parks, *Medici Money*, p. 239 参照。

49: 1477年2月17日付フィレンツェ発ロレンツォ・デ・メディチよりトンマーゾ・ソデリーニおよびルイージ・グィッチャルディーニ宛書簡（*Lettere*, II, pp. 280-89. pp.290-93 には、大使の判断によってチッコのみに見せられるべき追伸が別記されている)。

50: 1465年のロレンツォのロンバルディア訪問の詳細は*Lettere*, I, pp.14-16 参照。ヴィスコンティ=スフォルツァ図書館に関してはD'Adda, *Indagini storiche* 参照。

51: 1466年6月9日付フィレンツェ発ロレンツォよりビアンカ・マリーアおよびミラノ公ガレアッツォ・マリーア・スフォルツァ公宛書簡 (*Lettere*, I, pp. 21-22).

52: 1477年2月17日付フィレンツェ発ロレンツォ・デ・メディチよりアンドレーア・ペトリーニ（彼のミラノの代理人）宛書簡 (*Lettere*, II, p.296) で、チッコに対するヴィメルカーティの陰謀に言及して。

53: *Lettere*, II, p. 292.

54: 1477年1月25日付フォッソンブローネ発フェデリーコ・ダ・モンテフェルトロよりロレンツォ・デ・メディチ宛書簡 (MAP XLVII 396). 同じ内容の別の書簡が1477年5月24日付でグッビオから出されている (MAP XLV 283).

55: Corio, p. 1410.

56: 1476年12月29日付フィレンツェ発フィレンツェ政庁よりシクストゥス四世、アラゴン家のフェッランテ、ヴェネツィア共和国、フェデリーコ・ダ・モンテフェルトロ宛書簡 (Casanova, *L'uccisione*," pp.311-13).

57: Santi, pp. 469-70. さらにサンティは、韻文で書いた伝記の中で脱線し、暴君のように暮らすことの危険について記している。もし一市民（ロレンツォなど）が共和国を統治して偉くなりたがると、必然的に堕落して周囲に迷惑をかけ始めるようになり、結果的に死または追放につながる。苦悩、災い、苦痛は増殖するものだ、とサンティは続ける。暴君はやがて「不信の海」と「何千もの泥棒と化した奴隷」と「罪人」に囲まれて非業の死を遂げる。「危険なやり方」で統治することなどを避けて、ひそかに富を享有しているほうがよい。実際に「残酷な運命」と「悲痛な死」に見舞われたガレアッツォは、権力のある強い人々（フェデリーコなど）も、権力のない貧しい人々も恐れていなかった。彼は自分の富と力に絶大な自信を持っており、イタリア全土が畏敬する国家を牛耳っていたが、身分の低い家来に殺され、今は地下に横たわっている (Santi, pp.466-69).

58: 1477年2月1日付フィレンツェ発ロレンツォ・デ・メディチよりジェンティーレ・デ・ベッキ宛書簡(*Lettere*, II, pp.272-76).

59: Rosmini, *Dell'istoria di Milano*, IV, pp.158-62 にて公開。

60: サンセヴェリーノとの関係については Simonetta, *Rinascimento*, pp.197 以降を参照。プルチはロレンツォが予想どおりに勝利した1469年のフィレンツェの馬上槍試合を祝う詩の中で、サンセヴェリーノの印象的な描写を挿入している。ルイージ・プルチからロレンツォ・デ・メディチ宛の1473年から1477年初頭までの全書簡は、*Morgante e Lettere*, pp. 983 以降を参照。

61: 1476年4月19日付フィレンツェ発アンジェロ・デッラ・ストゥーファよりガレアッツォ・スフォルツァ宛書簡 (ASMi PE Firenze 291).

62: 1477年1月3日付ルイージ・プルチよりロレンツォ・デ・メディチ宛書簡 (*Morgante e Lettere*, p.1000).

63: 1477年3月19日付ミラノ発ミラノ公よりフィリッポ・サクラモロ宛書簡 (ASMi PE Firenze 292).

64: 1477年4月17日付ウルビーノ発フェデリーコ・ダ・モンテフェルトロよりミラノ公宛書簡（ASMi PE Marca 149. 書簡は日付無しで *Lettere di Stato*, pp. 57-58 にて公開）。

65: 彼の逮捕に関しては、1477年5月26日付ミラノ発ザッカリーア・サッジよりルドヴィーコ・ゴンザーガ宛書簡を参照 (ASMa b. 1627).

66: 1477年5月28日付アスティ発ロベルト・ダ・サンセヴェリーノよりモンフェッラート侯爵宛書簡 (Rosmini, *Dell'istoria di Milano*, IV p.164).

67: 1477年5月29日付フィレンツェ発ロレンツォ・デ・メディチよりロベルト・ダ・サンセヴェリーノ宛書簡 (ASMi PE Firenze 292; *Lettere*, II, pp.258-61).

68: 1477年6月5日付フィレンツェ発ロレンツォ・デ・メディチよりミラノのフィリッポ・サクラモロ宛書簡 (*Lettere*, II, pp. 367-71).

69: この引用はプルチの *Morgante*, Cantare 1.12,1-2 より。

70: 1477年6月3日付グッビオ発フェデリーコ・モンテフェルトロよりミラノ公宛書簡 (ASMi PE Umbria 141).

71: 1477年6月30日付ミラノ発トンマーゾ・ソデリーニよりロレンツォ・デ・メディチ宛書簡 (MAP XXXII 113). Fubini, *Italia quattrocentesco*, p. 112 も参照。

3 すべてが語られた

72: フェデリーコの伝記に関しては、Scrivano, *Biografie* および年代順に Paltroni, Santi, Vespasiano da Bisticci, Baldi, Dennistoun, Tommasoli, Roeck を参照。Bonvini Mazzanti, *Battista Sforza* も参照のこと。

73: Raggio, *The Gubbio Studiolo* 参照。

74: この書記はフェデリーコ・ガッリで、De'Rossi の伝記によると106歳まで生きたという。われわれの観点からより重要なのは、「公爵は常に自分の手紙を見て自ら署名することを望んだ」という事実が強調されている点である(*Vita*, p. 84).

75: 1477年7月2日付ウルビーノ発フェデリーコ・ダ・モンテフェルトロよりミラノのマッテーオ［・ベネデッティ］宛書簡 (ASFi, Urbino, Classe I, Div. G., filza CIV, n. 12; 傍点は筆者). この書簡は Fubini, *Federico da Montefeltro*, pp. 451-58 で公開された。この重要な評論はパッツィ家の陰謀の準備段階におけるモンテフェルトロの役割をいち早く示したもので、巻末付録にはその他の重要文書がいくつか含まれている。

76: Corio および Baldi を比較参照せよ。

77: フェデリーコが義弟の暗殺に果たした役割に関しては Scatena, *Oddantonio* 参照。

78: Guidangelo de' Ranieri. この模擬馬上槍試合における事件に関しては Santi, pp. 152-55. 参照。彼は同書 (Santi, pp.129-30) で言及されている勇敢な軍人と同一人物かもしれない。

79: 彼のヘブライ語蔵書に関しては、モーガン図書館展示目録に収録されている Delio Proverbio の評論 *Federico da Montefeltro and His Library* を参照。

80: フィレンツェの市民権をはじめとする贈り物に関しては、1472年6月26日付フィレンツェ発サクラモロ・ダ・リーミニよりガレアッツォ・マリーア・スフォルツァ宛書簡 (ASMi PE Firenze 283) 参照。ルイージ・スカランポ邸を与える意向も記されている。ヴェスパシアーノ・ダ・ビスティッチによると、彼は1466年に反メディチ家の陰謀を企てて失敗したルーカ・ピッティが所有していたルシアーノのヴィッラを贈られたという。

81: アントーニオ・ポッライウオーロ作の兜の受領に関しては、1473年4月2日付ウルビーノ発フランチェスコ・プレンディラックァよりルドヴィーコ・ゴンザーガ宛書簡 (ASMa b.845; Paltroni, p. 275 に引用あり) 参照。

82: Cristoforo Landino のこの作品の英語対訳付き決定版を Jill Kraye が編纂中。

83: この件におけるフェデリーコの役割に関しては、少なくとも Paltroni, pp. 267-76 および Santi, pp. 390-407 を参照のこと。

84: Corio, p. 1369.

85: Valentini, "Uno scritto ignorato" 参照。

4 見えざる手

86: 1477年1月16日付ローマ発バッチョ・ウゴリーニよりロレンツォの秘書ニッコロ・ミケロッツィ宛書簡 (BNCF, Ginori Conti, 29, 18).

87: 1477年2月1日付フィレンツェ発ロレンツォ・デ・メディチよりバッチョ・ウゴリーニ宛書簡 (*Lettere*, II, p.269). 1471年にロレンツォがシクストゥスを訪問した件については *Ricordi* 参照。シクストゥス四世およびデッラ・ローヴェレ家に関する基本的な予備知識は *Un pontificato*, Lombardi, "Sisto IV", Clark, *Melozzo da Forlì* を参照。

88: 1472年8月14日付ローマ発ピエートロ・リアーリオよりロレンツォ・デ・メディチ宛書簡

(MAP XLVI 184; *Lettere*, I, p. 392に引用あり)。ピエートロ・リアーリオに関しては Santi, pp.425-28参照。一部は Dennistoun, I, pp. 195-96 に翻訳されている。

89: 1473年11月9日付ローマ発サクラモロ・ダ・リーミニよりガレアッツォ・マリーア・スフォルツァ宛書簡 (ASMi PE Roma 73). イーモラに関しては Breisach, *Caterina Sforza* 参照。ミラノでのカテリーナの結婚式（1473年1月14日）に関してはチッコの *Diari* 参照。

90: 1474年7月29日付ナポリ発フェデリーコ・ダ・モンテフェルトロよりロレンツォ・デ・メディチ宛書簡 (MAP LXI 155). この書簡は1474年8月8日付フィレンツェ発ロレンツォの秘書ニッコロ・ミケロッツィよりジェンティーレ・ベッキ宛書簡 (BNCF, Ginori Conti, 29, 67) において批評され、その後の数通の書簡でミケロッツィは、「悪意ある邪悪な裏切り者」のように振る舞っていたのかもしれないフェデリーコの怪しい行動について報告している。このローマ・カトリック教会の儀式に関しては、Baldi, III, pp. 234-35 および重要な補遺 P-Q-R, pp. 278-81とDennistoun, I, pp. 209-11 参照。

91: フェデリーコのオコジョの首飾り章と流行の衣服に対する関心については、1474年8月13日および21日および10月1日付ローマ発ジャン・ピエートロ・アッリヴァベーネよりフェデリーコ・ゴンザーガ宛書簡 (ASMa b. 845) を参照。チッタ・ディ・カステッロでのフェデリーコに関しては、Santi, pp. 440-42 (p. 444 に "deadly hatred"の引用あり) 参照。

92: Tommasoli, *Vita*, pp. 159-60、Santi, p. 446, pp.449-50 を参照。ピエーロ・フェリーチのフィレンツェでの最後の任務に関しては、1474年10月10日フィレンツェ発フィリッポ・サクラモロよりガレアッツォ・マリーア・スフォルツァ宛書簡 (ASMi PE Firenze 288) を参照。

93: Santi, pp. 453-57（翻訳はDennistoun。Appendix VII: I, pp. 424-32にはイングランド王に関する多くの文書も集められている)。

94: 馬上槍試合の馬に関しては、1474年12月30日付ウルビーノ発フェデリーコ・ダ・モンテフェルトロよりロレンツォ・デ・メディチ宛書簡 (MAP XXX 1079; *Lettere* II, 123).

95: Parenti, 12:17. フランチェスコ・パッツィに関しては、Poliziano, *Congiura*, pp. 12-16 および Santi, p. 493 を参照。

96: Poliziano, *Congiura*, pp. 10-12 参照。

97: 1475年1月19日付ローマ発フランチェスコ・ノーリよりロレンツォ・デ・メディチ宛書簡 (MAP LXI 98;　一部暗号).

98: 1475年7月13日付ナポリ発フランチェスコ・マレッタよりガレアッツォ・マリーア・スフォルツァ宛書簡 (ASMi PE Napoli 227; *Lettere*, II, p.117) で報告されている、フェデリーコ・ダ・モンテフェルトロのロレンツォ・デ・メディチに関する発言。

99: 1475年9月7日付フィレンツェ発ロレンツォ・デ・メディチよりガレアッツォ・マリーア・スフォルツァ宛書簡 (*Lettere*, II, pp.121-27). Parks, *Medici Money*, p. 205 に引用があるが、「国王陛下のせいでのぼせ上がり……」と、ウルビーノ公に言及する箇所はカットされている。

100: 1476年6月20日付ピサ発フランチェスコ・サルヴィアーティよりロレンツォ・デ・メディチ宛書簡 (MAP XXXIII 479).

101: モンテセッコの『自白書』は1478年5月4日に公開され、8月4日にフィレンツェ市が印刷した（*April Blood* の著者 Martines をはじめとするその他の歴史学者もこの重要文書を利用しているが、報告された一連の出来事を「日付順」に再現したのは本書が初めてとなる)。

102: 1477年7月11日付ローマ発フランチェスコ・サルヴィアーティよりニッコロ・バルドヴィーニ宛書簡 (BL Add. 24.213, 40 ; 傍点は筆者).

103: Machiavelli, *The Prince*, chapters 17 and 11.

104: Machiavelli, *Florentine Histories*, VII. 6.（邦訳『フィレンツェ史』）この格言は同時代のさまざまなフィレンツェの文筆家によってコージモ・ディ・メディチの作とされている。

105: 1477年9月1日付ローマ発ジローラモ・リアーリオよりロレンツォ・デ・メディチ宛書簡(BNP It. 2033, 36）.

106: 1477年9月14日および16日付ローマ発サクラモロ・ダ・リーミニよりミラノ公宛書簡(ASMi PE Roma 84).

107: Tommasoli, *Vita*, p. 274.

108: 1477年9月18日付フィレンツェ発、ロレンツォ・デ・メディチがフィレンツェ当局と相談してフランチェスコ・サルヴィアーティに出した書簡 (*Lettere*, II, p.416).

109: フェデリーコ・ダ・モンテフェルトロの占星術師アントヌッチョ・ダ・グッビオに対するこの発言は *Lettere di Stato*, p. 113 にて公開され、Dennistoun, I, p. 233 にも翻訳および論評が記されているが、その後の包囲攻撃（カステル・サンサヴィーノまたはポッジョ・インペリアーレ）を指していた。

110: 1477年10月6日および25日付ローマ発バッチョ・ウゴリーニよりロレンツォ・デ・メディチ宛書簡 (MAP XXVI 189, 388；一部暗号). 追伸のほとんど読み取れない暗号箇所に、教皇が「マントヴァに」話をしたと書かれている。これはつまり、ロドルフォの弟フランチェスコ・ゴンザーガ枢機卿のことである。

5 彼らを消せ！

111: Baldassarre Castiglione の *Book of the Courtier* (I, 2)（邦訳　『宮廷人』　東海大学出版会)。ウルビーノの宮廷はルチャーノ・ラウラーナとフランチェスコ・ディ・ジョルジョによって建てられた。

112: Santi, p. 423. ストゥディオーロおよび蔵書に関しては *Federico da Montefeltro and His Library* 参照。

113: フェデリーコの軍隊の動きに関しては1477年10月9日付シエーナ発ヤーコポ・アンマンナーティよりロレンツォ・デ・メディチ宛書簡 (MAP XXXIV 206; Ammanati, *Lettere* pp.2158) 参照。

114: Santi, pp. 489以降。Tommasoli, *Vita*, p. 275 も参照のこと。

115: Santi, p. 491参照。外科的詳細に関しては、1478年1月31日付ウルビーノ発ペトルス・パウルス・ペーニスよりミラノ公宛書簡 (ASMi PE Marca 149) を参照。体液に関しては、Noga Arikha, *Passions and Tempers. A History of the Humours*, New York, 2007 参照。

116: *Dizionario Biografico degli Italiani* のわたしの執筆項目を参照のこと。「フェリーチは……教皇庁へ呼び出され」に関しては *Lettere*, II, p. 456も参照。*Lettere*, II, p. 463に引用されている1478年2月11日付フェデリーコ・ダ・モンテフェルトロよりピエーロ・フェリーチ宛書簡を参照。これは1478年2月6日付ローマ発ウルビーノ公ローマ大使よりウルビーノ公宛暗号書簡に対する返答である (Fubini, *Federico da Montefeltro*, pp. 462-72). また、1478年2月7日付ウルビーノ発フェデリーコ・ダ・モンテフェルトロよりピエーロ・フェリーチ宛書簡 (PML, MA 4338) も参照のこと。この中で彼は、自分の“名誉”つまり雇用契約に対するミラノ公爵夫人（チッコ）の後ろ盾について伝えてくれたことを感謝している。

117: 1478年2月14日付ウルビーノ発フェデリーコ・ダ・モンテフェルトロよりピエーロ・フェリーチおよびアゴスティーノ・スタッコーリ宛書簡（Ubaldini; ほぼ完全に暗号書簡。わた

しが2001年夏に発見し、2003年に発表した。本書あとがきも参照のこと)。
118: *Regale and extrahendum litteras zifratas, sine exempla*. チッコ・シモネッタ作とされ、彼の*Diari*から切り取られた1474年7月4日パヴィーアのページ (BNP It. 1595, 441r).
119: Vat. lat. 998 (BAV). わたしは2004年夏に発見した。ニック・ペリングの助言に感謝する。
120: Clarkは*Melozzo da Forli*でグイドバルドの肖像画はメロッツォの作品だと考えていたが、最近の研究ではバルトロメーオ・デッラ・ガッタの作とされている (Simonetta, *Federico da Montefeltro*).
121: 1478年2月15日付ウルビーノ発オッタヴィアーノ・ウバルディーニよりピエーロ・フェリーチ宛書簡 (Ubaldini).
122: 彼は1477年12月10日に枢機卿に任命され、フィリッポ・サクラモロによれば1478年3月5日にパッツィ家のヴィッラに到着している。1478年3月30日にラッファエーレ・リアーリオがモントゥーギで書いた書簡 (MAP XXXVI 392) を参照のこと。つまり、彼は陰謀が実行される前に少なくとも1カ月はフィレンツェ周辺に滞在していたことになる (Fubini, *Federico da Montefeltro*, p. 432も参照).
123: Simonetta, *Rinascimento*, pp. 181 以降参照。この企みにおけるフィチーノの関与については、Fubini, *Quattrocento fiorentino*, pp. 235-301 (*Ficina e i Medici all'avvento di Lorenzo il Magnifico* および *Ancora su Ficino e i Medici*).
124: ヤーコポ・ブラッチョリーニに代わってジローラモ・リアーリオが書いた1478年1月15日付ローマ発ロレンツォ・デ・メディチ宛書簡2通を参照 (MAP XXXIV 49, 275).
125: 3月27日の会合に関する1478年4月1日付サルノ発ナポリ王フェッランテの公式書簡を参照 (Fubini, *Federico da Montefeltro*, pp.467-68).
126: 1478年4月1日付ウルビーノ発マッテーオ・コントゥージよりフェデリーコ・ゴンザーガ宛書簡 (ASMa b. 846).
127: Ibid.
128: 1478年1月3日付ヴェネツィア発ジョヴァンニ・ランフレディーニよりロレンツォ・デ・メディチ宛書簡 (*Lettere*, II, p.468). 1478年1月18日付ヴェネツィア発レオナルド・ボッタよりミラノ公宛書簡 (ASMi PE Venezia 363). Ilardi, *The Assassination*, p. 100 も参照。
129: 1477年9月13日付フィレンツェ発フィリッポ・サクラモロよりミラノ公宛書簡 (ASMi PE Firenze 293; *Lettere*, II, p.413).
130: 1478年4月2日および24日付ローマ発サクラモロ・ダ・リーミニよりチッコ・シモネッタ宛書簡 (ASMi PE Roma 85).
131: Simonetta, *Rinascimento*, p. 158, Frazier, *Possible Lives*, p. 156を参照。

第II部　1478年春〜1482年夏

6　フィレンツェのFは恐怖《フィアー》のF

132: 本章の出典は複合的だ。モンテセッコ『自白書』、Poliziano, *Congiura*; Strozzi, *Ricordo;* Landucci 15-19; Parenti, *Storia fiorentina*, pp.12-20; Conti, *Storie*, pp. 22以降(Chambers, *Popes, Cardinals and War*, p. 75 で指摘されている「戦争の種を蒔く者としての悪魔」に関する話); Machiavelli, *Florentine Histories*, VIII, 1-9.

133: Parenti 14:81; *anghio*: Parenti 15:84.
134: Giovanni di Carlo, 136r.
135: Giovanni di Carlo, 136v および Machiavelli *Florentine Histories*, VIII, 2.
136: John Hale, *England and the Italian Renaissance*, p. 83に引用されたエドワード・ギボンの発言。メディチ宮殿の描写およびウェルギリウスの引用 (*Aeneid*. II, pp. 248-49) は Giovanni di Carlo, 140v-141r.
137: Machiavelli, *Florentine Hitories*, VIII, 6.
138: Parenti 17:166.
139: Parenti 18:182. Machiavelli, *Discourses*, III, 6 では、フランチェスコ・パッツィが大声で叫んだおかげで、ロレンツォに攻撃から身を守るチャンスが生まれたのだと述べられている。
140: Giovanni di Carlo, 142r. 彼はカヴァルカンティ家の一員だった。
141: Strozzi, *Ricordo*, 521.
142: Parenti 17:152.
143: Poliziano, *Congiura*, p. 38; Machiavelli, *Florentine Histories*, VIII, 7. チェーザレ・ペトルッチの勇気を物語る別の話については VII, 26 を参照（Simonetta, *Rinascimento*, p. 187.も参照のこと）。
144: Giovanni di Carlo, 140r.
145: Giovanni di Carlo, 140v; Machiavelli, *Florentine Histories*, VIII, 6; Parenti, 18: 205-10でもモンテセッコがロレンツォを害するのを阻んだ「超自然的な理由」について思索している。
146: 1478年4月27日および28日付フィレンツェ発フィリッポ・サクラモロよりチッコ・シモネッタ宛書簡 (ASMi PE Firenze 294)。チッコの *Diari*, pp. 237-39 参照。
147: Giovanni di Carlo, 143v; “報復” のさまざまな詳細が随所に。
148: 4月27日付フィリッポ・サクラモロ書簡（前述）。
149: 4月27日付フィリッポ・サクラモロ書簡（前述）。
150: Giovanni di Carlo, 144v.
151: Wright, *The Pollaiuolo Brothers*, p. 136. 参照。
152: Barocchi and Caglioti, *Eredità del Magnifico*, pp. 62以降参照。
153: Landucci, p, 17 ("Ascension Day").
154: Ibid.

7 過激な手段

155: Rubinstein, *The Government of Florence* 参照。
156: 1478年5月1日付ウルビーノ発フェデリーコ・ダ・モンテフェルトロよりロレンツォ・デ・メディチ宛書簡 (MAP XLV 284, Viti, *Lettere familiari*, pp. 484-85 にて5月11日という誤った日付で発表された).
157: 1478年4月27日付［2通］および28日付（前述）、1478年5月3日付フィレンツェ発フィリッポ・サクラモロよりチッコ・シモネッタ宛書簡。1478年4月30日付ミラノ発チッコ・シモネッタよりフィリッポ・サクラモロ宛書簡 (ASMi PE Firenze 294).
158: Flamini, "Versi in morte," pp. 321 および 330-34 (Martines, *April Blood* p. 184 に一部英訳あり)参照。
159: 1478年5月8日付ウルビーノ発フェデリーコ・ダ・モンテフェルトロよりチッコ・シモネ

ッタ宛書簡 (ASMi PE Marca 149).

160: 1478年5月13日付ウルビーノ発［フェデリーコ・ガッリより］ジャン・ジャーコモ・シモネッタ宛書簡 (ASMi PE Marca 149). わたしはこれら2つの重要文書を1998年春に発見し、探求を始めたのだ。

161: Machiavelli, *Florentine Histories*, VIII, 18; *The Prince*, chapter 22 (Simonetta, *Rinascimento*, p. 127 参照).

162: 1478年5月9日付ミラノ発ミラノ公よりロレンツォ・デ・メディチ宛書簡 (ASMi PE Firenze 294. チッコ・シモネッタ自筆の訂正あり)。

163: 1478年5月12日付フィレンツェ発フィリッポ・サクラモロよりミラノ公宛書簡 (ASMi PE Firenze 294).

164: 1478年5月12日付フィレンツェ発ロレンツォ・デ・メディチよりミラノ公宛書簡 (*Lettere*, III, pp. 21-23).

165: Giovanni di Carlo, 148v-153v. ロレンツォの演説およびそれに対する反応に関しては、Machiavelli, *Florentine Histories*, VIII, 10-11. Rubinstein, "Lorenzo de' Medici," p. 86 (ASFi, Consulte e pratiche, 60, ff. 159r-160r の引用)参照。

166: ロレンツォとシクストゥス四世との法律上の戦いに関しては De Benedictis, *Una guerra d'Italia*, pp. 37-40 を参照。

167: 自筆原稿は ASFi, Miscell. Repubblicana, n. 264 を参照。現存する唯一の初期刊本《インキュナブラ》（訳注・欧州の活版印刷術の揺籃期である1501年までに印刷された刊本）は BE を参照。*Dissension* (Bein.). モンテフェルトロの聖書 Urb. lat. 2 (BAV); *La Bibbia di Federico*; 展示目録 *Federico da Montefeltro and His Library* を参照。

168: 1485年9月28日付フォッジャ発ジョヴァンニ・ランフレディーニより"十人委員会《ディエーチ・ディ・バリーア》"宛書簡 (*Corrispondenza*, p. 320. 老練なフィレンツェ大使がこの詳細を7年後に思い出したというのは興味深い点で、「司祭たちの野心」を非難している).

169: 1478年11月4日付［カファッジョーロ発］ジェンティーレ・ベッキよりフェデリーコ・ガッリ宛書簡 (Fubini, *Federico da Montefeltro*, pp. 469-70 より).

170: 1478年6月21日付ウルビーノ発フェデリーコ・ダ・モンテフェルトロよりロレンツォ・デ・メディチ宛書簡 (MAP XXXVI 824, Viti, *Lettere familari*, pp. 485-86 より).

171: 1478年6月25日付フィレンツェ発ジョヴァンニ・アンジェロ・タレンティおよびフィリッポ・サクラモロよりミラノ公宛書簡 (ASMi PE Firenze 295); 1478年6月28日付カムチャ発スフォルツァ・ベッティーニよりロレンツォ・デ・メディチ宛書簡 (MAP XXXIV 171) 参照。

172: Santi, pp. 504ff.

173: 1478年6月17日付ウルビーノ発マッテーオ・コントゥージよりフェデリーコ・ゴンザーガ宛書簡 (ASMa b. 846). コントゥージは、モンテフェルトロの商売敵マントヴァ侯ゴンザーガのウルビーノ駐在スパイだった。

174: 1478年6月17日付ウルビーノ発マッテーオ・コントゥージよりフェデリーコ・ゴンザーガ宛書簡（前述)。同様の巧妙なテクニックによりフェデリーコに届けられたその他の贈り物に関しては、1478年2月25日付ミラノ発ロレンツォ・ダ・リエーティよりルドヴィーコ・ゴンザーガ宛書簡 (ASMa b. 1626) 参照。また、Marc., misc. 1945, 48 のチッコの死についてバルダッサーレ・ダ・ボローニャなる人物が書いた詩も参照のこと(Simonetta, *Rinascimento*, p. 163 参照).

175: 1478年7月3日付ミラノ発チッコ・シモネッタよりロレンツォ・デ・メディチ宛書簡

(MAPXLV 188).
176: Landucci, p. 20.
177: Landucci, p. 20.

8　生命の危機

178: Machiavelli, *The Art of War*.（邦訳『戦争論』、原書房）
179: Conti, *Storie*, pp. 41ff.; Baldi, III, pp. 246-57; Santi, pp. 505ff.
180: Dennistoun, I, pp. 236-37 より引用（ラテン語名称は *Rerum Italicarum Scriptores*, XXIII, pp. 784 以降の Allegretti, *Diarii Senesi* より）。戦争の１年目の様子は、, Dennistoun, I, pp. 234-35 のフェデリーコ・ダ・モンテフェルトロがハンガリー王マティアス・コルヴィヌスに宛てた自慢げな手紙 (*Lettere di Stato*, pp. 51-52) に活き活きと再現されている。
181: 1478年7月25日付ローマ発シクストゥス四世よりフェデリーコ・ダ・モンテフェルトロ宛書簡 (MAP LXXXIX 247; Acton, *Pazzi Conspiracy*, p. 104). Dennistoun, I, p. 230nはこの書簡について、「無教養をさらけ出す文体の奇抜さによりむしろ好奇心をそそられる。粗野なラテン語と教養のないイタリア語が、奇妙な寄せ集めとなっているのだ」と評している。
182: Santi, pp. 516-17.
183: 1478年のカステッリーナ包囲のエピソードは *Book of the Courtier* (II, 52) より。（邦訳『宮廷人』　東海大学出版会）
184: 1478年10月16日付フェッラーラ発マッテーオ・コントゥージよりフェデリーコ・ゴンザーガ宛書簡 (ASMa b. 1229).
185: Santi, pp. 521-56.
186: Ibid., p. 544.
187: Ibid., p. 554.
188: チッコの *Diari*, pp. 252ff.; Gallo, *Commentarius*, pp. 67ff.; 1478年8月9日付ミラノ発ザッカリーア・サッジよりフェデリーコ・ゴンザーガ宛書簡 (ASMa b.1626, in Carteggio XI, pp. 100ff.) を参照のこと。
189: 1478年12月29日付ミラノ発チッコ・シモネッタよりロレンツォ・デ・メディチ宛書簡 (MAP LXXXVIII 281). チッコの蔵書に関しては、Simonetta, *Rinascimento*, pp. 131以降参照。
190: 1479年1月9日および22日付ミラノ発ジャン・ジャーコモ・シモネッタよりロレンツォ宛書簡 (MAP XXXIV 274-75 and 433).
191: 1479年5月～6月の和平草案は *Lettere*, IV, pp. 355-57. 1479年7月の草案 (ibid., pp.359-61) でチッコの「地位および良好な条件」を維持することを明示した条項はすでに削除された。
192: 1478年8月15日付ナポリ発アラゴン家のフェッランテよりミラノ公宛書簡 (Zimolo, "Le relazioni"より). Simonetta, *Rinascimento*, p. 219 参照。
193: 1479年1月12日付ナポリ発アラゴン家のフェッランテよりミラノ公宛書簡 (Magenta, *Visconti e Sforza*, II, p. 399).
194: Corio, p. 1422. 1479年9月7日付ミラノ発ザッカリーア・サッジよりフェデリーコ・ゴンザーガ宛書簡 (ASMa b. 1626, in *Carteggio* XI, pp. 433ff.). この項の情報の大部分は彼の文書から引用した。
195: 1479年9月28日付ミラノ発ザッカリーア・サッジよりフェデリーコ・ゴンザーガ宛書簡。
196: Corio, p. 1423; Machiavelli, *Florentine Histories*, VIII, 18（タッシーノに関しては Simonetta, *Rinascimento*, pp. 161以降参照）。

197: 1479年9月11日および18日付フィレンツェ発ロレンツォ・デ・メディチよりジローラモ・モレッリ宛書簡 (*Lettere*, IV, pp. 190 および 200ff.).

198: ルドヴィーコ・スフォルツァに朗読されたジョヴァンニ・シモネッタの著作に関しては、1479年9月29日付ミラノ発ザッカリーア・サッジよりマルシーリオ・アンドレアージ宛書簡 (ASMa b. 1626) を参照。

199: 1479年10月13日、14日、18日付ミラノ発ジャン・フランチェスコ・マウルッツィ・ダ・トレンティーノよりジローラモ・リアーリオ宛書簡 (MAP LXXXIX 300, 185, 350. 一部暗号）.

200: すなわち、カール大帝の有名な十二勇士の一人ローランのこと。*Morgante e Lettere* 参照。

201: Baldi, III, pp. 254-56.

202: De' Rossi, *Vita*, p. 74.

203: Lorenzi, *Studio storico*, pp. 56, 76-77 における彼の『自白書』を参照。

9 南行き

204: 1479年9月25日付フィレンツェ発ロレンツォ・デ・メディチよりジローラモ・モレッリ宛書簡 (*Lettere*, IV, p.215) 。彼のナポリ行きに関しては De Angelis, *Lorenzo a Napoli* 参照。

205: 1479年2月5日付ウルビーノ発マッテーオ・コントゥージよりフェデリーコ・ゴンザーガ宛書簡 (ASMa b. 846).

206: ロレンツォを真似たニッコロ・ジューニの架空の演説に関しては、Giovanni di Carlo, 171r を参照。

207: Santi, p. 517.

208: さらに、その他の引用は ibid., pp. 615-16 より。

209: 1479年12月4日付ピサ発アラゴン家のアルフォンソよりロレンツォ・デ・メディチ宛書簡 (MAP XLV 224).

210: 1479年12月6日付フィレンツェ発ロレンツォ・デ・メディチよりアラゴン家のアルフォンソおよびフェデリーコ・ダ・モンテフェルトロ宛書簡 (*Lettere*, IV, pp. 249-52).

211: 1479年12月7日付サン・ミニアート発ロレンツォ・デ・メディチよりフィレンツェ政庁宛書簡 (*Lettere*, IV, pp. 265-70).

212: 1435年（アラゴン家アルフォンソ5世の逮捕と釈放）および1465年（ヤーコポ・ピッチニーノの逮捕と死亡）の各エピソードは Machiavelli, *Florentine Histories*, V, 5; VII, 8; VIII,19.

213: 彼は1466年3月8日に死んだ。

214: 1466年3月15日付フィレンツェ発ピエーロ・デ・メディチよりロレンツォ・デ・メディチ宛書簡 (MAP XX 142; 1466年3月12日付フィレンツェ発ルイージ・プルチよりロレンツォ・デ・メディチ宛書簡, PML, MA 1390 Auto. Misc. Ital.参照)。

215: Machiavelli, *Florentine Histories*, VIII, 19.

216: ナポリ滞在の詳細に関しては、モンターノの *Confession*, p. 62 およびヴァローリによるロレンツォの伝記を参照。

217: Simonetta, *Rinascimento*, pp. 211以降も参照。また、Laura Malinverni が証拠資料に基づいて書いた歴史小説 *Il ramo di biancospino* も参照のこと。

218: *Lettere*, V, pp. 23-30. ジュスティーニ、ロレンツォのナポリ出発、ミケロッツィの仲介に関しては, Lettere, IV pp. 321-40. 1480年3月16日付フィレンツェ発ロレンツォ・デ・メディ

チよりニッコロ・ミケロッツィ宛書簡は、和平の条件に彼のローマ行きを含めることをウルビーノ公が要求しないでいただけるとありがたい、という内容だった。親メディチ派の歓喜については1480年3月18日付ローマ発フランチェスコ・ガッディよりロレンツォ宛書簡(MAP XXXVII 26) を参照のこと。

219: ロレンツォのフィレンツェ帰還と和平条件に関しては Giovanni di Carlo, 173v を、「有力者による真の専制政治」としての七十人評議会の創設に関しては 174v を参照。

220: 1480年1月19日付ミラノ発エリザベッタ・ヴィスコンティよりロレンツォ・デ・メディチ宛書簡 (MAP LI 4).

221: ロレンツォに関するフェデリーコの警告については前述の第3章を参照。

222: Santi, p. 618.

223: 1480年5月18日および22日付ウルビーノ発マッテーオ・コントゥージよりフェデリーコ・ゴンザーガ宛書簡 (ASMa b. 846). この匿名の政策立案者は「われわれの友人」と呼ばれている。

224: *Diarium Parmense, Rerum Italicarum Scriptores*, XXII, p, 323.

225: チッコの裁判記録は Rosmini, *Dell'istoria di Milano*, IV, 190-215 (Simonetta, *Rinascimento*, p. 162 参照).

10　安らかに眠れ

226: Frazier, *Possible Lives* 参照。

227: Corio, 1429.

228: Ibid., p.1430.

229: シクストゥス4世のフィレンツェ大使に対する冗長な返事に関しては Giovanni di Carlo,183v-187v 参照。赦罪の公式書簡は Carusi, "L'istrumento," p. 290.

230: 1481年11月28日付ウルビーノ発マッテーオ・コントゥージよりフェデリーコ・ゴンザーガ宛書簡 (ASMa b. 846; *Lettere*, VI, p.74も参照).

231: 1481年11月29日付フォッソンブローネ発フェデリーコ・ダ・モンテフェルトロよりロレンツォ・デ・メディチ宛書簡 (MAP XLV 285).

232: ・1481年12月13日付ウルビーノ発マッテーオ・コントゥージよりフェデリーコ・ゴンザーガ宛書簡(ASMa b. 846). Dante, *Inferno*, XXXI, pp. 55-57.

233: 1482年3月6日付ローマ発サクラモロ・ダ・リーミニよりミラノ公宛書簡 (ASMi PE Roma 91).

234: 1482年3月12日付ローマ発アネッロ・アルカモーネよりナポリ王およびミラノ公宛書簡 (ASMi PE Roma 91).

235: 1482年2月18日から3月9日の間のウルビーノ発マッテーオ・コントゥージよりフェデリーコ・ゴンザーガ宛書簡 (ASMa b. 846). *Lettere*, VI, p. 274も参照。コントゥージはフェデリーコの"マーケティング"および彼の雇用契約の詳細についても書いている (*Lettere*, VI, p. 339も参照).

236: フェッラーラの戦争に関しては Conti, *Storie*, pp. 120-21ff. フェデリーコの計画および占星術に関する懸念については下記の多くの書簡で背景を確認のこと。1482年3月9日付ローマ発グイダントーニオ・ヴェスプッチよりロレンツォ宛書簡 (MAP XXXVIII 109); 1482年3月31日付ウルビーノ発ピエル・フィリッポ・パンドルフィーニよりロレンツォ宛書簡 (MAP LI 103); 1482年4月12日付ウルビーノ発ピエル・フィリッポ・パンドルフィーニより

ロレンツォ宛書簡 (MAP LI 117, 161r).

237: *Lettere*, VI, pp. 265-341; Dennistoun, I, pp. 247-56; Santi, pp. 644ff（フェデリーコのフィレンツェ訪問およびロレンツォとの面会に関しては p. 662）; Baldi, III, pp. 262-66 も参照のこと。

238: 1482年5月4日付レーヴェレ発フェデリーコ・ダ・モンテフェルトロよりロレンツォ・デ・メディチ宛書簡 (MAP XXXVIII 444; 翻訳は Dennistoun, I, pp. 251-52). Chambers, "Visit" 参照。この"小ペテロ"の正体はグイダレーリかもしれない。1482年5月にマントヴァから来た人物で、フェデリーコがフェッラーラ防御作戦に向けて製作を依頼したオーリオ川および周辺の城の地図を持参した (*Federico da Montefeltro and His Library*, cat. 2を参照).

239: Dennistoun, I, pp. 253-54. Marin Sanudo の *Diaries* より。

240: Landucci, p. 36; フェデリーコの死に関しては Baldi, III, pp. 267-72 および 283; Santi, pp. 740-43; ロベルト・マラテスタの埋葬に関しては Conti, *Storie*, p.145.

241: Baldassarre Castiglione の *Book of the Courtier* (1, 2) の巻頭で用いられた形容辞。

242: Baldi, III, p. 271; Dennistoun, I, p. 271.

第III部　システィーナ礼拝堂とボッティチェッリの《春》

11　不吉な終焉

243: Bredekamp, *The Medici*, pp. 293-95. 特に p. 294で、1480年4月にフィレンツェ当局がローマ教会に対してこの要求に応じると伝えたと記されている。「ピサ大司教の絵はすでに消去し、大司教の身分を少しでも卑しめうる要素はすべて排除した」("Habbiamo facto levare la pittura dell'Archivescovo di Pisa, e tolto ogni cagione che potessi in qualche modo dedecorare il grado Archiepiscopale"). 引用は Uccelli, *Il Palazzo del Podestà*, p. 173 より.

244: *Great Events from History, 1454-1600* のわたしの執筆項目である"Work Begins on the Sistine Chapal (1477-1482)"および同書の参考文献を参照。Ettlinger, *The Sistine Chapel* はこのテーマで現在までのところ最も広範囲にわたる研究成果であり、連作壁画全体について歴史的というよりも神学的な解釈が示されている。Monfasani, *A Description* は非常に重要な文書、つまり1482年5月の日付の入ったアンドレーア・トラペツィウンティウスによる装飾された礼拝堂の描写を発表し要約している。Goffen, *Friar Sixtus IV* は新たに発見された"ティトゥーリ"、つまりフレスコ画に当初記されていたラテン語の銘に基づき、「フランシスコ会の用語」による神学的解釈を提案してShearman, *La storia della cappella Sistina* からはヴァチカンによる修復後の全体像がわかる。Nesselrath, ed., *Gli affreschi dei Quattrocentisti nella Cappella Sistina* に新証拠あり。

245: Ettlinger は Zamometic 仮説に言及しているが、ロレンツォは代理人バッチョ・ウゴリーニをまだバーゼルに派遣していなかった。未遂に終わった反教皇公会議に関する報告はその地から届くのだ。1482年9月20日および30日、10月25日付バーゼル発バッチョ・ウゴリーニよりロレンツォ・デ・メディチ宛書簡 (MAP XXXVIII 490, 493, および 519 ; *Lettere*, VII, p.116 参照。9月30日付書簡に署名の変種が記された写しは BNCF, Ginori Conti, 29, 97. 1482年10月2日付バーゼル発バッチョ・ウゴリーニより十人委員会宛の別書簡も収録されている）を参照のこと。

246: ボッティチェッリが報酬を受け損なった件に関しては Covi, "Botticelli and Sixtus IV" を参照。

247:《春》に関する二次文献は非常に多岐にわたる。ここでは厳選された文献から情報を引き出した。 Levi D'Ancona, *Botticelli's Primavera*（だが同著者の説得力があるとは言えない *Due quadri del Botticelli* は参考にしていない）; 最も重要なのは La Malfa, "Firenze e l'allegoria," および Villa, "Per una lettura della *Primavera*"がどちらも、マルティアヌス・カペッラの小論文が《春》の構成の主なインスピレーションとなったという納得のいく結論に達しているという点である。

248: ボッティチェッリのいたずらっぽいユーモアに関しては Giorgio Vasari の *Vita* を参照。「サンドロ・ボッティチェッリは非常に気さくな人物で、弟子や友人をからかうことを大いに好んだ」。

249: ジローラモ・リアーリオの暗殺に関しては Pellegrini, *Congiure di Romagna* を参照。

250: 1482年2月18日から3月9日の間のウルビーノ発マッテーオ・コントゥージよりフェデリーコ・ゴンザーガ宛書簡 (ASMa b. 846), Simonetta, *Federico da Montefeltro architetto*, pp. 97-98より。

251:「二人の肖像」に関しては *Federico da Montefeltro and His Library* cat. 1. 参照。

252: Santi, p. 420 (翻訳は Dennistoun, I, p. 56).

253: Machiavelli, *Florentine Histories*, VIII, 36.

254: この引用はMachiavelli, Discourses, III, 29 にも登場するが、出典はロレンツォ・デ・メディチの *Rappresentazione di San Giavanni e Paolo*.

255: 1492年3月付フィレンツェ発ロレンツォ・デ・メディチよりジョヴァンニ・デ・メディチ宛書簡。Capponi, *Storia*, pp. 528-30より。

256: Hall, *Michelangelo's Last Judgment*.

図版クレジット

p.3：フランチェスコ・ベルリンギエリ『地誌』(1482年) よりイタリアの地図　モンテフェルトロ家所蔵　Copyright Biblioteca Apostolica Vaticana, Vatican City
p.19：ダンテ『神曲地獄篇』(1478年頃) の扉　モンテフェルトロ家所蔵　Copyright Biblioteca Apostolica Vaticana, Vatican City
p.31：ピエーロ・ポッライウオーロ《ガレアッツォ・マーリア・スフォルツァの肖像》フィレンツェ　ウッフィッツィ美術館　Scala/Art Resources, NY
p.43：書記官の書類を持つチッコ・シモネッタの肖像　1475年頃　Copyright Bibliothèque Nationale de France, Paris
p.50：《ロレンツォ・デ・メディチ》 15世紀または16世紀フィレンツェ　おそらくA・ヴェッロッキオおよびO・ベニンテンディの原型に基づく作品　Samuel H. Kress Collection, Image © 2007 Board of Trustees, National Gallery of Art, Washington
p.65：《グッビオの公爵邸のストゥディオーロ》 Courtesy The Metropolitan Museum of Art, Rogers Fund, 1939 (59.153). Image © The Metropolitan Museum of Art
p.68：アラゴン家のフェッランテとフェデリーコ・ダ・モンテフェルトロの肖像　モンテフェルトロ家所蔵　Copyright Biblioteca Apostolica Vaticana, Vatican City
p.72：ヘブライ語写本　モンテフェルトロ家所蔵　Copyright Biblioteca Apostolica Vaticana, Vatican City
p.74：フェデリーコ・ダ・モンテフェルトロがクリストーフォロ・ランディーノの『カマルドリ論争』を手に持っている姿　モンテフェルトロ家所蔵　Copyright Biblioteca Apostolica Vaticana, Vatican City
p.75：オコジョとダチョウ　モンテフェルトロ家所蔵　Copyright Biblioteca Apostolica Vaticana, Vatican City
p.86：メロッツォ・ダ・フォルリ《ヴァチカン図書館館長バルトロメーオ・サッキ、通称プラティナを任命する教皇シクストゥス4世》 ヴァチカン市国　ヴァチカン美術館　Scala/Art Resources, NY
p.92：ガーター勲章　モンテフェルトロ家所蔵　Copyright Biblioteca Apostolica Vaticana, Vatican City
pp.116-7：ウルビーノのストゥディオーロの詳細　Courtesy Galleria Nazionale delle Marche, Urbino
p.118：教皇シクストゥス4世の肖像　Copyright Biblioteca Apostolica Vaticana, Vatican City
p.123-5：暗号書簡および詳細　ウルビーノ　ウバルディーニ文書館　モンテフェルトロ家所蔵のモンテフェルトロ暗号帳　Copyright Biblioteca Apostolica Vaticana, Vatican City
p.131：バルトロメーオ・デッラ・ガッタ《グイドバルド・モンテフェルトロの肖像画》Copyright Galleria Colonna, Rome
p.134：ポッジョ・ブラッチョリーニ『フィレンツェ史』よりフェデリーコ・ダ・モンテフェルトロの馬上姿の肖像　モンテフェルトロ家所蔵　Copyright Biblioteca Apostolica Vaticana, Vatican City

p.146：ポッジョ・ブラッチョリーニ『フィレンツェ史』よりフィレンツェの地図　モンテフェルトロ家所蔵　Copyright Biblioteca Apostolica Vaticana, Vatican City
p.158：アンドレーア・ヴェッロッキオ《ジュリアーノ・デ・メディチ》 Andrew W. Mellon Collection, Image © 2007 Board of Trustees, National Gallery of Art, Washington
p.160：サンドロ・ボッティチェッリ《ジュリアーノ・デ・メディチ》 Samuel H. Kress Collection, Image©2007 Board of Trustees, National Gallery of Art, Washington
p.161：パッツィ家のメダル　Courtesy The Kagan Collection, New York
p.183：モンテフェルトロの聖書の最初のページ　モンテフェルトロ家所蔵　Copyright Biblioteca Apostolica Vaticana, Vatican City
p.189：ロベルト・ヴァルトゥリオ『De Re Militari』より戦争機械　モンテフェルトロ家所蔵　Copyright Biblioteca Apostolica Vaticana, Vatican City
p.206：《ストロッツィ家の羽目板》 ナポリ　サン・マルティーノ美術館　Scala/Art Resources, NY
p.211：レオナルド・ダ・ヴィンチ《絞首刑者のスケッチ》 バイヨンヌ　ボナ美術館　Scala/Art Resources, NY
p.216：グイード・マッツォーニ《アラゴン家のフェルディナンド２世の胸像》 ナポリ　カポディモンテ美術館　Scala/Art Resources, NY
p.218：フランチェスコ・ラウラーナ《貴婦人の胸像》 Copyright The Frick Collection, New York
p.248-50, 256：サンドロ・ボッティチェッリ《コラ、ダタン、アビラムの懲罰》 ヴァチカン市国　システィーナ礼拝堂　Scala/Art Resources, NY
p.250：メロッツォ・ダ・フォルリ《ヴァチカン図書館館長バルトロメーオ・サッキ、通称プラティナを任命する教皇シクストゥス４世》（部分） Scala/Art Resources, NY
p.252：ピエートロ・ペルジーノ《聖ペテロへの天国の鍵の授与、1481 − 1483》 ヴァチカン市国　システィーナ礼拝堂　Scala/Art Resources, NY
p.254：サンドロ・ボッティチェッリ《春》修復後　フィレンツェ　ウッフィッツィ美術館　Scala/Art Resources, NY
p.256：サンドロ・ボッティチェッリ《コラの懲罰》（部分）《春》（部分） Scala/Art Resources, NY
p.262：ピエートロ・ペルジーノ作のシスティーナ礼拝堂の祭壇画《聖母被昇天》の模写　Copyright Albertina Museum, Vienna
p.264：ガンのユストゥスまたはペドロ・ベルゲーテ《フェデリーコ・ダ・モンテフェルトロと息子グイドバルドの肖像》1475 年頃　Courtesy Galleria Nazionale delle Marche, Urbino
p.266：ガンのユストゥスまたはペドロ・ベルゲーテ《ウルビーノのストゥディオーロにある大グレゴリウスの肖像》 Courtesy Galleria Nazionale delle Marche, Urbino
p.270：ミケランジェロ・ブオナッローティ《最後の審判のための習作》 フィレンツェ　ブオナッローティ美術館　Scala/Art Resources, NY

ハヤカワ・ノンフィクション

ミケランジェロの暗号

——システィーナ礼拝堂に隠された禁断のメッセージ

The Sistine Secrets

ベンジャミン・ブレック＆ロイ・ドリナー

飯泉恵美子訳

A5判上製

開くとポスターになる豪華特製ジャケット！
巨匠の遺した秘密が５００年後のいま明かされる

システィーナ礼拝堂の天井画に、新約聖書の人物が描かれていないのには理由があった！ルネサンスの巨匠が眼力のあるものだけに伝えようとした、しかし、なんとしても隠さなければならなかった禁断のメッセージとは？

ハヤカワ・ノンフィクション

デカルトの暗号手稿

Descartes' Secret Notebook

アミール・D・アクゼル

水谷淳訳

46判上製

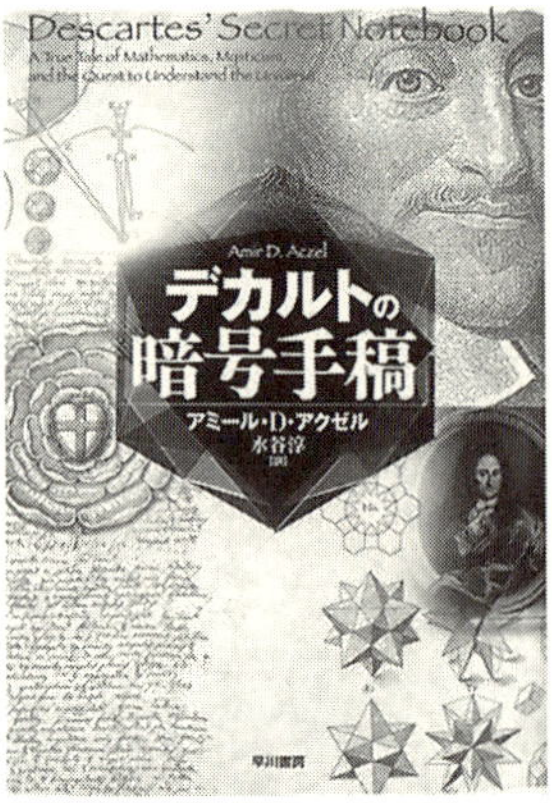

薔薇と十字のもと、
数学は宇宙を読み解く

数学者としても天才的だった哲学者デカルトが遺した、暗号で記された手稿のはらむ謎とは。その文書に執着し、それを解読した万能の天才ライプニッツが見たものとは。混沌たる科学史上の知られざるエピソードを描き、デカルトの新たな一面を明らかにする一冊。